보육학개론

조유나 박금희 정정란 황성원 홍은숙

창지사

머 리 말

영유아기는 전인발달 및 인성의 기초를 형성하는 데 매우 중요한 시기입니다. 이것은 보육·교육 전문가가 아니더라도 너무나 잘 아는 사실이고 부모들은 지나치다 할 만큼 영유아 교육에 대해 관심을 갖고 있습니다. 보육이라 하면 과거에는 먹이고 안전하게 보살피는 것이 목적이었지만 현대사회에서는 안전하고 건강한 보살핌의 기초 위에 잠재능력을 끌어내는 조기교육으로의 역할이 큰 부분을 차지하고 있습니다. 또한 저출산 극복을 위한 정책, 다양한 유형의 가족 및 부모 역할 지원 등 보육에 대한 중요성과 책임은 더욱 막중해지고 있습니다. 이러한 사회적 변화로 인해 보육을 실천하는 최전방에 있는 어린이집과 보육교직원의 전문성과 역할의 무게는 더욱 커지고 있습니다. 이제 국가의 미래는 그 나라의 영유아를 어떻게 보살피고 가르치느냐에 달려 있다 해도 과언이 아닙니다.

우리나라의 보육 수준은 이제 세계에서도 뒤처지지 않는 수준에 있습니다. 무상보육제도, 국가 보육과정 그리고 보육교직원 자격 및 전문성 강화, 어린이집의 품질관리를 위한 평가인증이 의무화되기까지 해마다 정책의 변화와 발전을 거듭하고 있습니다.

보육학개론은 보육의 중요성을 인식하고 보육의 이론과 실천에 필요한 여러 분야를 개괄적으로 소개하여 보육전문가로서의 기초적인 지식과 기술, 태도를 기르기 위한 과목입니다. 이를 위해 이 책은 모두 11개의 장으로 구성하고 있습니다. 1장에서는 보육에 대한 기초적 이해로 보육의 개념과 중요성을 다루었고, 2장에서는 보육의 역사를 이해하기 위해 외국과 우리나라 보육의 역사에 대해 살펴보았습니다. 3장에서는 보육의 제도적 특성을 이해하기 위해 우리나라 어린이집 유형과 분류 그리고 선진국의 보육제도를 다루었습니다. 4장에서는 보육의 실천을 위한 기본적인 지식인 영유아 발달특성과 원리, 발달이론 등을 다루었으며, 5장에서는 보육교직원의 역할과 자질, 자격기준에 대해 살펴보았습니다. 6장에서는 보육과정에 대한 내용으로 보육과정의 계획과 운영, 평가에 대한 내용을 다루었고, 7장에서는 양질의 보육과정 실행을 위한 보육환경 구성에 대한 내용을 다루었습니다. 8장 보육서비스에서 기본적 내용인 영유아의 건강·영양 그리고 안전에 대한 내용을 다루었고, 9장에서 어린이집 운영과 관련된 내용을 다루었습니다. 보다 발전적인 보육 서비스를 제공하기 위해서는 실행 이후 평가의 과정이 공정하고 구체적으로 이루어져야 하며 이것이 다음 계획에 잘 반영되어야 합니다. 10장에서는 이러한 보육의 평가에 대한 내용을 다루고 있으며, 마지막으로 11장에서 보육정책의 전망을 살펴보았습니다.

이 책에서는 보육과 관련하여 깊이 있는 지식을 다루기보다는 보육의 제도와 정책, 보육의 내용에 대한 전반적인 이해를 돕기 위해 내용을 선정하고 쉽게 기술하고자 노력하였습니다. 보육교사를 준비하는 학생뿐만 아니라 보육에 관심이 있는 사람, 보육에 입문하고자 하는 사람들에게 도움이 되기 바랍니다. 아울러 많은 예비 보육교사들이 보육이라는 넓은 마당에 당당하게 첫걸음을 디디고 아이들의 행복한 삶을 만들어가는 멋진 전문보육인으로 발전해 나가기를 바랍니다.

끝으로 부족한 글의 편집과 출판을 맡아 주신 창지사와 직원 여러분께 깊은 감사를 드립니다.

2019년 1월

저자 일동

차 례

제1장 보육에 대한 기초적 이해 ---- 13

1. 보육의 필요성 / 14

1) 육아의 사회화 _ 14
2) 보육의 관점 _ 15
3) 보육의 질 _ 17

2. 보육의 개념과 정의 / 19

1) 사회복지적 접근 _ 20
2) 유아교육적 접근 _ 21
3) 보육의 정의 _ 22

3. 최근 보육의 동향 / 23

1) 국내의 보육동향 _ 23
2) 외국의 보육동향 _ 25

제2장 보육의 역사 ---- 29

1. 외국의 보육 사상에 대한 이해 / 30

1) 보육과 중세 _ 30
2) 17~18세기 보육사상 _ 31
3) 19~20세기의 보육사상 _ 36

2. 우리나라 보육의 역사 / 42

1) 한국유아교육의 기원 _ 42
2) 우리나라 보육의 역사 _ 43

제3장 우리나라 보육의 제도적 특징 51

1. 어린이집 유형 / 52

1) 설립주체에 따른 분류 _ 52
2) 운영시간 따른 분류 _ 56
3) 보육대상에 따른 분류 _ 59

2. 보육선진국 제도 및 정책 / 61

1) 스웨덴 _ 62
2) 핀란드 _ 65
3) 영국 _ 66
4) 프랑스 _ 68
5) 미국 _ 72
6) 일본 _ 74

제4장 영유아 발달과 보육 80

1. 발달의 이해 / 80

1) 발달의 이해 _ 80
2) 발달의 특성과 원리 _ 81

2. 발달 이론 / 84

1) 성숙주의 이론 _ 84
2) 행동주의 이론 _ 86
3) 구성주의 이론 _ 90

3. 영유아 발달 특성과 보육 / 94

1) 신체발달 _ 95
2) 뇌발달 _ 99
3) 정서 발달 _ 100
4) 언어발달 _ 101
5) 기억발달 _ 104
6) 지능 및 창의성 발달 _ 106
7) 사회성 발달 _ 108
8) 발달에 적합한 영유아보육 _ 109

제5장 보육교직원 자격과 역할 ---------- 111

1. 보육교직원의 정의 / 112

2. 보육교사의 자질 / 112

1) 보육교사 _ 113
2) 어린이집 원장 _ 116

3. 보육교직원의 역할 / 117

1) 보육교사의 일반적인 역할 _ 118
2) 영유아 발달 특성에 따른 교사의 역할 _ 120

4. 보육교직원의 자격 / 124

1) 어린이집 원장 _ 125
2) 보육교사 _ 127

5. 보육교직원의 교육 / 129

1) 보육교직원의 양성교육 _ 129
2) 보육교직원의 보수교육 _ 132

제6장 보육과정 ---------- 135

1. 보육과정의 이해 / 136

1) 보육과정의 개념 _ 136
2) 보육과정의 원리 _ 137

3) 보육과정의 통합적 접근 _ 138
4) 보육과정의 영역 _ 139

2. 국가 수준의 표준보육과정 / 153

1) 표준보육과정의 기초 _ 153
2) 표준보육과정의 변천 _ 154
3) 표준보육과정의 기본 방향 _ 155
4) 표준보육과정의 구성 _ 156

3. 보육과정과 보육프로그램 / 159

1) 몬테소리 프로그램 _ 160
2) 프로젝트 접근법 _ 163
3) 레지오 에밀리아 교육 프로그램 _ 165
4) 발도르프 유아교육 _ 168
5) 생태유아교육 프로그램 _ 172

제7장 보육환경 ---------- 177

1. 보육환경의 중요성 / 178
2. 보육환경의 구성 원리 / 182
3. 어린이집 실내 환경 구성 / 185

1) 영아보육환경 _ 188
2) 유아보육환경 _ 193
3) 보육지원환경 _ 197

4. 실외 놀이 환경 / 200

1) 실외놀이 환경의 구성원리 _ 201
2) 실외 공간 구성의 원칙 _ 203
3) 실외놀이 환경 영역/ 205

제8장 건강 · 영양 · 안전 관리 ---------- 211

1. 건강관리 / 212

1) 건강 관리의 개념과 중요성 _ 212
2) 영유아 건강관리 내용 _ 213
3) 건강교육 _ 215
4) 질병 관리 _ 216

2. 영양관리 / 221

1) 영유아기 영양관리 _ 221
2) 급식관리 / 226

3. 안전관리/ 233

1) 안전 관리 중요성 _ 233
2) 영유아 안전사고 현황 _ 234
3) 안전사고의 예방 / 238
4) 안전교육 / 244
5) 아동학대 / 246

제9장 어린이집 운영관리 ---------- 253

1. 어린이집 운영관리 / 254

1) 어린이집 운영관리의 개념 _ 254
2) 운영관리의 원리 _ 255
3) 효과적인 운영관리를 위한 요소 _ 258

2. 어린이집 운영관리의 영역 / 260

1) 원아 관리 _ 260
2) 교직원 관리 _ 261
3) 보육과정 관리 _ 262
4) 어린이집 환경 관리 _ 262
5) 학부모 관리 _ 262
6) 사무관리 _ 263
7) 재정 관리 _ 264
8) 대외관계 _ 265

3. 부모와의 연계 / 265

1) 부모와의 연계의 중요성 _ 265
2) 어린이집 부모교육 _ 268
3) 부모 상담 _ 270
4) 부모 참여 _ 273

4. 지역사회 연계 / 275

1) 지역사회와 연계의 필요성 _ 275
2) 지역사회 자원 활용 유형 _ 277
3) 성공적인 어린이집, 가족, 지역사회 연계 프로그램의 특징 _ 279
4) 지역사회 연계의 실제 _ 279

제10장 보육평가 ---------- 285

1. 보육평가의 중요성과 목적 / 286

2. 보육평가의 대상과 내용 / 287

1) 영유아평가 _ 288
2) 교사평가 _ 298
3) 보육프로그램 평가 _ 300
4) 어린이집 평가 _ 301

3. 평가결과의 활용 / 302

4. 어린이집 평가인증제도 / 302

1) 평가인증제도의 배경 및 목적 _ 302
2) 평가인증 지표 및 운영체계 _ 304
3) 평가인증 과정 _ 306
4) 평가인증 통합지표의 구성 체계 _ 308

제11장 보육정책의 전망 ---------- 311

1. 보육전달체계 / 312

1) 국가 수준의 보육전달체계 _ 312
2) 지역 수준의 보육전달체계 _ 314
3) 영유아보육법에 근거한 보육정책위원회 _ 314

4) 보육지원기관 _ 315

2. 보육정책의 성과와 과제 / 319

1) 보육정책의 변화 _ 319
2) 보육정책의 성과 _ 321
3) 보육정책의 과제 _ 324

참고문헌 ---------- 328

제 1 장

보육에 대한 기초적 이해

1. 보육의 필요성

1) 육아의 사회화

남성과 여성이 한가족이 되어 자녀를 출산하는 것은 매우 자연스러운 과정이다. 두 미혼남녀는 결혼을 하고, 자신을 닮은 아기의 탄생과 함께 육아의 책임을 맡게 된다. 예전에는 아기를 낳으면 개인과 가정에 전적인 책임이 있었다. 어머니가 일을 하러 나가면, 아이가 혼자 있을 수 없어 누군가의 돌봄이 필요했다. 아이를 잠시 맡아주거나 보호해주는 정도의 기능을 지칭하는 '탁아'라는 말이 있었다. 이제, 사회는 변화하였고 취업모는 증가하여 낮 시간 동안 아이들에게 돌봄과 보호(care)뿐 아니라 교육(education)을 제공하는 중요성이 커지면서 '탁아'는 더 이상 의미가 없어졌다.

우리나라 여성의 합계출산율[1)]은 2016년 1,17명, 2017년 1,05명, 2018년에는 0,98명으로 OECD 회원국 중 가장 낮은 수치를 보여주었다.

이와 같은 상황을 고려하면 이젠 개인과 가정의 차원에서 육아를 접근하기 때문에 저출산의 문제가 너무 심각해졌다. 점점 저조해지는 출산율로 인해 육아 문제는 가족의 책임을 넘어 국가의 책무성을 더욱 강조할 수밖에 없다.

가정에서 아이를 키운다는 뜻으로 '양육'이라는 말을 사용한다. 그래서 가정양육이라고 하지만 오늘날의 가정양육은 매우 제한적 의미로 사용하고 있다. 이제는 용어의 의미를 확장하여 '육아'라고 말한다. 가정에서 지역사회로, 지역사회에서 국가로 우리가 살고 있는 생태환경이 '육아'를 책임지는 방향으로 나아가고 있다. 다시 말해서, 아이를 잘 키우는 과업이 부모의 책임에서 국가의

1) 합계출산율: 15~49세 여성 1명이 평생 낳을 것으로 예상되는 평균 출생아 수를 나타낸 지표

책임이 되었다. 육아는 곧 국가경쟁력과 직결될 만큼 매우 중요하여 대통령 직속 저출산·고령사회위원회는 '저출산 기본계획(2016~2020)'을 발표하였다.

국가의 미래는 그 나라의 영유아를 어떻게 기르는가에 달려 있다. 영유아가 성장하는 인적, 물적 환경을 분석하여 부족한 부분을 보완하고 살기 좋은 환경으로 만들어 주면 아이들은 건강하고 행복하게 자랄 것이다. '육아의 사회화'는 개인 차원에서의 아이 돌봄이 아니라 모든 사람들이 육아에 대한 사회적 책무성을 인식하는 것이고, 이는 무엇보다도 누구나 아이를 돌보는 행위 자체에 가치를 두어야 한다(박찬옥 외, 2014).

또한 최근 육아와 더불어 많이 사용하는 용어가 '돌봄'이다. 돌봄은 누구나 다 할 수 있는 분야라고 생각할 수 있으나, 어머니를 대신하는 보육교직원의 모성 역할이 앞으로 우리 사회에서 얼마나 중요하고 필요한지를 다양한 사례를 통해 관찰할 수 있다. 영유아 시기의 질 높은 보육경험은 아이가 성인이 되어 원만한 대인관계를 형성하는 데 큰 영향을 미친다.

2) 보육의 관점

보육을 보는 관점은 선별적, 선택적 보육에서 보편적 보육으로 변화하였다. 양육자의 취업, 빈곤이나 질병으로 가족상황이나 환경이 어려워 도움이 필요한 영유아 보육이 아니라 0세~만 6세 미만의 영유아가 사회에서 건강하고 안전하게 보호받으며 자랄 수 있도록 보편적 보육의 형태로 변하고 있다.

첫째, 우리나라에 보육이라는 용어는 1991년 「영유아보육법」의 제정과 더불어 '탁아'에서 '보육'으로 대치하였다. 1949년 「교육법」 제146조에 나타난 유치원 교육의 목적을 설명할 때 처음 사용하여 1993년까지 유지되었다(김경회 외, 2016). 용어의 사용면에서, 보육은 유아교육(Early Childhood Education)이라는 용어로 대체되면서 「영유아보육법」 제정 이후에 사용한 것 같지만 보육의 역사는 매우 오래되었다.

둘째, 보육은 아동권리 존중에 기초해야 한다. 1988년 새롭게 제정한 '대한민국 어린이헌장'은 1989년 유엔 아동권리협약에 나타난 4-3-1 모델에 근거하여 아동의 인권을 존중한다.

[대한민국 어린이헌장]

1. 어린이는 건전하게 태어나 따뜻한 가정에서 사랑 속에 자라야 한다.
2. 어린이는 고른 영양을 취하고 질병의 예방과 치료를 받으며, 밝고 깨끗한 환경에서 살아야 한다.
3. 어린이는 좋은 교육 시설에서 개인의 능력과 소질에 따라 교육을 받아야 한다.
4. 어린이는 빛나는 우리 문화를 이어받아, 새롭게 창조하고 널리 펴나가는 힘을 길러야 한다.
5. 어린이는 즐겁고 유익한 놀이와 오락을 위한 시설과 공간을 제공받아야 한다.
6. 어린이는 예절과 질서를 지키며, 한겨레로서 서로 돕고, 스스로 이기며, 책임을 다하는 민주 시민으로 자라야 한다.
7. 어린이는 자연과 예술을 사랑하고 과학을 탐구하는 마음과 태도를 길러야 한다.
8. 어린이는 해로운 사회 환경과 위험으로부터 먼저 보호되어야 한다.
9. 어린이는 학대를 받거나 버림을 당해서는 안 되고, 나쁜 일과 힘겨운 노동에 이용되지 말아야 한다.
10. 몸이나 마음에 장애를 가진 어린이는 필요한 교육과 치료를 받아야 하고, 빗나간 어린이는 선도되어야 한다.
11. 어린이는 우리의 내일이며 소망이다. 나라의 앞날을 짊어질 한국인으로, 인류의 평화에 이바지할 수 있는 세계인으로 자라야 한다.

[유엔아동권리협약 4-3-1 모델]

4 아동의 권리 4가지: 생존권, 발달권, 보호권, 참여권

3 아동의 정의: 아동이란 18세 미만을 말하며,
아동 최우선의 원칙: 아동에게 최선의 이익을 제공하며,
비차별 원칙: 차별 없이 모든 아동에게 적용되어야 한다.

1 아동권리 실현은 모두의 책임

셋째, 보육은 0세부터 만 6세 미만의 영유아를 대상으로 제공하는 서비스 개념이므로 건강 및 영양, 안전에 대한 관리를 각별히 해야 하며, 영유아기에는 인지, 정서, 사회성 발달이 급격히 이루어지는 시기이므로 지역이나 인종, 성, 연령, 신분, 재산, 장애, 종교의 차별 없이 최적의 보육서비스를 제공해야 한다. 모든 아동에게 필요한 보육서비스를 제공하여 보편적 보육을 실천한다.

3) 보육의 질

어린이집에서 하루 12시간 이상 생활하는 영유아에게 보육의 질은 너무나 중요한 문제이다. 보육은 무엇보다도 보육교직원의 자질과 역할 수행의 과정에서 매우 중요한 영향을 받는다. 육아의 사회화와 더불어 보육에 대한 국가의 책무성이 점점 확대되면서, 영유아에게 보육의 질이 얼마나 중요한가를 반복하여 강조해도 지나치지 않다. 몇 가지 연구들은 보육의 질 관리가 영유아발달에 주는 영향력을 증명하고 있다. 그 영향력은 어떠한 장소나 환경의 문제가 아니라 영유아를 어떻게 보육하고 있는가에 달려 있다(박찬옥 외, 2014).

보육의 질을 결정하는 변인에는 크게 영유아 관련, 교사 관련, 부모와 가정환경 관련 요인이 있으며, 각 관련 변인의 하위 변인은 〈표 1-1〉과 같다.

표 1-1 보육의 질을 결정하는 하위변인

관련 변인	하위 변인
영유아 관련	보육 연한, 하루 보육시간 양, 생활보호대상 유무, 형제자매 수, 출생순서, 연령, 인지 수준 등
교사 관련	교사의 경력, 학력, 교직 만족도, 연수 양, 자격 종류, 결혼 유무, 교사 신념, 연령, 이직 횟수, 출퇴근 소요시간, 월급, 호봉, 현재 담당하는 반, 담임 연한, 현재 보육 지침에 정해져 있는 교사 대 영유아 비율에 대한 지각
부모와 가정환경 관련	부모의 직업 수준, 연령, 학력, 양육태도, 가정 소득, 어린이집 만족도, 부모교육 참여도

출처: 이경선(2000), 박찬옥 외 인용(2014)

〈표 1-1〉에서 보듯이 영유아 관련 요인에는 연령과 하루 보육시간, 형제자매의 수, 출생 순서, 발달 수준에 따라 달라지는 것을 알 수 있다. 카츠(1993, 2003)의 연구를 인용한 김경회 외(2016, 29)는 보육의 질을 이해하기 위해 보육에 대한 영유아 인식을 알아볼 필요가 있다고 하였다.

- 나는 환영받고 있는가? 소속감을 느끼는가? 인정받고 있다고 느끼는가? 존중받고 있는가?
- 어린이집에서 재미있다고 느끼는가? 즐겁게 모든 활동에 참여하는가? 다시 오고 싶은가?
- 선생님은 내게 잘해주는가? 보호받고 있다고 느끼는가?

어린이집 생활을 하며 영유아가 느끼는 정도는 결국 영유아가 혜택을 받고 있는 보육의 질과 관련 있는 질문이다.

교사의 요인에는 앞의 표에서 보는 것과 같이 매우 많은 하위 변인이 있다. 교사의 경력과 학력, 연령, 교육신념 등 개인 관련 변인이 있는 반면, 교사의 처우와 근무여건도 영향을 받는다. 김경회 외(2016, 30)의 저서는 카츠의 연구를 인용하면서 보육교직원 간의 관계, 보육교사와 원장과의 관계를 다음과 같은 질문을 통해 보육의 질을 평가할 수 있다고 하였다.

- 동료교사의 관계가 원만하고 편안한가? 어린이집 생활에서 행복감을 느끼는가?
- 영유아 담당 교사로서 보람을 느낄 때가 자주 있는가?
- 보육교직원 간 상호 존중하고 수용적인 관계를 유지하는가?

부모와 가정환경 관련 요인을 더 자세히 설명하면, 부모의 직업, 학력, 어린이집에 대한 만족도, 양육태도가 보육의 질을 결정하는 데 영향을 주며 보육교직원과 부모와의 관계 또한 매우 중요하다. 다음과 같은 질문을 보육교사 스스로에게 해볼 수 있겠다(김경회, 2016. 30).

- 나는 학부모와의 관계에 만족하는가? 부모와의 관계에서 교사로서 인정받고 있는가?
- 보육프로그램을 결정하고 운영할 때, 부모는 교사인 나의 의견을 존중하는가?
- 부모의 의견이나 제안이 어린이집의 운영이나 반 운영에 적극적으로 반영된다고 느끼는가?

이상과 같이 각자의 입장에서 생각하고 느낀 점을 잘 살펴보면, 객관적인 평가도구를 활용하지 않더라도 보육의 질에 대해 영유아와 교사, 학부모의 관계 속에서 충분히 살펴볼 수 있다.

무엇보다도 보육의 질은 영유아의 발달에 적합한 보육서비스를 제공할 때, 그 효과가 제일 크다고 할 수 있다. 하지만 발달적으로 적합한 실제(DAP: developmentally appropriate practice)를 잘 개발하거나 실천하려면 무엇보다도 교사의 변인이 제일 중요하다고 생각한다. 그래서 교사교육을 강화하고 전문성 향상을 위해 지속적으로 자기 계발 및 인성 도야의 시간을 확보해가는 개인의 노력이 요구된다.

2. 보육의 개념과 정의

보육을 설명하기 위해서는 두 가지 접근이 가능하다. 태생적으로 보육은 「영유아보육법」에 명시한 것처럼 사회복지 서비스지만 사회복지의 한 분야 특히 아동복지로만 한정 지을 수 없는 특성을 갖고 있다. 보육은 만 6세 미만의 영유아에 대한 충분한 이해, 특히 발달과 행동에 대한 심층적 이해가 필수이므로 유아교육적 접근도 함께 이루어져야 한다. 이렇듯 보육의 개념을 이해하려면 두 가지 접근이 동시에 필요하다.

1) 사회복지적 접근

보육이라는 용어를 사용하기 이전, 앞서 언급한 것처럼 탁아라는 말을 자주 사용해왔다. 사회복지 프로그램의 일환으로 보육은 요보호 아동이 주요 대상이었다. 1970년대 당시 보건사회부가 관할하던 어린이집은 보호자가 위탁한 저소득층과 농어촌 유아들을 대상으로 보호자가 직접 보육하기 어려운 영유아에게 단순히 보호 차원에서 서비스를 제공하였다.

1991년 「영유아보육법」 제1항에서 보육의 목적은 "보호자가 근로 또는 질병, 기타 사정으로 인하여 보호하기 어려운 영아 및 유아를 심신의 보호와 건전한 교육을 통하여 건강한 사회 구성원으로 육성함과 아울러 보호자의 경제적·사회적 활동을 원활하게 하여 가정 복지 증진에 기여하는 데 있다."고 하였다.

2011년에 개정된 「영유아보육법」에는 "영유아의 심신을 보호하고 건전하게 교육하여 건강한 사회구성원으로 육성함과 아울러 보호자의 경제적·사회적 활동이 원활하게 이루어지도록 함으로써 영유아 및 가정의 복지 증진에 이바지함"을 보육의 목적이라고 하였다(박찬옥 외, 2014, 재인용).

이와 같이 「영유아보육법」이 명시하는 보육의 목적이 20년이 지나 어떻게 달라졌는지를 알 수 있다. 즉 요보호 영유아가 아니라 해당 연령에 속하는 우리나라 모든 영유아가 보육서비스 대상이라는 보편적인 개념을 강조한다.

보육은 초기에 사회복지의 접근에서 출발하였으나 1991년 「영유아보육법」이 제정되고 보육 사업이 현재까지 발전해오면서 사회복지의 일부 개념으로 한정지어 정의할 수 없다.

보육이 사회복지의 성격을 갖는 것은 바로 보육의 전달체계와 관련이 있다고 생각한다. 보건복지부를 통해 전국의 17개 시·도 및 지역의 시·군·구 지방자치단체를 통해 이루어진다. 보육기관을 대표하는 어린이집은 보건복지부 소속이며, 보육교사의 자격이나 관리 등도 보건복지부가 담당한다. 이와 같이 우리나라 보육 사업은 사회복지의 일환으로 운영되고 있다. 하지만 보육의 요구가 달라지고, 그 의미가 확장되면서 영유아의 개별 특성을 고려하고 발달을 최대한 보장하는 어린이집의 내외적 환경 조성이 요구되면서 더 이상 복지적 접근에만 머무를 수 없는 현실이다(심은주, 2011).

2) 유아교육적 접근

김경희, 문혁준, 김선영 외(2016, 15)는 유아교육학계에서는 보육과 유아교육을 유사한 것으로 인식한다고 하였다. 그 근거를 세 가지로 제시하고 있다.

① 보육과 유아교육의 대상과 교육특성이 동일하다는 것이다. 만 3~5세아의 보육이나 유아교육은 놀이 중심의 활동, 생활 중심의 교육이라는 점이다.
② 영유아에게 돌봄을 제공할 때, 보육과 교육의 기능을 동시에 적용해야 한다는 점이다. 어린이집에서 교육의 기능을 놓칠 수 없으며, 유치원에서 보호의 기능을 배제할 수 없다. 부모와의 협력도 점점 더 요구된다.
③ 선진 외국은 보육과 교육을 동일하다고 인정하고 담당부처를 하나로 통합하였다. 예를 들어 프랑스는 연령별로 구분하여 만 3~5세는 교육부가 맡고 있으며, 스웨덴도 교육부가 주무 부처이다.

하지만 보육(학)계는 보육과 유아교육이 차이가 있다고 주장한다. 보육은 돌봄과 교육으로 구분하는 기능에서 유아교육과 차이가 있다고 볼 수 있다. 어린이집은 0~2세 영아에게 가정 양육을 대행하며 동시에 발달에 적합한 교육도 제공한다. 안전, 건강, 영양 및 일상생활에 기반하여 포괄적인 접근을 한다.

이런 유사점과 차이점에 대한 분석을 종합해보면, 보육의 특성을 요약할 수 있으며, 이는 보육에 대한 정의를 간략히 정리하는 데 많은 도움을 준다. 그래서 에듀케어(educare) 용어를 활용하여 보육의 개념을 정립할 수 있다.

3) 보육의 정의

2011년 이후 개정한 「영유아보육법」 제1조는 보육의 목적이 "영유아의 심신을 보호하고 건전하게 교육하여 건강한 사회구성원으로 육성함과 아울러 보호자의 경제적·사회적 활동이 원활하게 이루어지도록 함으로써 영유아 및 가정의 복지 증진에 기여한다."고 하였다. 이런 보육의 목적에 기반하여 제2조 제2항은 보육에 대해 "영유아를 건강하고 안전하게 보호·양육하고 영유아의 특성에 맞는 교육을 제공하는 어린이집 및 가정 양육 지원에 관한 사회복지 서비스"라고 정의하고 있다.

여기에서 중요하게 파악해야 할 키워드는 건강, 안전, 영유아의 특성에 맞는 교육, 어린이집 및 가정양육 지원이다. 이 키워드를 중심으로 보육의 개념을 정리해 보자.

어린이집에서 하루 종일 생활하는 영유아에게 **건강과 안전**은 가장 기본적으로 필요하다. 건강과 안전한 생활은 발달의 기초를 이루며 이후 어린이집에서 활동을 진행하는 데 기본 요건이 된다. 건강과 안전이 보장되었을 때, **영유아발달에 적합한 교육**이 의미 있게 된다. 연령의 특성을 충분히 고려하여 그에 맞는 보육활동을 개발 및 적용하는 과정에서 교사의 전문성을 발휘할 수 있다. 또한 어린이집은 영유아를 중심으로 가정과 지역사회와의 연계가 함께 발전해야 한다. 그래서 보육은 **어린이집** 아이들의 생활이나 활동뿐 아니라 **가정양육**을 받고 있는 영유아의 상황을 모두 **지원**하는 것을 말한다.

보육을 한마디로 정의하면 에듀케어(educare)라고 요약할 수 있다. 앞서 법조항에서 보육을 사회복지 서비스라고 기술하고 있으나, 이는 궁극적인 목표에 해당한다. 일상에서, 보육교직원들은 연령을 고려한 어린이집 교육활동이 유아교육적인 특성을 갖고 있기 때문에 보육 나름의 정체성을 갖고 있다. 그래서 보육은 사회복지적 접근과 유아교육적 접근 둘 다 필요하며, 이 두 접근법 사이에 보육 자체만의 이론적, 실천적 특성을 갖추고 있다.

3. 최근 보육의 동향

보육의 동향을 제시하기 위해, 육아정책연구소(www.kicce.re.kr)가 발간하고 보급하는 연구보고서나 이슈페이퍼, 육아정책 Brief 등의 자료들을 참고하여 소개하고자 한다.

1) 국내의 보육동향

(1) 보육의 공공성 확보

2017년 7월, 한국교육개발원(KEDI)은 육아정책연구소와 협력하여 제3차 미래교육정책포럼을 개최하였다. 포럼의 주제는 출발점 교육평등 실현을 위한 유아교육·보육 제고 방안이었다. 대한민국의 영유아와 부모가 사회적 격차 없이 양질의 교육 및 보육서비스를 받을 수 있도록 지원해주는 정책 방안을 토의하였다.

보육의 공공성은 가구소득이나 계층과 무관하게 모든 영유아가 보육과 교육서비스를 이용하도록 재정과 공급면에서 국가의 역할을 더 강화할 때 가능하다(이미화 외, 2015, 재인용).

그래서 정부는 보육에 대한 사회적 책임을 갖고 학부모의 교육비 부담을 최소화하고자 재정지원을 확대하고, 학부모의 입장에서 어린이집을 쉽게 찾고 이용할 수 있도록 기관 접근성을 높이거나, 국공립 어린이집을 증설하는 방안을 마련하고자 한다(최윤경, 2017).

공공성의 의미는 공공기관으로서 민간이나 사립기관이라도 개인의 이익을 취하는 것이 아니라 사회 전체의 이익을 목적으로 한다. 정부의 재정 지원을 받는 기관이므로 재정의 건전성과 투명성을 확보해야 하며, 학부모가 재정 운영에 적절히 참여할 수 있어야 한다.

우리나라 유아교육·보육의 공공성 수준은 높은 편이나 사립과 민간 기관의 비중이 높아 이상적이고 바람직한 공공성을 달성하기에는 부족한 점이 많다. 이를 보완하려면 국공립기관의 수가 많아져야 하는데, 당장 설립이 어렵고 기존의 사립과 민간기관이 잘 자리 잡고 있으므로, 이를 기반으로 어린이집을 공공형이나 공영형으로 변경하여 운영하길 제안한다. 그래서 공사립의 구분 없이 모든 기관이 공공성의 성격을 갖도록 한다. 2017년 보건복지부 보육통계에 따르면, 전국에 어린이집 기관 수는 총 40,238개소이며, 기관 분포는 국공립어린이집 3,157개소(7.8%), 사회복지법인 어린이집 1,392개소(3.5%), 직장어린이집 1,053개소(2.6%), 가정어린이집 19,656개소(48.8%), 민간어린이집 14,054개소(34.9%), 부모협동어린이집 164개소(0.4%)를 차지한다. 민간 및 가정어린이집 총 83.7% 대비 국공립/법인/직장 어린이집은 13.9%를 나타내고 있다.

더 나아가 공공성을 지향하기 위해 영유아의 권리와 행복, 영유아 교사의 자격 체계 및 처우와 근로 여건의 개선도 다루어야 하며, 궁극적으로는 양육-교육-보육을 포괄하는 통합지원의 형태로 발전해야 할 것이다(최윤경, 2017).

(2) 저출산 극복을 위한 육아지원

2017년 합계출산율이 1.05명에 이어 2018년 0.98명이라는 초저출산 현상과 70% 이상의 노인인구 비중은 우리나라가 저출산 고령사회임을 입증한 결과이다. 이런 현상은 앞으로 국가 경쟁력의 근간을 흔들 수 있다.

이런 상황에서, 각 부처는 고민 끝에 저출산 대책을 내놓았으나 출산율을 높이는 데 큰 실효성은 없었다. 보육을 포함한 육아지원에 노력을 기울인 것은 맞지만 부모나 예비부모들이 체감하는 정도는 매우 약했다. 이에 선진국의 출산장려정책을 도입하여, 육아가 개인 부담이 아닌 가족 모두가, 더 나아가 국가가 책임지는 육아지원정책의 개발을 고려해야 한다. 한때는 저조한 저출산 국가였던 프랑스는 각 가정에 가족수당, 아동수당, 양육수당 등을 지급하여 유럽 국가 중 제일 높은 출산율을 보이고 있다(황성원, 2013).

이처럼 출산율을 회복하려면 양육 친화적 사회분위기 조성이 급선무이다. 영유아 자녀를 둔 어머니들에게 육아지원정책 중 필요도, 만족도, 개선 필요에 대해 설문조사를 한 결과, 세 영역 모두 비용지원이 제일 높고, 돌봄 지원과 일·가정 양립지원 순으로 나타났다(권미경, 박원순, 엄지원, 2016).

「육아정책 Brief 57호」는 정책수요자의 요구를 반영한 육아문화 구축을 위해 여러 대안을 소개하였다. 예를 들어 육아종합지원센터나 건강가정지원센터를 통해 부모교육을 시행하고, 사이버 공간이나 자료집, 면대면으로 육아 정보를 제공하는 노력이 필요하다. 또한 아이돌보미나 시간제 보육서비스를 활용하여 가정 내 육아를 지원해줄 수 있으며, 여성 중심의 육아문화에서 아버지의 양육참여를 확대하는 사회 분위기를 조성하자고 하였다.

개인과 가족 차원 외에 육아지원 네트워크의 형성은 사회나 국가가 육아를 지원하는 역할의 중심에 있다는 것이다. 실행 주체는 육아종합지원센터이며, 센터의 어린이집과 가정양육의 지원이 반드시 필요하며, 저출산 극복을 위한 육아지원정책에 보육이 중심이라는 것을 확인할 수 있다.

2) 외국의 보육동향

(1) 유아교육·보육(ECEC)의 공공성 기준

OECD 회원국으로 참여한 국가는 모두 24개국으로 호주, 벨기에, 칠레, 체코, 핀란드, 프랑스, 독일, 아일랜드, 일본, 한국, 룩셈부르크, 멕시코, 네덜란드, 뉴질랜드, 노르웨이, 포르투갈, 슬로바키아, 슬로베니아, 스웨덴, 잉글랜드, 스코틀랜드 등이 속해 있다. 2015년에 발간한 유네스코의 OECD 국가의 유아교육과 보육의 자료에 근거하여 유아교육·보육(ECEC: Early Childhood

Education and Care)의 공공성 기준을 살펴보면, 네 가지 지표로 구성되어 있다(최윤경, 2017).

① 일원화된 유보통합

OECD 국가 중 유아교육과 보육을 하나의 부처가 관할하는 국가가 절반 이상이며, 호주, 핀란드, 독일, 뉴질랜드, 노르웨이, 스웨덴, 영국은 교육부가 중앙에서 통합하여 관리하지만 독일의 경우 지방분권의 성격이 강하고, 가족, 노인, 여성, 청소년 연방부서에서 담당한다. 프랑스는 3세를 전후로 담당부처가 달라지는 연령별 이원화 국가이다. 일반적으로 유보통합의 8가지 요소인 행정, 규제, 커리큘럼, 접근성, 인력, 재정지원, 서비스 유형의 다양성, 유보통합에 대한 인식에서 완전 통합을 이룬 국가는 스웨덴이다. 대부분의 국가는 이 8가지 요소에서 부분통합이라도 가능하도록 정책적 노력을 기울이고 있다.

② 공사립 기관 비율

덴마크, 영국, 노르웨이, 스웨덴은 유아교육과 보육기관이 거의 대부분 국공립 기관이지만 노르웨이는 비교적 사립 유치원의 비중이 크다고 한다. 대신 지자체의 관리 감독을 받으며, 종일제로 운영하고 있어 사립기관이지만 공공성의 성격이 강하다. 뉴질랜드는 사립기관의 비중이 높고, 대부분 고소득층이 거주하는 지역에 설립되어 있다. 하지만 Education Review Office(ERO)를 설치하여 관리감독을 철저히 하고 있으며, 보조금은 국공립과 사립기관에 동일하게 지급하고 있다. 국가마다 공사립 기관의 비율이 달라 공공성을 이해하기 위해서는 국가가 처한 사회경제적 맥락을 이해해야 한다. 호주, 미국, 캐나다, 영국 등은 유아교육과 보육을 시장의 원리에 맡기고 있다. 우리나라와 일본도 마찬가지이다. 하지만 이들 국가의 공통점은 공사립 기간에 외부평가를 실시하거나 감사하여 정부가 관리 감독과 규제를 철저히 하여 기관의 질 관리에 최선을 다한다는 점이다.

③ 부모의 비용부담 수준

OECD 국가는 부모의 유아교육과 보육비용이 대부분 낮다. 그 이유는 중앙정부, 지방정부, 지자체 등에서 비용을 부담하고 있기 때문이다. 많은 국가는 유아교육비나 보육료 지원 이외에 육아휴직, 아동수당, 가족수당 등 다양한 경로를 통해 아동과 가족을 지원하고 있다. 정부의 재정 부담비율이 높을수록 부모가 부담하는 비용은 낮아지며, 이는 보육의 공공성 기준의 지표가 된다.

④ 서비스의 접근성과 이용률

2015년 기준, OECD 평균 3세 미만의 33%, 3세는 70%, 4세 영유아의 85%가 유아교육과 보육기관을 이용하고 있다. ECEC 서비스를 이용하는 영유아의 수는 점점 증가하고 있으며, 만 5세아에게는 무상으로 이용할 수 있게 해준다. 이처럼 유아교육·보육의 서비스를 쉽게 접근하고 이용할 수 있도록 하는 것은 ECEC 공공성을 확보하려는 국가가 추진할 수 있는 필수 과제이다.

이상의 네 가지 지표는 우리나라가 보육의 공공성을 확보하는 데 큰 시사점을 준다.

(2) 유아교육·보육(ECEC)의 질 모니터링

OECD 국가의 유아교육과 보육의 질을 모니터링하는 자료를 육아정책 Brief 60호의 내용을 바탕으로 소개하고자 한다. 우리나라의 어린이집 평가인증과 유치원 장학컨설팅은 OECD 국가가 추진하는 유아교육·보육(ECEC)의 질을 모니터링하는 틀과 방법론에 영향을 받았다. ECEC 모니터링은 모두 네 가지 영역으로 구분할 수 있다. 서비스의 질, 교직원의 질, 아동발달 및 성과, 커리큘럼의 실행이다. 평가의 방법은 ECEC 기관과 교직원이 내부적으로 진행하는 자체평가와 외부 평가, 학부모 조사 등이 있다(최윤경, 2017).

보육의 질 모니터링은 교육 및 보육서비스의 질 향상에 목표를 두고 있으며 모니터링 결과를 활용하여 정책을 입안하고 일반 대중들에게 공지하여 결과에 따라 제재나 보상이 따르도록 한다. 모니터링의 방법은 주로 평가인데, 평가는 대부분 보육의 내용과 과정에 중점을 두고 있다. 보육과정이나 상호작용, 교사의 자질과 역할 등에 대해 모니터링하기 때문에 부족한 부분이 드러나면 관련 분야의 교직원 연수를 실시하여 보완하고자 한다.

이렇듯 ECEC 모니터링은 교직원과 영유아의 관계와 상호작용, 교직원-학부모 간 협력, 동료교사 간의 협력, 교사의 민감성, 영유아의 개별요구에 따른 적절한 대응, 연령에 적합한 교수방법 적용, 전반적인 보육과정 등을 고려하여 보육의 질을 관리한다. 또한 아동발달을 어떻게 도모하는지에 대해 구체적인 성과로도 보여줄 수 있어야 한다.

우리나라에서 수용할 수 있는 시사점은 다음과 같다(최윤경, 2017).

첫째, 내외부 평가는 학부모 참여, 보육교직원 연수와 보육과정 및 상호작용에 대한 지속적인 모니터링, 영유아의 성장과 발달 도모를 위한 관찰 및 현장지도에서 도입 가능한 외국의 사례를 수용한다.

둘째, 등급에 따른 평가결과에 치중하기보다 모니터링의 결과에서 부족하게 나온 부분에 대한 후속 조치와 영유아보육 및 교육기관의 지원 방향을 설정하는 것이 더욱 바람직할 것이다.

셋째, 보육의 질 모니터링을 중앙정부에서 관할하지 말고, 지자체 중심으로 진행하여 주체 기관과 보조 기관 간의 역할 분담이 균형적으로 이루어져야 한다.

제 2 장

보육의 역사

본 장에서는 보육에 기초가 되는 철학적 사상과 우리나라 보육의 역사에 대해 살펴보고자 한다. 또한 유럽과 미국, 일본 등의 보육정책 변화와 행정전달체계를 개괄하고 각 나라의 보육서비스 유형과 이용현황, 보육서비스의 질 관리를 위한 구체적인 노력을 통해 전반적인 보육의 범위와 내용에 대한 이해를 돕고자 한다.

1. 외국의 보육 사상에 대한 이해

보육 사상은 그 시대 사회상과 영유아를 보는 관점, 보육에 대한 인식을 반영한다. 따라서 고대에서 현대에 이르기까지 아동관과 보육의 변천은 시대적·사회적 배경에 따라 다채로운 특성을 가진다.

1) 보육과 중세

중세는 기독교와 봉건제도로 대변되는 시대이다. 특히 기독교 사상의 영향을 많이 받았던 중세시대에는 원죄설에 따라 영유아를 엄격히 훈련하였다. 즉 중세시대는 인간의 천성이 선하지 않다고 보았기 때문에 원죄에서 구원되려면 기독교적 교리에 입각하여 엄격한 훈련과 끊임없는 감독이 필요하다고 보았다. 중세시대에는 영유아를 '성인의 축소판'으로 여겨 신체 크기만 성인과 다를 뿐 영유아를 모든 면에서 성인과 똑같이 취급하였고 영유아의 발달적 특성을 전혀 고려하지 않았으며 유아를 위한 교육에는 관심을 두지 않았다. 중세 말기에 오면서 기존 봉건제도가 몰락하면서 새로운 시민 사회가 형성되기 시작하였고, 과거 그리스, 로마의 문화를 복구하려는 르네상스 운동으로 이어졌다. 신이 중심이 되고 엄격하고 복종적인 중세 기독교 교육을 거부하고 유아의 흥미를 고려하고 자유로운 인간성을 모색하기 시작하였다.

2) 17~18세기 보육사상

르네상스와 종교개혁, 16세기 자연과학의 발달은 영유아를 '성인의 축소판'으로 보았던 중세와는 다르게 영유아를 성인과 다른 하나의 독립된 존재로 인식하게 하였다. 이 시기는 르네상스의 인본주의적 요소와 종교개혁의 가르침이라는 두 개의 세계관이 공존하였다. 이러한 움직임은 유아를 대상으로 하는 교육에 대해 새로운 관점이 나타났고 대표적으로 코메니우스, 로크, 루소 등을 들 수 있다.

(1) 코메니우스(Comenius)

코메니우스
(1592~1670)

코메니우스의 사상은 합자연의 원리와 경험적 지식을 중요시하는 실학주의에 기초하였으며 낡고 봉건적인 교육론과 그 실태를 분석함으로써 새롭고 근대적인 교육론을 체계화하였다. 코메니우스는 성직자로서 기독교 사상을 토대로 모든 유아가 성별, 지능, 빈부의 차별 없이 창조주의 덕성과 신앙으로 교육될 권리와 의무를 지닌 존재라고 생각하였다. 그는 인간의 임무를 '학식'과 '덕성', '신에 귀의하는 마음'을 인식하는 것으로 보았으며 이를 획득하기 위해서는 교육이 필요하다고 하였다. 코메니우스는 교육에 대한 수많은 글을 남겼는데 그중 『대교수학(*Didactica magna*)』은 세계 최초의 교육학 저서로서 그의 교육사상과 방법을 알 수 있는 단서가 된다. 그는 이 저서를 통해 출생부터 성인기까지를 4단계로 나누어 각 시기별로 일관된 학문체제를 구성하고 편성하였다.

『대교수학』에서는 전체학교 계통론 속에 유아학교를 포함시켜 유아교육론의 개요를 들었으며, 『무릎학교(*School of the mother knee*)』에서 이를 더 상세하게 논의하고 있다. 무릎학교에서는 6세 미만의 영유아에게 형식적인 교육을 시키는 것을 반영하였고 형식적인 학교교육은 6세 이후에 필요하며 영유아 시절은 가정에서 어머니에게 교육을 받도록 해야 한다고 제시하고 있다. 『대교수학』은 어머니들이 가정에서 영유아에게 교육시켜야 하는 것이 무엇인지를 구체적으로 설명하고 있으며 어머니에 의한 교육의 중요성을 역설하였다.

어머니에 의한 감각기관의 훈련은 부모에 의해 적극적으로 실시되어야 하며 훈련의 재료는 실물에 의한 방법도 있지만 『세계도회(*Orbis sensualium pictus*)』 활용이 가장 적합하다고 하였다. 『세계도회』는 세계 최초의 그림책으로서 본문과 관련된 삽화가 들어 있으며 감각기관을 활용해 지식에 이르도록 하는 방법을 사용하고 있다.

세계도회: 1653년에 저술되어 1657년에 출판되었으며 150장으로 구성된 최초의 삽화독본으로 각 장마다 주어진 주제의 설명과 거기에 적합한 실물삽화를 포함하고 있다. 서문에서 모든 학습의 기초는 지각할 수 있는 상들을 쉽게 이해할 수 있도록 감각기관에 분명하게 제시하여야 할 것을 밝히고 있다.

이러한 코메니우스의 교육방법은 다음의 세 가지로 요약된다(지옥정 외, 2008).

첫째, 합자연의 원리로 이는 자연의 질서에 따라 학습하는 원리이다. 이는 가르치는 일은 자연과 같이 적절한 시기를 고려하라는 의미로 아동발달 단계를 따라야 함을 의미한다. 또한 쉬운 것에서 어려운 것으로 가르치고 사물을 먼저 보이고 언어적 사용은 그 후에 이루어지도록 하는 것, 그리고 자연은 비약하지도 중단하지도 않으므로 학습 역시 기초학습이 다음 학습에 영향을 끼치는 점을 유념하도록 하였다.

둘째, 직관의 원리이다. 즉 직접적 사물을 통한 교육이 이루어지도록 했다.

셋째, 훈육에 관한 원리이다. 훈육은 객관적 자연주의 정신에 입각한 훈련으로 스스로 이겨내는 힘을 기르는 것을 의미한다. 이때 교사가 아동을 훈육할 때는 사랑과 온정 그리고 충고와 질책이 필요함을 강조하였다. 코메니우스 합자연의 교육근본 원리와 감각, 직관, 생활경험 등을 기초로 한 이러한 교육 방법론은 근대적인 교육방법론으로서 주목해야 할 것이다. 또한 어머니를 중심으로 했던 유아교육사상과 함께 가정교육론 확립, 유아교육을 학교 체계의 첫 단계에 두어 무릎학교라고 했던 것은 획기적인 것이며 이러한 그의 업적은 후에 페스탈로치, 프뢰벨 등에게 영향을 미쳤다.

(2) 로크(John Locke, 1632~1704)

로크
(1632~1704)

영국의 철학자인 로크는 서머셋 주 링튼에서 태어났으며 청교도적 경향을 가진 국교도 집안의 변호사였던 아버지로부터 엄격한 훈육을 받으며 성장하였다. 웨스트민스터 학교에 입학해 수학하였으며 이후 『교육론』에서 이곳의 교육은 철저했지만 규율이 너무 엄격했다고 회상하면서 형식적 교육을 비판하고 학교교육으로부터 벗어나 가정에서 교육을 시켜야 한다고 주장하였다. 즉 인위적으로 만들어진 교육의 틀에서 벗어나 아동의 본성 그대로 자연의 원리와 화합되도록 도와야 하며 학습의 동기는 아동의 본성 안에 있으므로 교육은 여기에서 시작되어야 한다고 했다.

로크는 인간의 발달에 미치는 환경의 중요성을 강조하면서 인간의 정신은 어떠한 관념도 가지고 있지 않은 백지상태(tabula rasa)라고 하였다. 즉 인간의 지식은 외부세계인 물리적·사회적 환경에서 경험을 통해 획득되는 것이라고 보았다. 실험과 체험이 인간의 지식 형성에 가장 중요한 기초이므로 선천적인 것보다는 후천적인 교육의 역할을 강조하였다. 특히 백지설에 따라 잘 닦여진 칠판과 같은 마음에 아동의 경험 하나하나를 그려나가야 하므로 조기교육의 중요함을 강조하고 있다.

로크는 『교육에 관한 고찰』에서 유아기는 올바른 습관형성의 시기로 연습과 습관화에 의한 유아의 지적, 도덕적, 신체적인 교육의 가능성을 인식하고 놀이와 놀잇감을 통한 아동의 자기활동을 강조하였다. 로크는 단계별 학습을 제안하면서 분명하고 단순한 것에서부터 시작하여 한 번에 할 수 있을 만큼의 내용을 학습시켜야 하며, 새로운 것을 가르치기 전에 이미 배운 것을 정확하게 기억하고 있는지 확인해야 한다는 것을 강조하였다.

그는 교육의 목표를 신사양성에 두었으며 그 신사가 갖추어야 할 자격을 덕성, 실천적 지식, 예의 그리고 학예의 네 가지를 들고 있다. 또한 로크는 철학서인 『인간 오성론』을 통해 모든 지식은 감각경험의 사실 관찰로부터 나오므로 학습은 감각을 통해 얻어지는 인상이라고 하였다.

로크는 인간의 자율성을 강조하는 계몽주의의 맥락에서 경험을 바탕으로 한 학습을 고안하여 교육을 추상적인 관념으로부터 해방시켰으며, 그 당시의 형식적이고 제도적인 학교교육을 비판하고 가정을 중심으로 한 신체단련과 덕성교육을 강조하여 교육에 대한 새로운 관점을 제시하였다.

(3) 루소(Jean Jacques Rousseau)

루소
(1712~1778)

계몽사상의 대표자인 동시에 낭만주의의 선구자인 루소는 아동중심사상과 자연에 의한 교육을 주장하였다. 그는 영유아는 순진하고 선하게 태어나기 때문에 성인들이 그들의 타고난 자연성을 방해하지 않는 한 긍정적으로 성장하므로 영유아에게 자유를 허용해야 한다고 강조하였다. 유명한 교육저서인 『에밀(*Emile*)』에서 그는 교육의 근원을 자연, 인간 그리고 사물로 보았다. 우리의 능력과 기관의 내적 성장은 자연의 교육이고 이 성장을 어떻게 이용할 것인가를 가르쳐 주는 것은 인간의 교육이며, 우리가 환경의 경험에 의해 얻는 것은 사물의 교육이라고 하였다. 또한 자연이라는 말을 통해서 자연의 발달 단계설을 제시했는데, 인간은 태어나자마자 쾌-불쾌에 의한 감성적 판단, 적합-부적합에 의한 오성적 판단 그리고 마지막 단계에서는 이데아에 의한 이성적 판단에 도달한다고 하였다(표 2-1). 따라서 교육은 아동의 발달 단계에 맞추어 단계적으로 실시해야 하며, 아동을 이성적인 존재로 만들고자 이성적인 판단을 요구하고 지식을 주입하는 교육은 자연의 발달단계에 맞지 않는 것이라고 배척하였다.

>> 표 2-1 에밀의 구성

발달단계별 시기	연령	교육내용 및 강조점
제1부 유아기	0~5세	• 주변사물과 사람들을 모방하고 반응하는 법을 배우는 시기 • 가능한 한 많은 자유를 주도록 할 것 • 신체교육에 중점을 둠 • 어머니의 역할 중요-타인에게 맡기지 말고 어머니의 직접교육 강조 • 유아의 조기 언어교육 반대
제2부 아동기	6~12세	• 감각기관의 훈련에 주력-감각과 지각은 이성과 도덕성 발달의 기초가 됨 • 체벌, 위협, 칭찬 등을 통한 인위적인 교육에 반대 • 지나친 관대함이나 엄격함 모두 피할 것을 주장 • 언어습득과 오감 발달의 주요시기-책을 통해서가 아닌 직접 경험을 통한 배움 강조
제3부 소년기	13~15세	• 지식을 배우는 시기 • 스스로 사물을 접해서 발견하고 판단력을 배양하도록 함-자기활동의 학습법 강조 • 학문은 배우는 것이 아니라 창조하는 것이므로 많은 것을 가르치기보다 정확하고 명백한 관념들을 깨우치도록 함
제4부 청소년기	16~20세	• 인간관계와 사회제도에 대해 배우기 시작하는 시기 • 정열이 발달하는 시기로 적절히 통제하지 않으면 합리적 판단과 자제력을 잃기 쉬움-따라서 종교교육과 도덕교육이 이루어져야 함
제5부 성인기	21세~	• 에밀의 배우자가 될 소피(Sophie)의 교육과정과 결혼생활에 대해 다룸 • 루소의 이상적인 여성관과 여성교육관이 드러나 있음 • 이상적 여성상-건강, 근면, 온유, 아름다움, 존경받고 미덕을 사랑하는 여자를 말하며 기치, 통찰력, 섬세한 관찰력도 겸해야 한다고 보았음

또한 말이나 책에 의한 교육방법이나 강제나 통제에 의한 교육을 배제하였다. 이는 교사 활동의 적극성을 최대한 줄이고 유아 자신이 가지고 있는 흥미에 따라 자유로운 활동을 최소화하는 소극적인 교육(negative education)을 강조한 것이다. 이러한 교육사상이 갖는 자연주의적 아동중심의 입장은 소극적인 교육을 넘어 자칫 자유방임적인 교육으로 발전될 수 있다는 우려를 낳기도 하였다.

그러나 루소의 사상은 아동을 성인의 세계로부터 해방시키는 밑거름이 되었으며 그는 아동의 천성을 억압하는 모든 전통과 권위에 저항하며 아동을 성인의 축소판으로 인식하던 전통주의 교육을 비판하였다. 특히 전통적인 교육방법에서 아동중심에로의 전환은 현 교육에 많은 영향을 끼쳤으며 불멸의 공적을 남겼다고 평가되고 있다(고후순 외, 1998).

3) 19~20세기의 보육사상

(1) 페스탈로치(Pestalozzi)

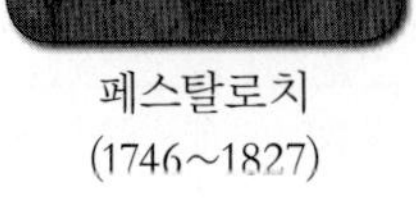

페스탈로치
(1746~1827)

페스탈로치는 루소의 교육사상에 많은 영향을 받았으며 합자연의 원리를 바탕으로 인간중심, 아동중심의 교육을 실천한 위한 교육실천가이다. 그는 교육의 목적을 인간개혁과 사회개혁에 두었다. 교육을 통해 인간을 도야하고 인간을 통해 인간을 개혁하며, 개혁된 인간에 의해 사회개혁이 이루어진다고 보았다. 그에 따르면 인간발달은 유기적이며 자연법칙에 따라 통합적으로 진행하는 것이며 교사의 임무는 아동의 모든 기능의 자연적, 체계적, 조화로운 발달을 기하도록 자연을 조력해 주는 것이다. 루소가 소극적인 교육을 강조한 것과는 달리 그는 아동에게 실물을 제공하는 등 환경을 조성해 주는 적극적인 교육을 실천하였다.

페스탈로치의 교육목표는 심정력(가슴: heart), 정신력(머리: head), 기술력(손: hand)의 세 가지 능력이 조화를 이루어 인간의 내재된 무한한 잠재력을 계발하는 데 있으며(자발성의 원리), 그는 이러한 여러 능력의 조화가 진정 인간 행복의 기초라고 주장한다. 심정력은 가정도야의 내용으로 도덕과 종교에 관한 것이며, 이는 가정에서 부모와 자녀의 상호관계에 의해 느끼면서 생활하고 행동하는 가운데 도야되어 간다. 정신력은 읽기, 쓰기, 셈하기(3R's)와 수(數), 형(形), 어(語)를 중심으로 인식의 수단으로 직관교수가 중심을 이루며(직관의 원리), 기술력은 인간의 기술적 측면의 계발에 의해 성취되는 노동에 의한 직업과 예체능 분야의 기초 도야를 의미하며, 기술력의 도야는 농경과 방직 등의 노작교육(노작의 원리)을 통해 이루어졌다. 그의 이러한 교육방법과 내용은 가정교육을 중심으로 한다. 인간 형성의 기초는 가정에서 시작되며 교육은 어머니의 사랑으로부터 시작된다. 즉, 유아기에서부터 건전한 가정에서 교육받은 어린이는 마음이 착하고 사리분별을 잘하며, 끈기 있는 어린이로 자라므로, 유치원이나 학교에서 행해지는 교육도 부모가 자식을 사랑하고, 자식이 부모를 따르듯이 가정교육을 바탕으로 행해져야 한다는 것이다.

페스탈로치의 이러한 사상은 후일 듀이의 아동 경험을 중시하는 경험중심 교육사상과 피아제의 아동 인지발달 연구의 기초가 되었다. 또한 그가 주장한 자발성의 원리, 직관의 원리, 노작의 원리는 근대 교육활동의 중심원리가 되었으며, 나아가 활동중심 유아교육과 아동중심 유아교육의 출발점이 되었다.

(2) 프뢰벨(Froebel)

프뢰벨
(1782~1852)

프뢰벨은 조화와 통합을 중시하는 교육철학을 바탕으로 어린이를 의미하는 'kinder'와 정원을 의미하는 'garten'을 합성하여 어린이정원이라는 뜻을 가진 유치원(kindergarten)을 창설하였다. 그는 어린이의 본성에 따라 바르게 자라도록 해

주고 그들의 내적 힘을 마음껏 발휘할 수 있도록 해준다면 어린이는 어려움 없이 순탄하게 자라나게 될 것이라고 하여, 어린이를 신과 같은 본성을 지닌 존재이며 자발성을 가진 존재로 간주하였다. 따라서 이들을 교육함에 있어 자기활동을 중시하였으며, 내적인 동기를 가지고 자연스럽게 자신을 발전시키며 성장시켜 나갈 수 있도록 하였다.

자발성을 신장시키는 활동으로 프뢰벨은 놀이의 가치를 높이 평가하고 있다. 그는 놀이를 단순한 시간 소비라고 생각해 온 전통적인 통념에서 벗어나 가장 유력한 교육수단이라고 하였다. 즉 아동은 놀이를 통하여 가장 자연스럽게 내면적인 충동을 나타내며 동료와의 협동을 이룰 수 있다는 것이다.

프뢰벨이 만든 영유아의 놀잇감인 은물(gift)은 세계 최초의 영유아 교육교구로서 블록 교구의 효시가 되었으며 통일성, 관계, 연결, 다양성 등을 자각하고 우주의 진리를 상징화하도록 고안되었다. 이러한 은물은 유아들이 가지고 활동하는 동안 미, 지식, 삶의 형식을 깨닫도록 하기 위한 목적으로 사용되었다. 놀이를 위한 또 다른 교육내용으로는 노래, 이야기, 동시 등이 있으며 이 활동들은 어린이의 착한 행동을 실행하기 위한 것이다.

> 은물(恩物, gift): 하느님께서 어린이들을 사랑하여 주신 은혜로운 놀이선물이라는 뜻으로 종교적이고 낭만주의적인 교육사상을 반영한 것이다. 은물은 형태(1~6은물), 면(7은물), 선(8은물), 점(9은물), 재구성(10은물)으로 구성되어 있다. 유아들은 은물을 조작하면서 형태, 크기, 색, 숫자세기, 비교하기, 크기측정 등을 배울 수 있다.

위에서 살펴본 프뢰벨의 교육사상은 신과 인간과 자연의 일치를 중시한다는 점에서 루소나 프뢰벨의 사상과 공통점을 가지고 있다. 그러나 루소는 자연성을 중시하고 페스탈로치는 인간성을 중시하는 반면에, 프뢰벨은 신성을 사상의 중심으로 삼았다. 그의 이상주의적 관념인 인간의 신성한 내적 법칙은, 어린이를 각성하게 안내하는 과정이며 교육은 어린이가 갖고 태어난 선한 본성을 육성하고 세상 만물의 상징들을 학습하게 됨으로써 완성된다고 하였다.

이와 같은 프뢰벨의 사상은 당시의 성인중심이었던 교육에서 벗어나 놀이중심 교육의 장을 열어 주었으며 놀이의 교육적 가치 인식과 은물 제작 등은 종교의 교육적 기능과 교육의 종교적 측면을 새롭게 인식시켜 주었다. 뿐만 아니라 신, 자연, 인간의 합일적인 인간교육 원리의 제시, 발전과 성장, 진보중심의 교육원리는 교육학 분야에 새로운 시각을 조명해 주는 역할을 하였다.

(3) 듀이(Dewey)

듀이
(1859~1952)

실용주의 철학(pragmatism)에 기반을 두고 있는 듀이의 진보주의(progre-ssivism) 교육사상은 기존의 이상주의적이고 기계주의적인 교육을 비판하고 아동중심주의 교육을 주장하고 있다. 그의 아동중심주의 교육은 종래 루소 등의 이상주의적인 아동중심주의를 계승한 것은 아니다.

루소의 교육은 자연에 따른 발전 과정이고, 인간은 태어나면서부터 신적인 자연성을 지니고 있으며, 인간은 그것에 의하여 자연스럽게 발달해 갈 수 있다고 하였다. 그러나 듀이에 의하면 지금까지의 학교는 활동을 중심으로 하지 않고 교사 및 교과서를 중심으로 하고 있기 때문에 교사가 외부로부터 정립한 교육목적과 교육과정에 의하여 아동이 속박되었다는 것이다. 듀이는 기본기술이나 교과학습을 반대하지는 않았다. 교육목적을 달성하기 위한 교육내용은 아동을 중심으로 교육내용이 조직되지만 교사나 학부모, 교육전문가의 의견을 무시하거나 배제해야 한다는 뜻이 아니라 교과중심 내용에서 무시되었던 유아의 발달과 흥미를 포함시켜 받아들이고자 하는 것이다. 즉, 유아에게 일방적으로 주입하는 전통적인 교수전략은 지양되어야 한다고 보았다.

유아는 활동을 스스로 계획하고 그 뜻을 이해하게 될 때 흥미를 갖게 되며 그때 노력이 따르기 마련이고 훈련 역시 자율적으로 이루어진다. 따라서 듀이의 교육에서 교사는 이러한 변화가 일어나도록 기회를 제공하는 안내자의 역할을 하게 된다. 또한 그는 교육이란 계속적인 경험의 재구성이며 생활의 일부가 되어야 한다고 하였다. 즉, 경험의 과정은 삶의 과정이고 사회적 과정인 것이다. 따라서 교육은 생활 자체이어야 하며 그 준비가 아닌 것이다.

그는 자신의 교육이론을 '계속성의 원리'와 '상호작용의 원리'로 설명하고 있다. 이는 생활 속에서 자신과 사회적 환경과의 상호작용이 현재뿐 아니라 과거 경험과도 연결되어 연속성을 가지는 것을 의미하며, 이것이 성장과 연결되면서 교육이 이루어진다고 보았다. 따라서 듀이는 경험을 통한 끝없는 성장과정 그 자체를 교육의 목적으로 보고 있으며, 결국 듀이에 있어서 성장이란 경험의 성장을 의미하고 이것이 다름 아닌 교육인 것이다.

이상에서 살펴본 그의 교육사상은 아동중심, 생활중심, 경험중심, 흥미중심, 활동중심 등으로 요약된다. 이러한 듀이의 교육사상과 방법은 이후 미국과 세계 여러 나라의 유아교육에 큰 영향을 주었을 뿐 아니라 유년기부터 경쟁적 환경 속에서 살아가야 하는 아동에게 현 사회가 요구하는 인재양성의 근저를 이룬다고 볼 수 있다.

(4) 몬테소리(Montessori)

몬테소리
(1870~1952)

몬테소리는 이탈리아 최초의 여의사로서 정신장애아동을 대상으로 보육을 시행하다가 후에 도시 빈민 영유아를 대상으로 하는 어린이집(Casa dei Bambini)을 창설하였다. 그녀의 교육철학은 프뢰벨이나 듀이와 많은 공통점을 지니고 있음에도 불구하고 아동발달과 교육에 독특한 관점이 존재한다. 그녀는 유아는 내적 잠재력과 능력을 지닌 능동적이고 자발적인 존재로서 성장과 발달은 내부로부터 이루어진다고 하였다. 따라서 그녀는 유아의 이러한 잠재된 내적 생명력을 존중하지 않으면 참다운 교육은 이루어질 수 없다고 주장하였다. 이러한 잠재된 가능성은 민감기(sensitive period)에 강하게 나타난다. 민감기란 영유아가 발달과정을 거치는 동안 특정행동과 기술을 더욱 쉽게 습득할 수 있는 최적의 시기를 말한다. 영유아는 감각적 자극에 매우 민감한 시기이다. 따라서 감각교육으로 지적 발달을 가져올 수 있다고 보았으며 미각, 시각, 청각, 촉각과 같은 감각교육에 중점을 두었다. 특히 시각과 촉각의 발달은 지적 성장과 추상적 개념의 이해에 기본적임을 알아내고 유아의 감각발달을 도와주는 교수자료를 고안하였다.

몬테소리는 교육에서는 또래와의 상호작용이나 교사와의 상호작용은 거의 없으며 교구와의 상호작용이 높은 비중을 차지한다. 그녀는 유아가 교구를 사용하여 스스로 선택한 작업을 해 나가는 과정을 통해 자연스럽게 그들의 잠재된 무한한 가능성이 발전되어 스스로의 인격을 형성해 나가는 것을 가능하도록 한 자동교육을 주장하였다.

몬테소리 교육에 있어서 교사의 역할은 유아를 성인에게 맞추려는 것이 아니라 자연스러운 분위기에서 영유아 스스로 선택한 교구와 상호작용하고 관찰한 것에 기초하여 유아를 교육할 수 있는 가장 적합한 환경을 조성해 주는 것이다. 또한 유아 자신이 내적인 힘을 활용하여 스스로 성장하도록 도와주는 데 역점을 두었다. 이러한 환경을 그녀는 '준비된 환경(prepared environment)'이라 하였다.

이상에 살펴본 몬테소리의 교육은 영유아를 자기교수적인 존재로 인식하고 그들의 발달에 맞는 적합한 교구를 제작하여 활용하였다는 점에서 유아교육에 기여한 점이 크다고 할 수 있다. 그러나 교구에 의존한 몬테소리 교육방법이 영유아의 창의성을 제한시키고 인지발달만을 강조했으며 교사나 다른 영유아와의 상호작용이 거의 없어 학습을 비인간적인 것으로 만들 우려가 있다는 비판을 받고 있다.

2. 우리나라 보육의 역사[1)]

우리나라 보육사업의 역사를 한국유아교육의 기원, 탁아프로그램 시기, 「아동복지법」 제정 시기, 「유아교육진흥법」 제정 시기, 「영유아보육법」 제정 시기, 보육사업 발전 시기로 나누어 살펴보도록 하겠다.

1) 한국유아교육의 기원

1897년 일제에 의해 강제로 체결된 강화도조약은 국가적으로 볼 때는 국치 사건이지만 이를 계기로 오랜 쇄국정책에 막을 내리고 개혁을 추진하는 계기가 되었다. 개방은 정치, 사회, 문화, 교육 분야 전반에 격변을 가져왔으며 이러한 격동과 사건과 시련을 겪으면서 서구식 근대 학교교육이 수용되기 시작했다(최한수, 1994). 이처럼 근대 학교교육이 수용·성립되고 있을 때, 어린 유아들은 천자문이나 동몽선습 등 유교사상에 따른 실천 도덕을 가정 또는 서당에서 배우고 있었다. 서당은 조선시대 때 가장 활발하게 발달한 민간 사설 교육기관으로 조선시대에는 서당이 유일한 초등교육기관이었다. 한편 개항과 함께 서양의 선교사들에 의해 세워진 근대 학교인 매일학교(Day school)는 주일학교(Sunday school)에 대비되는 학교로 서당은 한문 교과를 주로 하였으나 매일학교는 당시 언문이라고 불리던 한글교육에 주력하고 여기에 계산법을 더하여 이른바 3R'S(읽기 쓰기 셈하기)를 기본교과로 삼았다.

매일학교에는 소학교 1학년과 구분되어 유치과(幼稚科)를 따로 둔 곳이 있었으며 유아를 장시간 학교에서 돌봄으로써 부모들이 좋아한다는 내용이 있는

1) 여성가족부(2008)의 자료를 주(主)로 참고하여 제시함.

것으로 미루어 매일학교에 유아가 수용된 사실을 알 수 있다고 하였다. 이는 미국의 경우 1890~1910년 사이에 유치원 공립화 운동이 강력하게 추진되어 공립학교체계 속에 유치원이 최저 학년, 즉 K-graden(유치원 학년)으로 정착되면서 1900년 초기에 한국에 온 미국인 선교사들이 매일학교 조직에 유치원을 포함한 것은 자연스러운 일이었다(이상금, 1987). 그러나 매일학교의 유치과가 역사적으로 주목받지 못하고 역사 속으로 사라진 것은 당시 시대적 상황이 한국이 일제강점기에 놓여 있었기 때문이다. 즉 일제강점기에 놓여 있었던 한국은 미국보다는 일본 교육체계의 영향을 더 크게 받을 수밖에 없었던 것이다.

일제강점기에 한국은 모든 제도면에서 일본의 영향하에 있었지만 일본은 자국에서와는 달리 한국인 유아를 대상으로 한 공립유치원은 설립하지 않았다. 이는 우리나라에 근대 유아교육기관이 처음 도입되는 시기부터 유치원이 제도적 교육기관으로 자리 잡기 어려운 상황으로 시작되었음을 말해준다. 만일 한국이 자주적으로 개방을 하고 독립국으로서 외국 문물을 자유롭게 받아들일 수 있었다면 유아교육 공교육의 발달 양상은 달라졌을 것이다(나은경, 2016).

2) 우리나라 보육의 역사

(1) 탁아프로그램 시기(일제시대~1960년)

우리나라 최초의 보육사업은 1921년 서울의 태화기독교사회관이 빈민아동을 위한 구제사업의 일환으로 탁아프로그램을 개발함으로써 시작되었다. 이후 1926년 부산 공생탁아소와 대구 탁아소의 2개 시설을 시작으로 1939년에는 전국에 관립 1개소, 공립 2개소 등 11개소의 공·사립 보육시설에서 435명의 어린이가 보육을 받은 것으로 기록되어 있다. 광복 이후부터 1960년까지는 6·25전쟁을 전후한 정치적, 사회적 혼란기로 정부가 보육사업에 대한 뚜렷한 방침을 세우지 못한 시기였고, 전쟁고아 및 기아 등 요보호 아동이 급증하여 수용보호시설이 주로 외국인 원조에 의하여 여러 곳에 설립되었다. 이러한 시설들을 합리적으로 지도할 행정적 필요에 따라 정부에서는 1952년에 「후생시설 운영요령」을 실시하였고 1953년에는 피난민들이 많던 부산에 시립탁아소를 설치하였다. 주로 빈민층 가정의 자녀를 단순히 보호해줄 목적으로 설치된 당시의 보육시설들은 고아원과 큰 차이가 없이 시대적 요청에 따라 임시 구호적 성격을 띠고 있어 보육의 제 기능을 수행하지 못하였다.

이 시기의 보육업무는 총독부의 '내무국'에서 사회사업 분야의 지도 통제하에 있다가 보건사회부의 '부녀국'에서 담당하였다. 실제 보육 정책이 별도의 근거 법령과 담당 조직 등 독자인 제도로서의 구조를 갖추지 못하였으며, 법령에 포함되어 언급되기 시작한 것도 1952년 10월 「후생시설 운영요령」이 시달되면서부터이다. 「후생시설 운영요령」은 1940~1950년 외국인 원조로 설치된 수용보호시설이 증가하는 가운데 구호물품의 분배와 집행에 지도·감독을 두고 있는 규정이었다.

(2) 아동복리법 제정 시기(1961~1981)

탁아사업은 1961년 「아동복리법」이 제정·공포됨으로써 종전의 구빈 사업적 성격을 벗어나 아동의 복리를 증진시키기 위한 사업으로 그 성격이 변화·발전되었다. 「아동복리법」에서는 '탁아소'를 법정 아동복지시설로 인정하고 보육시설의 설치기준, 직원배치기준, 보육기관, 보호내용 등을 구체적으로 규정하였으며, 1962년 「아동복지시설 기준령」에서는 아동복리 증진과 보장을 위한 내용을 명시하였다.

1960년대 후반에는 경제개발 5개년 정책에 따라 대도시의 인구증가, 기혼여성의 취업 확대, 결손가정의 증가 등으로 탁아소에 대한 수요가 증대되었다. 이에 보건사회부는 「아동복리법 시행령」에 근거한 「미인가 탁아시설 임시조치 요령」(1968. 3. 14)을 공포하였고 이로 인해 종전의 법인체만 운영할 수 있었던 탁아소의 운영주체에 대한 완화로 민간설립의 보육시설이 증대되었고 '탁아소'의 명칭도 '어린이집'으로 변경되었다. 또한 정부에서 탁아시설의 설립자에게 시설설치비를 지원함으로써 민간의 참여를 유도하여 양적인 팽창이 이루어졌으나 탁아서비스의 질적인 수준이 미흡하여 보건사회부에서는 1977년 「사회복지사업법」 시행규칙을 개정하여 모든 시설의 법인화를 장려하는 동시에, 1968년에 제정된 '미인가 탁아시설 임시조치 요령'을 폐지하였다.

한편, 경제발전으로 말미암아 취업모가 늘고 입소대상 아동이 증가하자 보건사회부는 1978년 「탁아시설 운영방안」을 발표하여 어린이집을 일반 아동에게 개방하고 보육료를 받을 수 있도록 하였다. 1981년에 「아동복리법」은 「아동복지법」으로 전면 개정되었고 무료 탁아시설은 법인 이외의 자도 신고만하면 시설을 설치·운영할 수 있게 되었다.

(3) 유아교육진흥법 제정 시기(1982~1990)

1980년에 출범한 제5공화국은 '복지사회 건설'과 '교육혁신'을 국정지표로 삼고 '유아교육'을 정부의 주요 개혁 시책의 하나로 채택하였다. 이에 따라 정부는 1982년 「유아교육진흥법」을 제정하여 기존에 보건복지부에서 관장하던 어린이집, 농촌진흥청에서 관장하던 농번기 탁아소, 1980년부터 내무부에서 설치 관장하던 새마을 협동유아원 및 민간유아원 등 유치원을 제외한 보육관련 시설을 '새마을 유아원'으로 통합하였고 내무부가 관장하게 되었다. 이에 따라 우리나라의 유아교육기관은 새마을 유아원과 유치원으로 이원화되었으며, 그때까지 주무부서였던 보건사회부의 모든 탁아시설 관련 업무는 내무부로 이관되었다(유희정, 2006). 또한 「유아교육진흥법」을 문교부가 장악함으로써 내무부는 새마을 유아원의 확대를 주도하고 문교부는 장학지도, 교사연수, 교육프로그램 제공, 교재교구 제작과 보급을 하며 교육 기증으로 협조하였다(김희연, 2006). 결국 내무부가 총괄하고 사업 집행은 부처별로 역할을 분담하는 등 보육의 체제 전환이 이루어지게 된 것이다. 이와 함께 내무부를 주관 부서로 한 '유아교육진흥 종합계획'을 확정하여 '제5차 경제사회발전 5개년 계획(1982~1986)'에 반영하면서, 유아 대상 기관은 교육부 관할의 유치원과 내무부 관할의 새마을 유아원이라는 이원화 체제로 정비되었다. 이러한 체제정비에도 불구하고 보육수요의 증가에 비해 시설이 부족하고 새마을 유아원의 운영이 종일제가 아닌 반일제로 운영되는 등 맞벌이 부부 자녀와 저소득층 자녀 양육 문제가 큰 사회적 문제로 등장하게 되었다.

한편, 1987년 12월 노동부에서는 「남녀고용평등법」에 의한 직장탁아제도를 도입하였고 1989년 9월 보건복지부에서는 「아동복지법 시행령」을 개정하여 보육사업을 실시하였다. 보육사업의 관장 부처가 보건복지부, 내무부, 교육부, 노동부 등 여러 부처에서 제각기 독자적으로 관리·운영됨에 따라 예산의 중복투자, 시설과 종사자 기준의 상이 등 영유아에 대한 체계적이고 효율적인 보육을 실시하는 데 어려움이 노출되었다. 이에 따라 급증하는 보육수요에 적극적으로 대처하고, 체계적이고 효율적인 보육사업의 추진을 위해서 보육관련 법령의 통합과 주관 부서의 일원화 등 보육정책의 일대 쇄신이 필요하다는 각계각층의 요구가 증대하였다.

(4) 영유아보육법 제정 시기(1991년~2003년)

이 시기에는 민주화와 사회경제적 정의 요구에 부응하여 이전 정부 말기에 시작된 복지정책 기조를 수용하면서도 안전성장과 사회복지 증진을 강조하였다. 사회복지서비스 중심의 입법 추진으로 6개의 관련법이 제·개정되었으며, 그 중 하나가 「영유아보육법」이다. 1991년 1월 「영유아보육법」을 제정하고, 1991년 8월 시행령 및 시행규칙을 제정함으로써 보육사업 주관부처를 보건복지부로 일원화하였고, 종전의 단순 '탁아'사업에서 보호와 교육을 통합한 '보육'사업으로 확대·발전하게 되었다.

「영유아보육법」은 보육시설의 설치를 국가, 지방자치단체, 법인, 개인이 설치할 수 있도록 확대하며, 필요한 비용은 수익자가 부담하는 것을 원칙으로 하되 저소득층 자녀의 보육비용은 국가 또는 지방자치단체가 부담하는 것을 주요 내용으로 하고 있다. 나아가 보육시설의 입소대상 연령을 12세까지 연장할 수 있게 만들었으며 1992년에는 「사회복지사업법」이 일부 개정됨으로써 1977년에 이어 다시금 보육사업이 사회복지사업의 한 영역으로 자리 잡게 되었다.

1999년에는 「영유아보육법」을 개정하여 보육시설 설치를 간소화하여 신고제로 전환하였다. 2001년 말부터는 보육이 사회적인 이슈로 부각되어 아동양육뿐 아니라 가족복지의 증진 및 여성인력 활용을 통한 국가 경쟁력 강화를 위한 중요한 국가 정책으로 인식되기 시작하여 보육의 국가적 책임과 지원을 강화해야 한다는 요구가 높아졌다.

이에 따라 보건복지부는 2001년 12월의 '보육사업 중·장기 종합발전 계획'을 발표하였으며, 이는 우리나라 최초의 종합적인 보육정책계획이라고 할 수 있다. 당시 정부는 전체 보육수요 충족률은 미흡하고, 보육인력의 전문성 및 질 관리체계가 미확립되었고, 보육행정 및 지원체계 역시 미확립되었다고 판단하면서 이에 대비하는 종합 계획을 제안하게 된 것이다. 이 계획에서 정책목표는 보육수요의 완전충족과 정부 보육재정 분담률 확대로 설정하였으며, 2002~2010년간 추진할 보육정책 과제는 아동 및 보호자가 만족하는 질 높은 공보육의 기반 구축, 보육인력의 전문성 제고 및 처우개선, 안전한 보육환경 및 체계적이고 다양한 프로그램 제공, 편리하고 효율적인 보육행정·지원 체계의 구축이라는 4가지 영역으로 구성되어 있었다. 종합발전계획 발표 이듬해인 2002년 3월, 보육정책 주무부서인 보건복지부는 노동부 및 여성부와 공동으로 '보육사업 활성화 방안'을 발표하였다. 이는 재정경제부, 기획예산처 등의 관련 부처까지 합의하여 마련한 범정부 차원의 종합대책으로, 종합발전계획을 참조하여 우선순위가 높고 단기적으로 실현해야 할 과제 중심으로 마련된 단기계획이었다. 관계부처들이 협력하여 공동의 실행방안을 제시한다는 의의에도 불구하고 밀도 있게 추진되지는 못하였다(백선희, 2009).

(5) 보육사업의 발전 시기(2004년~현재)

2004년 출범한 참여정부는 아동양육이 개별 가정의 책임뿐만 아니라 사회가 함께 책임져야 할 공적 영역의 일이라고 인식하는 공보육의 관점을 갖고 있었다. 이에 기초하여 보육의 공공성을 강화할 필요가 있었으며, 이를 위해서는 보육시설의 전문성과 질을 강화하기 한 정부 차원의 대책을 마련하는 한편, 부모들의 보육료 부담 경감을 위해 국가예산 지원을 늘려나갈 것임을 강조하였다. 이러한 보육공공성은 2004년 「영유아보육법」의 전면개정을 비롯하여 이 기간 중 이루어진 다수의 법령개정, 보육계획 수립, 다양한 정책제안 등에서도 드러난다.

정부의 조직 개편에 따라 보육업무를 관장하는 기관이 2004년에는 보건복지부에서 여성가족부로 이관되고 참여정부의 육아지원 정책에 의거하여 고령화 및 미래사회위원회에서 '보육 및 육아교육 지원의 공공성 확대'에 대한 제1차 육아지원정책을 발표하였다. 주요개정 내용에는 국가가 정책을 적극 주도하기 위한 보육행정 체계화 및 조직개편, 보육시설 공급조정을 시설 인가제로의 재전환, 보육서비스의 질 개선을 위한 평가인증제 도입 및 종사자 자격 강화, 표준보육과정의 내용규정, 부모 부담을 경감하기 위한 국가의 보육재정지원 확대 등이 있다.

보육 업무가 여성가족부로 이관되면서, 조직상에도 담당조직 확대 등의 변화가 있었다. 국무총리 소속 하의 보육정책조정위원회 신설, 보육정책위원회 설치와 함께 관, 시·도지사 및 시·군·구청장은 5년마다 보육계획 수립, 시행하고 보육정책원회 심의를 거치도록 하는 등 국가의 보육서비스 관리체계가 강화되었다.

2005년에는 제2차 육아지원정책에 의거하여 '출산율 제고 및 여성 경제활동 참가'에 대한 대책을 발표하고 표준보육료, 교육비 선정, 영아 기본 보조금제도 시범도입, 공보육 강화를 위한 제1차 중·장기 보육계획인 '새싹플랜(2006~2010)'을 발표하였다. 이 계획에는 국공립 시설을 2010년까지 두 배, 이용 아동 30% 수준까지 확충, 기본 보조금 확대 지원, 차등보육료를 평균 소득 130% 이하까지 확대하는 정책을 포함하고 있다. 저출산 고령사회 위원회에서 세계 최저의 저출산 문제해결을 위해 '새로마지 플랜 2010'을 발표하고 국공립시설 30% 확충, 영아 기본 보조금 도입, 차등보육료 확대, 만 5세 무상보육확대, 아동수당 도입 검토 등을 정책으로 내세웠다.

그러나 정부부처의 조정에 의해 2008년 보육정책은 다시 보건복지부로 이관되어 양적으로 큰 성장을 이룬 보육정책을 질적 수준향상, 수요자 중심정책으로의 전환을 추구하게 된다.

구체적으로 국가책임 강화와 보육서비스를 '영유아' 중심으로 설정하기 위해 '제1차 중장기 보육기본계획'을 보완한 '아이사랑플랜'(2009~2012, 보건복지부)을 발표하였으며 무상보육 도입과 수요자 맞춤 지원 중점을 내용으로 한 '제2차 중장기보육기본계획(2013~2017)'을 발표하였다. 2013년에는 보육료·양육수당을 전계층으로 확대하여 지원하고 3~5세 공통의 보육·교육과정인 '누리과정'을 도입하였다. 뿐만 아니라 입소대기시스템(전산화) 도입(2014)과 모든 어린이집에 CCTV를 설치(2015)하고 임신, 출산, 육아 관련 웹사이트 통합, '아이사랑' 포털(2015), '맞춤형 보육'(2016)을 도입하여 시행하였다.

최근에는 보육의 공공성 강화와 효과적 보육서비스 제공을 위한 보육체계 개편, 보육서비스의 품질향상, 부모양육 지원 확대를 주 내용으로 하는 '제3차 중장기 보육기본계획(2018~2022)'을 발표하였다.

제 3 장

우리나라 보육의 제도적 특징

1. 어린이집 유형

어린이집은 설립주체, 보육대상의 특성, 보육장소 및 시간에 따라 여러 가지 유형으로 구분된다. 국가와 자치단체가 설치·운영하는 국공립 어린이집 사업주가 사업장의 근로자를 위해 설치·운영하는 직장어린이집, 보호자 15인이 상호 출자하여 공동으로 설치·운영하는 부모협동어린이집과 민간, 가정어린이집 등으로 구분된다. 이 외에도 운영시간과 보육대상에 따라 시간 연장형, 휴일, 24시간, 방과 후, 영아전담, 장애아전담, 장애아통합 등으로 특성화되어 있다.

1) 설립주체에 따른 분류

「영유아보육법」에 제시한 보육시설 유형은 국공립어린이집, 법인어린이집, 직장어린이집, 가정어린이집, 부모협동어린이집, 민간어린이집로 분류되며 구체적으로 살펴보면 다음과 같다.

(1) 국공립 어린이집

국가와 지방자치단체가 설치·운영(위탁운영 포함)하는 시설 중에서 직장어린이집을 제외한 시설로서 상시 영유아 11인 이상을 보육할 수 있는 시설을 갖추어야 하며, 명칭은 '○○어린이집'으로 한다. 국가 및 지방자치단체의 장이 인가 절차 없이 직접 설치하되 보육시설 수급계획 등을 포함한 보육계획을 사전에 수립하여야 하며, 지방자치 단체 외의 각급 정부기관은 지방자치단체의 수급계획이 반영될 수 있도록 관할 시·군·구청장과 협의하여야 한다. 저소득층 밀집지역, 소형 공동주택단지, 농어촌, 공단지역과 그 인근지역, 보육시설이 취약한 지역에 우선하여 지역별로 균형 있게 배치하여야 한다.

(2) 법인어린이집

현재 우리나라 「영유아보육법」(제10조)에 규정되어 있는 법인시설이란 「사회복지사업법」에 의한 사회복지법인이 설치·운영하는 시설로 상시 영유아 21인이상을 보육하는 시설을 말한다. 법인시설은 주로 대학이나 사립학교, 복지관, 종교단체 등 운영주체가 다양하다. 명칭은 '○○어린이집'으로 하여야 하며 지역보육수요와 어린이집의 공급현황 등을 감안하여 지역별로 균형 있게 배치하여야 한다.

(3) 민간어린이집

민간어린이집이란 사회복지법인이 아닌 비영리법인, 비영리단체 또는 개인이 설치·운영하는 시설로서 직장보육시설, 가정보육시설 또는 부모협동보육시설이 아닌 시설을 말한다. 명칭은 어린이집 명칭사용에 유치원, 학원 등 유사기관으로 오인할 수 있는 명칭은 사용할 수 없다. 관할 시장·군수 또는 구청장에게 사전에 인가를 신청하여야 한다.

최근 우리나라에서는 국공립 보육시설의 공급부족과 학부모 보육비 부담을 해소할 수 있는 방안으로 '공공형 어린이집'을 신설해서 운영하고 있다. 공공형 어린이집이란 평가인증을 유지하고 있는 민간어린이집이나 가정어린이집 중 보건복지부가 정한 지표에 따라 선정된 우수한 어린이집으로, 국가로부터 운영비를 지원받아 부모들의 보육료 부담을 줄이면서도 보육의 질은 보다 높여 공공성을 강화한 새로운 유형의 어린이집이다. 공공형 어린이집은 부모가 부담하는 보육료는 국공립어린이집 수준으로 낮추고, 보육교사의 급여는 국공립어린이집 수준으로 높이며 운영정보를 부모에게 투명하게 제공해야 한다는 취지로 만들어졌다.

(4) 직장어린이집

사업주가 사업장의 근로자를 위하여 단독 또는 공동으로 사업장 내 또는 그에 준하는 인근지역과 사원주택 등 사업장 근로자 밀집 거주 지역에 설치·운영하는 시설(국가 또는 지방자치단체의 장이 소속 공무원을 위하여 설치, 운영하는 시설을 포함한다)을 말한다. 단, 보육아동 정원의 1/3 이상이 동 사업장 근로자의 자녀이어야 한다.

상시 영유아 5인 이상을 보육할 수 있는 시설을 갖추어야 하며 직장 내에 설치하는 경우에 한하여 안전사고 및 재난에 대비한 시설을 갖추어 2층과 3층에 설치할 수 있다. 상시 여성 근로자 300인 이상 또는 근로자 500인 이상을 고용하고 있는 사업장은 직장보육시설을 설치하여야 하며, 의무사업장의 사업주가 단독으로 설치하기 어려운 경우에는 사업주 공동으로 직장보육시설을 설치, 운영하거나 지역의 보육시설과 위탁계약을 체결하여 근로자 자녀의 보육을 지원하거나 또는 근로자에게 보육수당을 지급하여야 한다.

대표적인 직장어린이집으로 서울정부청사 푸르미 어린이집이 있다. 이 외에도 삼성전자 사업장 내에 설치된 삼성어린이집, 대교, 하나은행, 한국 IM, NHN, 롯데삼강, 청도공사 사옥인근(서초, 분당, 일산)에 마련된 푸르니 어린이집, SKC & C(분당)에 마련된 늘푸른 어린이집 등이 있다.

(5) 가정어린이집

개인이 가정 또는 그에 준하는 곳에 설치·운영하는 시설을 말한다. 상시 영유아 5인 이상 20인 이하를 보육할 수 있는 시설을 갖추어야 하며 관할 시장, 군수 또는 구청장에게 사전에 인가를 신청하여야 한다. 가정어린이집도 평가인증을 받아야 하기 때문에 만 0~2세 미만, 만 2세용 표준보육과정 프로그램을 실시해야 한다.

(6) 부모협동어린이집

보호자 15인 이상이 조합을 결성하여 설치·운영하는 시설을 말한다. 영유아 5인 이상 20인 이하를 보육하여야 한다. 기관운영에 관한 통상사무는 원장이 전임하며 주요사항은 조합원 과반수 이상의 찬성으로 결정한다. 관할 시장·군수 또는 구청장에게 사전에 인가를 신청하여야 한다. 보육아동을 둔 보호자 15인 이상이 상호 출자하여 공동으로 보육시설을 설치·운영할 것을 약정함으로써 그 효력이 발생한다. 조합원은 아동보육의 필요성이 없게 되거나 기타 조합계약으로 정하는 시기에 탈퇴할 수 있으며, 출자금은 탈퇴 당시 조합의 재산상태 및 지분에 의한다. 보육시설 운영에 관한 통상 사무는 시설장이 전임하여 조합원과 과반수 이상의 찬성으로 주요사항을 결정한다.

>> 표 3-1 설립 및 운영주체에 따른 어린이집 유형

어린이집 유형	규모	설치 · 운영 주체	설치 절차
국공립 어린이집	11인 이상	국가, 지방자치단체	국가 및 지방자치단체장이 인가 없이 직접 설치
법인어린이집	21인 이상	사회복지사업법에 의한 사회복지법인	관할 시장 · 군수 또는 구청장 인가
민간어린이집	21인 이상	사회복지법인이 아닌 법인, 단체, 개인	관할 시장 · 군수 또는 구청장 인가
직장어린이집	5인 이상	사업주 단독 혹은 공동운영	관할 시장 · 군수 또는 구청장 인가
가정어린이집	5인 이상 20인 이하	개인	관할 시장 · 군수 또는 구청장 인가
부모협동 어린이집	11인 이상	보호자 15인 이상이 조합을 결성하여 설치 · 운영	관할 시장 · 군수 또는 구청장 인가

2) 운영시간 따른 분류

보육시설은 12시간 종일제를 원칙으로 하고 있으며 공휴일을 제외하고 연중 계속 운영하여야 한다. 보육시간은 1일 12시간이나 보호자의 근로시간을 고려하여 조정·운영이 가능하다. 통상적인 근로시간을 고려하여 일반적으로 오전 7시 30분에서 오후 7시 30분까지 운영하도록 권장하고 있는데 기준시간을 초과하거나 휴일에 보육을 할 수도 있다. 보육유형은 종일제 보육, 반일제 보육, 시간제 보육, 시간연장형 보육, 방과 후 교실, 24시간 보육 등으로 구분한다.

(1) 종일제 보육

종일제 보육은 가장 보편적인 보육형태로 보통 오전 7시 30분~오후 7시 30분까지 12시간 기준으로 운영되며 비교적 장시간 운영되기 때문에 부모 모두 직장이 있는 경우에 주로 이용하며 부모의 요구에 따라 융통성 있게 운영할 수 있다.

(2) 반일제 보육

반일제 보육은 보통 오전 9시부터 오후 1시까지 반나절 동안 운영되는 형태로 보육프로그램은 영유아의 발달적 요구를 충족시키기 위한 활동으로 주로 구성된다. 반인제 보육은 부모의 취업과 관계없이 자녀를 보육하고자 하는 경우나 부모가 매일 일정 시간을 활용하고자 하는 경우에 주로 이용한다.

(3) 시간제 보육

시간제 보육은 부모의 필요에 따라 일정시간 자녀를 어린이집에 보낼 수 있는 보육 형태로 「영유아보육법」 제26조의2 제2항에 의거 특별자치시장, 특별자치도지사, 시장, 군수, 구청장이 일시보육 서비스를 제공하는 기관(육아종합지원센터, 어린이집, 그 밖에 일시보육 서비스의 제공이 가능한 시설로서 보건복지부령이 정하는 시설)을 지정할 수 있다.

6~36개월 미만의 영아를 대상으로 하며 보육료나 유아학비를 지원받는 영아가 시간제 보육반을 이용할 경우에는 전액 본인이 부담해야 한다. 정원은 종일제 정원 내에서 시간제보육을 위한 5명 이상의 정원을 확보해야 하며 교사 대 영아 비율은 1:5(24개월 미만, 장애아 등이 예약한 경우 1:3)이며 탄력편성은 인정하지 않는다.

(4) 시간연장형 보육

시간연장 보육은 일반 보육운영 시간 이후 보육시간을 연장하여 보육을 제공하는 '시간연장형 보육', '24시간 보육', '휴일보육'을 포함한다. 시간연장 보육은 오전 7시 30분부터 오후 7시 30분까지(토요일은 오후 3시 30분)의 보육시간을 경과하여 최대 24시까지 시간을 연장하여 보육을 하는 경우를 의미한다. 시간연장형 보육료 지원대상은 만 0~2세 종일반 보육료(맞춤반 보육료 지원아동은 휴일 보육료만 지원가능), 만 3~5세 누리과정 보육료, 다문화 보육료 및 장애아 보육료(취학 전) 지원아동을 원칙으로 하며 야간보육과 24시간 보육은 24시간 지정어린이집을 이용하는 경우만 지원이 가능하다.

(5) 24시간 보육

기준 보육시간 외에 시간을 연장하여 보육서비스를 제공하는 시설로서 주간 종일제 보육시설에서 추가하여 운영할 수 있으며, 24시간 연장보육 시설은 시간연장형 보육시설의 하나로 국공립시설에 대한 지정이 어려울 경우 민간 시설에서 설치할 수 있다. 해당 어린이집의 주간보육아동을 연장하여 보육하는 것이 원칙이나 주간에 다른 어린이집 등을 이용하는 경우에도 가능하다. 야간보육은 야간 7시 30분부터 다음날 오전 7시 30분까지 이루어지는 보육형태이며 24시간 보육은 주로 간호사와 같이 3교대 근무, 야간교대, 철야근무를 하는 부모나 한부모 또는 조손가정 등의 가녀를 위해 불가피하게 주간보육과 야간보육을 모두 이용하는 보육형태이다.

그러나 부모가 아동을 장기간 보육시설에 방치하는 결과를 막기 위하여 우리나라의 경우 보호자의 준수사항을 명시하고 있다(보육사업안내, 2008). 즉, 24시간 보육아동의 부모(보호자)는 최소한 주 3회 이상 전화 또는 방문을 통해 아동과 접촉해야 하고, 최소한 주 1회 이상 가정에 데려가 보호하여야 하며, 보육시설과 상시 연락체계를 유지하여야 한다. 24시간 보육은 맞벌이 부부나 한부모, 혹은 야간에 근무하는 부모 등에게 수요가 많으나 실제로 24시간 보육을 제공하는 곳은 많지 않다. 특히 24시간 보육은 교사 인건비, 보안문제, 응급상황 발생 시 대처문제, 위생문제 및 부모자녀 간의 애착문제 등 매우 복합적인 문제가 발생할 수 있어 현실적으로 운영에 어려움이 많다.

(6) 방과 후 교실

초등학생을 대상으로 방과 후 보육서비스를 제공하는 시설로 기존시설에 추가하여 설치하거나 방과 후 교실만 설치할 수 있다. 가정과 같은 편안아고 안락한 공간이 바람직하며 전문교사에 의해 숙제를 지도받거나 스포츠, 음악,

미술 등 다양한 과외활동을 제공받는다. 정규수업 후 제공되는 보육뿐 아니라 학교수업이 시작하기 전이나 공휴일 또는 방학기간 동안 제공되는 보육서비스도 방과 후 보육에 포함된다.

우리나라에서 학령기 아동에게 제공되는 방과 후 보육유형은 초등학교에서 개설한 방과 후 교실, 종합사회복지관의 방과 후 교실, 어린이집이나 유치원에서의 방과 후 보육, 비영리 공부방, 지역아동센터 공부방 등으로 분류될 수 있다.

3) 보육대상에 따른 분류

보육시설은 보육 대상에 따라 영아보육, 유아보육, 아동보육, 영아전담보육, 장애아 통합·전담보육시설로 구분된다.

(1) 영아보육

0세~만 2세의 영아를 대상으로 하는 보육형태로서 영아의 생리적·신체적 욕구충족이 중심이 되며 안전하고 건강하게 영유아를 보호하고, 전인적인 발달이 이루어지도록 촉진하는 데 초점을 맞춘다. 또한 발달단계에 기대되는 과업과 영아의 관심, 가정환경, 기질 등과 같은 개별적인 이해를 바탕으로 각 영아의 발달 수준에 적절한 놀이나 활동이 이루어지도록 한다.

(2) 유아보육

만 3~5세의 유아를 대상으로 하는 보육형태로 이 시기의 유아는 신체적 활동이 매우 왕성하다. 따라서 유아보육에서는 일상생활 속에서 이루어지는 일들을 가치 있는 경험으로 연결할 수 있도록 계획하며, 유아의 발달 수준과 흥미에 따라 발달이 통합적으로 이루어질 수 있도록 놀이를 통한 학습이 제공되어야 한다.

(3) 아동보육

만 6~12세 미만을 대상으로 하는 방과 전·후 아동보육이 일반적이다. 방과 후 시간이 상대적으로 많은 초등학교 저학년 아동이 주 대상이며 입소아동은 저소득, 기초생활수급자, 편부·편모 가정의 아동순서로 선정되고 남은 인원은 일반가정의 자녀로 구성된다.

(4) 영아전담 보육시설

영아전담 보육은 만 3세 미만의 영아만을 20인 이상 보육하는 시설을 말한다. 영아전담 보육시설은 2002년 7월부터 정부가 어린이집의 모든 보육교직원 인건비의 90%를 지원해 주고 상시 아동 40명에서 20명으로 하향조정하면서 영아전담 보육시설이 활성화되기 시작하였다. 민간보육시설의 기본 보조금 지원, 국공립과 법인의 영아반 교사인건비 80% 지원, 가정보육시설 등 다양한 영아 보육정책이 실시되고 있다. 영아전담 보육시설의 원장이 되기 위해서는 일반기준에서 정한 자격을 갖춘 자와 간호사 자격증을 취득한 후 5년 이상의 간호업무 경력이 있는 자여야 한다.

영아보육은 영아발달의 특수성으로 인해 많은 시설 투자가 요구되고 높은 인건비와 영아에게 적절한 개별화된 프로그램이 개발되어야 할 필요가 있기 때문에 영아보육 충족률은 여전히 낮은 편이다. 특히 부모입장에서는 어린 아기를 시설에 믿고 맡기기가 쉽지 않고, 시설운영자의 입장에서는 영아반의 교사 아동 비율이 낮아 유아반보다 경영수지면에서 불리하기 때문에 영아보육 수요와 이용 간의 불균형이 초래되었다.

(5) 장애아 통합·전담보육시설

장애아 전담보육시설은 20명 이상을 보육하고 있는 시설로서 장애의 종류 및 정도에 따라 반을 편성·운영하고 12세까지 입소가능하다. 장애아 전담보육시설은 통합보육을 위하여 보육정원의 20% 범위 내에서 비장애아를 보육할 수 있다. 장애아 통합보육시설은 장애아를 비장애아와 통합하여 보육서비스를 제공하는 시설을 말한다.

우리나라에서는 1994년 「특수교육진흥법」이 개정되면서 '통합교육'이라는 용어와 실행법규가 명시되었고 이로부터 장애아 통합교육에 한 법적 근거가 마련되었다.

2. 보육선진국 제도 및 정책

영유아 보육과 교육 정책은 각 국의 역사와 사회, 경제, 문화적 토양 위에서 결정되고 실현된다. 각 국의 영유아의 보육과 교육 정책은 역사와 문화적 특성에 따라 형성된 아동관을 반영하여 영유아 대상 서비스 제공의 주무부처도 국가마다 다른 행정체계를 구성하고 있다. 그러나 영유아 보육과 교육 정책이 교육과 보호, 그리고 사회적 기능이 통합된 총체적인 정책일 때 질이 높은 보육서비스를 제공하는 경향을 보인다. 본 장에서는 이러한 보육선진국의 제도 및 정책을 권미경, 도남이, 황성은(2012)과 이혜원(2013), 김지은(2003), 김춘일(2004), 김희정(2005), 양옥승 외(1998), 이화도(2007), 조향미(2004)의 자료를 바탕으로 재구성하였다.

1) 스웨덴

스웨덴은 스칸디나비아 반도의 중심에 위치한 대표적인 사회민주주의 국가로서 공보육을 통해 가장 진보적인 보육제도를 발전시킨 나라이다. 여성 경제활동참가율이 79%로 OECD 최고 수준이며 합계 출산율도 1.9명으로 다른 유럽국가에 비해 높게 유지되고 있다(OECE, 2012). 육아휴직은 최대 16개월(480일)이며 자녀의 어머니와 아버지 중 누구나 사용할 수 있다. 2008년에는 부모간 자녀양육 분담을 장려하기 위해 '양성평등 보너스(Gender eqaulity bonus)' 제도가 도입되었다. 양성평등 보너스는 부성 육아휴직 수급에 연계되어 지급되는 세금감면 혜택으로 세액공제 혜택을 받을 수 있다. 아동수당은 자녀가 16세에 이를 때까지 제공되며 2자녀 이상 가구에는 추가적으로 대가족 보충수당이 제공되어 다자녀 가구에 대한 경제적 유인을 제공한다. 자녀 수에 따른 아동수당 금액은 〈표 3-2〉와 같다.

>> 표 3-2 스웨덴의 아동수당(2013년)

자녀 수	월 아동수당	대가족 보충수당	총금액
1	1,050	–	1,050
2	2,100	150	2,250
3	3,150	604	3,754
4	4,200	1,614	5,814
5	5,250	2,864	8,114

출처: http://www.forsakringskassan.se/sprak/eng/for_families_with_children

또한 가족의 형태 변화를 반영하여 동거법을 통과시키고 형제자매들의 관계를 보완하기 위해 혼합연령반도 구성하였다. 부모가 직장생활과 가정생활을 양립하는 것을 지원하기 위한 포괄적 가족지원정책과 보육제도를 발달시켜왔던 초기의 입장에서 아동의 건전한 성장과 발달을 위한 공보육체계로의 정책을 전개하고 있다(권정윤, 한유미, 2005). 1990년대 후반 출산율의 회복과 경기가 살아나면서 1~5세 아동을 위한 유아학교는 교육제도로 전환하였고 유아학교를 위한 교육과정을 마련하고 질 향상을 위한 노력들을 전개해 왔다. 2001년 이후는 「유아학교법」과 「학교법」의 통합 방안을 연구하였고 2003년에는 만 4세와 5세 아동에게 보편적인 무상 유아교육을 연간 525시간 제공할 수 있는 법률을 제정하였으며 이후 유아학교 교직원 증가를 위한 특별교부금이 할당되었다(박창현, 박선영, 김영주, 윤경옥, 2010).

스웨덴은 1996년 만 1~6세 아동의 보육업무와 유아교육을 보건사회부에서 교육과학부로 이관하고 1998년에 관련법규를 「사회사업법(Social Service Act)」에서 「학교법(School Act)」으로 변경하여, 보육시설과 유치원의 구분을 없애고 1998년부터 국가 수준의 보육목표와 지침을 제시하여 이에 따라 푀르스콜라에서 보육 및 교육을 실시하도록 하고 있다(문무경, 2006). 기본적인 보육정책은 국가에서 수립하지만, 보육시설의 설치, 운영 및 감독 등 실질적인 보육업무는 289개의 지자체가 담당하고 있다.

스웨덴의 보육서비스 유형을 대략적으로 살펴보면, 대부분의 아동이 공립으로 운영되는 시설을 이용하고 있으며 유아학교 이용아동이나 가정보육 이용아동의 다수가 공공서비스이고 사립서비스 이용아동은 소수이다. 스웨덴에서 보육시설은 다른 정규학교와 마찬가지로 교육체계 안에 포함되고 「교육법」의 적용을 받는다. 「교육법」은 부모가 1~12세 아동에게 보육을 제공할 책임이 있음을 명시하고 2003년 이후는 4~5세의 모든 아동에게 연간 525시간 무상 교육을 실시해야 할 의무를 강조한다. 또한 「교육법」은 보육시설의 운영과 규제에 대한 기준을 제시하고 처음에는 권고의 형식이었으나, 공립과 사립의 질을 같은 수준으로 요구하고 있다(권정윤, 한유미, 2005).

스웨덴의 보육서비스는 보육과 교육이 일원화된 체계 속에서 보육과 교육이 완전히 통합된 모델을 제시하고 있다. 또한 보육정책의 전달체계에서 중앙정부에서 큰 틀은 제공하나 지방자치단체가 즉각적인 보육 수요에 대처하고 공공 서비스의 기능을 결정하고 담당한다는 것이다. 대부분의 보육시설은 공립으로 운영되어 사립시설의 이용률은 소수로 나타났으며 일찍이 공보육의 체계를 갖추고 공공 보육서비스의 제공뿐만 아니라 부모의 양육지원을 도와주는 포괄적인 서비스를 제공하고 있다. 유아를 위한 보육시설을 구체적으로 살펴보면 유아 학교, 개방 유아학교, 가정보육시설이 있고 방과 후 시설에는 가정보육시설과 레저타임 센터가 있다.

(1) 유아 학교(푀르스콜라: förskola, preschool)

일반적으로 1세에서 5세까지의 아동을 대상으로 부모가 취업 또는 학업 중인 경우, 그리고 발달을 특별히 지원할 필요가 있는 아동을 종일 돌본다. 1998년도『학교법』에 근거하여 교육과 보호가 동시에 제공될 수 있는 국정 의무교육과정을 적용하고 있다. 국립보건복지국이 보육센터가 갖추어야 할 물리적 요건을 제시해 놓고 있으며 보육시설의 규모는 상당히 큰 편이고, 클 경우에는 7~8학급으로 구성되는 곳도 있다. 규모가 큰 시설은 취원 아동 수가 100명까지 되는 경우도 있지만 보다 일반적인 시설 탁아에는 3~4학급 정도로 구성되며 대략 아동 수는 50~60명 정도이다. 한 학급에는 15~20명 단위로 구성되며 교사는 3명이 배치된다. 2003년 당시 1~5세 유아의 75%의 유아가 유아학교에 등록되어 있었다.

(2) 개방 유아학교(öffna förskola, open preschool)

이 유형은 낮에 가정에서 자녀를 돌보고 있는 부모와 그 자녀들의 교육을 지원하기 위한 시설로 사회복지 서비스와 연계하여 부모와 유아들에게 가족지원 센터로서의 기능을 담당하고 있으며 아동의 발달, 심리, 교육 등에 대한 지식 제공 및 아동 문제 관련 상담 등 부모의 보육기능을 보조하는 방식으로 진행된다.

(3) 가정보육시설(family daycare facilities)

지방자치단체의 승인을 얻은 가정탁아모가 자신의 집에서 1~12세 아동을 보육하는 유형이다. 지방자치단체가 가정탁아모를 고용하여 임금을 주고, 부모들은 지방자치단체에 비용을 지불한다. 부모의 요구에 따라 보육시간 운영이 다양하고 짧은 시간의 시간제 노동이나, 불규칙적으로 근무하는 부모의 보육 욕구에 쉽게 대응하며 소집단으로 운영되어 부모들이 선호하는 보육유형이다.

(4) 레저타임 센터(leisure-time center)

학령기 아동을 위한 대표적인 보육시설로 6~12세 아동들이 대상이며 초등학교와 통합되어 운영되고 있다. 학교 수업 전, 방과 후 및 휴일 등에 프로그램을 제공하며 보육시간은 부모의 요구에 따라 다양하게 구성되어 있다.

2) 핀란드

핀란드는 전통적으로 일과 가정의 양립 도모를 가족정책의 주요목적으로 삼아왔으며, 70% 중반대에 이르는 높은 여성 경제활동 참가율과 1.83명에 달하는 높은 합계 출산율을 유지하고 있다(OECD, 2012). 핀란드의 육아휴직제도는 긴 기간과 높은 소득대체율, 그리고 부성 휴가의 장려가 주요 특징이다. 모성 휴가는 105(약 15주)이며 이후 158일(약 22주)의 육아휴직은 부와 모가 나누어 사용할 수 있다. 그러나 육아휴직은 대부분 여성이 사용하며 육아휴직이 끝난 후에도 자녀가 3세에 이를 때까지 가정에서 자녀를 양육할 수 있는 선택권이 주어지는데, 이는 영아 자녀를 가진 여성의 노동공급에 부정적인 영향을 미치는 것으로 평가된다. 아동수당은 자녀가 있는 가구에는 소득과 관계없이 제공되며 자녀 순위에 따라 증가한다. 금액은 첫째, 자녀 월 104,19유로, 둘째, 자녀 월 115,13유로, 셋째, 자녀 월 146,91유로, 넷째 자녀 월 168,27유로, 다섯째 이상 자녀 월 189,63유로이며 아동수당은 비과세 소득이다.

핀란드 정부는 1973년 「아동보육법」으로 정부가 보육서비스를 제공해야 할 의무를 명시하였고, 1990년에는 만 3세 미만 아동에게, 1996년에는 취학 전 아동에게 가구의 경제적 수준이나 부모의 취업상태와 상관없이 보육서비스를 이용할 권리를 보장하였다. 또한 핀란드는 1985년 가장 먼저 양육수당을 도입한 국가로 9개월의 육아휴직이 끝난 후 공립 보육시설을 이용하지 않는 만 3세 미만 아동을 대상으로 가구소득에 상관없이 양육수당을 제공한다.

자녀가 만 3세에 이를 때까지 가정양육이 선호되는 핀란드의 문화상 핀란드 영아의 기관 이용률은 다른 북유럽 국가에 비해 현저히 낮다. 만 3~5세 아동의 기관 이용률도 68~78% 수준으로 90% 이상을 보이는 다른 북유럽 국가에 비해 낮은데, 이는 양육수당에 수반되어 제공되는 형제자매 추가수당이 유아의 기관 이용을 저해하면서 나타난 결과로 추정된다.

3) 영국

영국은 전통적으로 아동보육은 부모 책임이라는 가치관이 강한 나라지만, 1997년 노동당이 집권하면서 보육 및 영유아 정책을 국가 전략사업으로 규정하고 보육에 대한 정부의 책임을 강화해 왔다. 1999년부터 Sure Start Program을 통해 저소득층 아동에게 무상보육을 제공하는 한편, 2000년대 중반부터는 만 3~4세 아동에게 주당 15시간의 무상교육을 제공함으로써 보육정책의 보편성을 강화하기 위한 시도를 하고 있다. 그러나 정부의 지원 증대에도 불구하고 영국 부모의 보육비 부담은 매우 높은 수준이다. 영국은 OECD 국가 중 가구의 보육비 부담이 가장 높은 국가로 일반 맞벌이 가구의 월 순소득에서 보육비 지출액이 차지하는 비중이 평균 27%에 달한다(OECD, 2011).

한편 영국의 모성 휴가는 52주이다. 이 기간 동안 여성은 고용주가 지급하는 법정 육아휴직 급여나 주정부가 제공하는 육아휴직 수당을 받을 수 있다. 법정 육아휴직 급여를 받기 위해서는 출산 전 26주(출산 직전 15주 포함) 이상을 근무했어야 하며 평균 임금이 주당 102파운드 이상이어야 한다는 조건이 있다. 부성 휴가는 2주이고, 부 또는 모는 자녀가 5살이 될 때까지 최대 13주의 무급휴가를 사용할 수 있으며 고용주와의 협상하에 추가적인 휴가 사용도 가능하다. 영국의 아동수당은 2013년 이전까지는 가구소득에 상관없이 16세 미만의 자녀를 가진 모든 가정에 정액이 지급되는 보편적 수당이었으나, 재정 절감 차원에서 2013년부터는 부모 각각의 소득이 6만 파운드 미만인 가구에 한하여 지급된다.

영국정부는 Sure Start Program을 통해 저소득층에 무상보육을 제공하고 있으나 일반 아동이 이용할 수 있는 공보육 시설은 제한적이다. 종일제 보육시설 중 국공립 시설의 비율은 약 10%로 대부분의 시설을 민간이 운영하고 있다. 민간 중심의 공급구조하에서 영국의 육아지원정책은 전통적으로 수요자의 보육비용을 경감하는 데 중점을 두어왔다. 이 중 가장 보편적인 방식은 자녀관련 세액공제이다. 그러나 환급형 세액공제제도를 통한 보육비 지원은 지원금액이 높음에도 불구하고 보육료를 내는 시점과 환급받는 시점 간 시차가 존재하여 혜택의 체감도가 낮고 상대적으로 저소득층의 수혜율이 낮다는 한계가 존재한다.

근로자의 자녀양육을 지원하기 위해 보육 바우처 제공, 계약에 의한 위탁보육, 직장어린이집 설치 등 고용주 지원제도가 존재하는데 그중 가장 대표적인 정책은 Salary Sacrifice Scheme으로 해당 사업장의 근로자는 월급 중 일부를 보육 바우처로 받고 그 비용은 소득세 및 국가 보험료 산정기준에 포함시키지 않는다. 고용주 제공 보육 바우처는 근로세액공제와 달리 부모 중 한 사람만 일을 해도 받을 수 있으나 자녀 수와 상관없이 금액은 동일하다. 2012년 기준, 고용주 제공 보육 바우처는 전체 사업장의 약 5%에서만 제공되고 있으며 수혜자는 약 45만 명에 불과하다. 영국에서 3세 미만의 영아의 기관 이용률은 39%이며 만 3~4세 유아의 기관 이용률은 84%에 달한다. 이러한 아동수당, 아동세액공제, 만 3~4세 무상교육을 제외하면 영국의 보육정책은 부모의 취업상태와 연계하여 제공된다는 특징을 가진다.

4) 프랑스

프랑스는 최근 20년 동안 다른 유럽 국가들이 출산율 감소를 경험할 때에도 지속적으로 출산율이 증가해 왔으며 현재 2.0명에 가까운 합계 출산율은 아일랜드와 더불어 유럽 최고 수준이다. 프랑스의 높은 출산율은 제2차 세계대전 직후 저출산에 대응하기 위해 적극적인 출산장려정책을 시행해 온 결과이다. 프랑스의 출산휴가는 16주이며(셋째 자녀 이상은 26주, 쌍둥이는 최대 34주) 그 시간 동안 원래 급여의 100% 또는 최대 월 3,000유로가 제공된다. 부성 휴가는 유급으로 최대 11일이 주어지며 이는 출생 후 4개월 이내에 사용하여야 한다. 그러나 육아휴직의 96%는 자녀의 어머니에 의해 사용되고 있다. 프랑스에서 자녀가 있는 가족에 대한 정부지출액은 GDP의 약 3.98%로 OECD 국가 중 최고 수준이며 가족에 대한 지원의 큰 부분을 차지하는 것이 가족수당이다. 보육서비스에 대한 지원은 GDP의 약 1.8%를 차지하는데, 이는 OECD 평균의 두 배에 가깝다(OECD, 2012).

한편 프랑스는 영아에게는 양질의 공보육을 제공하거나 가정보육 시 부모 보조금을 지급하고 유아에게는 공공 교육기관을 통해 무상교육을 제공하는 공교육체계가 확실하게 정립된 국가이다. 영아가 이용하는 보육시설은 크게 보육원, 일시보육시설, 가정보육으로 구분되어 있으며, 만 2년 3개월부터 6세 이하 아동은 모성학교를 이용할 수 있다. 또한 연령별 분리 이원체제로 교육부는 3세 이상, 복지부는 3세 미만을 책임지고 있다. 각 보육 유형의 특징에 대해 구체적으로 살펴보면 다음과 같다.

(1) 집단보육(crèche collective)

크레쉬는 부모가 직장을 가진 3세 미만 영아를 보육하는 준국가기구이며 공공재원으로 지원되는 보육시설로, 6세 미만 아동의 건강을 관리하는 아동관리국에서 관리감독하고 있다. 이 시설에 취원하기 위해서는 부모 모두가 직업을 가지고 있어야 하며, 직업을 갖기 위해 실습 중인 부모이거나 부모 모두 학생인 경우도 가능하다.

운영시간은 하루 10~12시간 종일제로 운영되며, 간식과 점심식사를 제공한다. 그러나 부모의 의사에 따라 유아들을 전일 혹은 오전이나 오후의 반나절 동안만 맡길 수도 있다. 일반적으로 전일제 유아들에게 우선권이 주어진다.

이 시설의 프로그램은 영유아의 보호를 위한 위생과 의학적인 측면에 중점을 두지만, 요즘 들어 교육적이고 발달적인 요소를 강조하고 있다.

종사자 대 유아의 비율은 어른 한 명에 혼자 걸을 수 없는 영아는 5명 그리고 걸음마를 할 수 있을 정도의 유아는 8명이다. 적어도 이곳에 고용된 직원의 반 이상은 준 육아전문가(auxiliaire de puericultrice)의 자격을 갖추어야 하고, 40명 이상의 보육시설에서는 적어도 한 명은 유아교사(educatrice)의 자격이 있어야 한다.

(2) 가정보육(crèche familiale)

가정보육은 1960년대에 시작되어 1970년대에 공식적인 보육유형으로 나타났다. 일정 자격을 갖춘 가정 보육모가 자신의 집에서 2~3명의 유아를 개별적으로 돌본다. 가정보육을 이용하는 대상은 0~6세의 영유아로 주로 3세 미만의 영아들이 이용한다. 등록된 보육사들로 조직된 가정보육시설로, 이들 보육사들은 지방정부에서 임금을 받으며, 국가보육위원의 관리감독을 받는다. 1971년 이후 계속 증가하고 있으며, 비용이 적게 들기 때문에 보육시설(crèche colletive)보다 증가 속도가 훨씬 빠르다.

이 시설은 1960년대 이후 큰 도시를 중심으로 생겨나기 시작했다. 이 시설에서는 등록된 탁아모가 자신의 집에서 최대 3명의 유아를 돌볼 수 있으며, 탁아모는 한 가정의 어머니여야 한다. 프로그램의 목적은 집단 보육시설과 마찬가지로 취업모 자녀들의 보호와 교육에 관심을 갖고 보살피며, 유아의 발달과 부모와의 관례를 증진시키는 것이다. 가정 보육시설은 대개 기존 보육시설이나 모자보건원 또는 사회복지관과 연계되어 운영되므로 그 규모는 작으나, 자격을 인정받고 기관에 등록된 탁아모들이 하나의 네트워크를 형성하여 일하고 있다. 대개 1명의 원장이 30명 정도의 탁아모들을 관리하는데, 이들은 개인 탁아모들의 가정을 방문하여 탁아프로그램을 관리하고 필요시에는 탁아모들을 교육시키기도 한다. 이 외에도 원장은 탁아모들의 연수, 행정, 교육, 자료 등에 관한 업무를 지원한다.

탁아모가 40명 이상을 넘어서게 되면 육아전문가나 유아교사, 간호사, 조산원 중에서 직원이 한 명 더 충원되어야 한다. 탁아모들은 관리기관에 채용되어서 보수를 받는다. 가정 보육시설을 개설하기를 원하는 기관은 지역보건사회국(DDASS)의 허가를 받아야 하며, 필요한 장소를 준비하고, 적어도 1명 이상은 책임자를 고용하여야 한다.

(3) 시간제 보육시설(halte-garderies)

2개월에서 6세까지의 영유아를 위한 시설이다. 그러나 주로 3세 이하의 영유아들이 이용한다. 운영시간은 지역의 요구에 따라서 다양하여 자녀를 정기적으로 집단 보육시설이나 가정 보육시설에 맡길 필요가 없는 비취업모들이 이용하기에 편리하며, 기존의 보육시설이나 유아학교에서 별도 프로그램으로 운영되기도 한다. 유아를 돌보는 시간은 주당 20시간을 초과할 수 없다.

(4) 부모협동보육(crèche parentale)

부모들이 사적으로 설립하여 ACEP(Association Collectifs Enfants Parents)의 책임하에서 운영되지만, 준공립 시설과 같이 취급되어 국가의 보조금을 받는다. 이 시설은 주로 2개월에서 4세 유아를 대상으로 하며, 부모들은 자격을 갖춘 종사자와 함께 유아를 돌본다. 국가자격증을 가진 육아전문가나 유아교사가 원장직을 수행하면서 부모들을 도와준다. 보통 16~20명 정도의 유아들을 수용하며, 성인 1인당 유아 4~5명을 돌본다.

(5) 아동정원(jardin d'enfants)

만 3~6세의 유아들을 대상으로 주중에 운영하는 사립유아학교로, 유아학교 정규시간과 같은 형식으로 운영하며 방과 후 보육기능도 담당한다.

(6) 방과 후 여가 센터(centres de loisirs)

만 3~12세 미만의 아동을 대상으로 운영하는 보육기관으로, 주로 수요일이나 유아학교 일과시간이 끝나는 오후 4시 이후부터 이루어지는 보육서비스이다.

5) 미국

미국은 전통적으로 자녀를 양육하고 사회화하는 책임이 가족에게 있다는 인식을 바탕으로 취약계층을 위한 소수의 공보육 외에는 보육서비스의 제공을 시장에 맡기고 있다. 미국의 보육정책에서 가장 큰 비중을 차지하는 것을 1965년부터 저소득층 아동을 대상으로 실시하고 있는 조기보육·교육프로그램인 Head Start와 저소득 취업모 가정에 아동보육 보조금을 제공하는 TANF(Temporary Assistance for Needy Families)에 의한 지원이다. Head Start는 저소득층 영유아에게 사회성 및 학습능력을 함양할 수 있는 기회를 제공할 뿐 아니라 건강 및 영양 지원도 함께 제공함으로써 빈곤층 아동이 일반가정 아동과 동일선상에서 출발할 수 있도록 지원하는 포괄적 아동발달 프로그램이다. 수혜 대상은 총가구 소득이 연방 빈곤선 130% 이하인 가구 또는 공공부조를 받는 가정의 아동 및 장애아동이다. 원래는 만 3~5세 유아를 대상으로 한 프로그램이나 1994년부터 전체 예산의 일부를 만 3세 미만 영아를 위한 Early Head Start 프로그램을 운영하는 데 사용하고 있다. 아동보육발달기금(CCDF)을 통한 보육료 지원은 저소득층 가구(평균 소득의 85% 미만 또는 50% 미만)의 부모가 취업이나 구직활동에 전념할 수 있도록 13세 미만 자녀의 보육을 지원하는 제도이다. 지원방식 및 전달체계는 현금지원, 서비스 위탁계약, 보육바우처 제공 등 자치주에 따라 상이하다.

미국은 선진국 중 거의 유일하게 유급 출산 휴가와 육아휴직이 법적으로 보장되어 있지 않으며 정부의 개입을 최소화하기 위해 고용주의 재량에 맡기고 있다. 1993년 Family and Medical Leave Act에 의해 50명 이상의 근로자가 있는 기업에서는 출산 후 12주간 무급 출산휴가를 사용할 수 있다. 일부 기업에서 육아휴직 급여를 제공하기도 하지만 이는 기업의 11.4%에 불과하며 대부분의 부모는 병가, 개인휴가와 무급 출산휴가를 혼합하여 사용하고 있다,

한편 선별적인 보육정책을 추진하는 미국에서 보편적인 아동수당은 없으며

저소득층 외 일반가정에는 세금 감면을 통해 보육료를 간접적으로 지원한다. 아동보호공제(Child and Dependent Care Credit)는 만 12세 이하 아동의 보육 비용에 대한 세액공제제도이다. 공제를 받기 위해서는 부모가 일을 하거나 구직활동 중이어야 하며 한 명의 자녀에 대해 연간 최대 3,000달러, 두 자녀 이상은 연간 6,000달러까지 보육비용을 근로관련 비용으로 신청할 수 있다. 근로관련 비용으로 인정 시, 최대 35%에 해당하는 금액을 감면받을 수 있다. 아동세액공제(child tax credit)는 가구소득이 130,000달러 미만이고 17세 미만의 부양자녀가 있는 가구를 대상으로 하는 환급형 세액공제제도이다.

미국의 보육과 교육제도는 다양성, 지방분권주의, 전형적인 교육자치제의 특징을 지닌 철저한 지방분권적 행정체계를 택하고 있어 보육서비스에 대한 접근법이 매우 다양하다. 우선 미국의 유아교육과 보육을 나누어서 보면 미국은 기본학제 안에 유치원교육을 포함시켜 공교육 제도로 실시하고 있다. 유치원교육은 취학직전 연령인 만 5세 아동을 대상으로 제공하며, 유치원 또는 초등학교의 유치원 학년(K-grade)에서 교육을 받는데, 1995년 기준으로 만 5세아의 100%가 취원 또는 취학하고 있는 것으로 나타나 있다. 미국의 보육 유형을 살펴보면 다음과 같다.

(1) 보육시설(day care center/child care center)

주로 일하는 어머니를 위해 보건기관과 사회복지기관이 운영하거나, 사립으로 운영되는 서비스로 주로 2세까지의 영아와 3~5세까지의 유아가 대상이다. 운영 시간은 종일제(07:00~18:00)로 연중 운영하며 인원은 15명에서 300명에 이르기까지 다양한 크기와 형태로 운영된다. 어떤 곳은 학령기 아동에 대한 서비스를 하기도 하고 아동발달센터(child development center)나 조기학습센터(early learning center) 등의 이름을 붙이기도 한다. 보육시설의 다양한 유형은 〈표 3-3〉과 같다.

>> 표 3-3 보육시설의 유형

유 형	특 징
직장보육 (Employer child care)	보통 5주된 아기부터 초등학교 저학년 아동을 대상으로 근로자의 편의를 위해 고용주가 후원하거나 기업이 직접 탁아기관을 운영 또는 위탁하는 것으로 직장 근처에 설치함
방과 후 탁아 (After-school care)	유치원 아동 및 초등학교 아동을 대상으로 방과 후에 보육함
고등학교 탁아프로그램 (High school child care program)	고등학생 중 미혼모로 자녀를 출산한 학생에게 자녀가 만 6주에서 5세가 될 때까지 아동양육을 제공함
드랍오프 아동양육 센터 (Drop-off child care centers)	부모가 쇼핑, 운동, 모임 등의 짧은 시간 동안 영아부터 초등학교 아동까지 일시적으로 보호해줌
아픈 아이 보육 센터 (Sick child care center)	2개월에서 14세까지 경미하게 아픈 아동에게 양육을 제공하며 아동이 원하는 한 머무를 수 있으나 보통은 2일 정도 머무름
세대 간 아동양육기관 (Intergenerational child care)	유아교육과 양로원 등을 통합하거나 또는 유아교육기관에 은퇴한 노인을 고용하여 아동은 노인의 사랑과 주의를 받도록 하고 노인은 아동과 상호작용하며 이들을 도와줌으로써 기쁨을 갖도록 하기 위한 기관임

(2) 가정보육(family day care/family child care homes)

보육자의 집에서 아동에게 보육서비스를 제공하는 경우이며 시설이 갖추어야 할 기준은 주마다 다르지만 대부분의 주에서는 가정보육시설에서 영유아를 보육할 수 있도록 하는 법적 기준을 갖추도록 요구하고 있다. 자녀들이 가정과 같은 환경에서 소규모로 보육받기 원하는 부모들이 선호하는 유형이다.

6) 일본

일본은 1990년대 이후 출생률은 낮아지고 급속한 고령화가 이루어지는 가운데 1994년 12월 영유아에 대한 종합적인 지원방안으로 보육, 고용, 교육, 주택 등을 아우르는 종합적인 대책인 '엔젤플랜'을 발표하였다. 엔젤플랜은 문부(교육)성, 후생성, 노동성, 건설성 등 4개 부처의 합의 하에 만들었고, 이어서 엔젤플랜을 정비하여 1999년에는 대장성, 문부성, 후생성, 노동성, 건설성, 자치성의 6부처가 합의한 '소자녀화대책의 구체적인 실시계획'(2000~2004년도의 5개년 계획)인 신엔젤플랜을 제시하였다. 신엔젤플랜에서는 엔젤플랜의 계획을 한층 심화하여 보다 많은 보육소를 설립하고 다양한 보육서비스를 제공하고자 하였다. 일본의 육아휴직은 만 1세까지이며, 일본의 취학 전 영유아를 위한 지원기관은 유치원과 보육소가 있으며, 유치원은 학교 교육기관으로, 보육소는 영유아 복지시설의 한 종류로 정착되었다. 이에 대한 관할 부처도 교육성과 후생노동성으로 나누어 각각 유치원과 보육소를 관장하는 이원화된 행정체계 내에서 영유아를 교육·보육하고 있다. 보육 및 자녀양육지원 서비스는 후생노동성의 고용균등 아동가정국 주도하에 국가 중앙 차원, 도도부현, 시구정촌 차원의 3단계 전달체계에서 이루어지고 있다. 국가차원의 보육 및 자녀양육지원서비스는 후생노동성의 고용균등 아동가정국에 의해 전달된다. 담당부서인 고용균등·아동가정국이라는 명칭에서 알 수 있듯이 보육 및 자녀 양육문제를 고용정책과 연관시켜 가정을 단위로 서비스를 지원하고 이를 위한 서비스 제공 및 문제해결을 위해서는 상시 다른 부서와의 협력 체계를 유지한다. 또한 보육소 서비스 제공과 보육소 입소에 관한 내용을 책임진다(홍금자, 2006).

일본의 보육시설은 보통 인가 보육시설과 인가 외 보육시설로 구분된다. 인가 보육시설의 경우 대부분 지방정부와 사회복지법인이 공급 주체로서 종일제를 기본으로 운영하며 시간제보육, 야간보육, 영아보육 등 다양한 유형의 서비스를 제공한다. 또한 인가 보육소는 취업모를 중심으로 운영되며 대기 영유아가 해소되는 지역의 시설에는 미취업모의 자녀도 입소가 가능하도록 하고 있다(유해미, 유희정, 장경희, 2011). 일본의 보육체계는 공보육체계를 우선으로 하고 있어 공영보육시설이 주를 이루어 왔다. 최근 공영 보육시설이 감소하는 추세를 나타내고, 민영 보육시설은 2005년부터 2010까지 증가하는 추세이다.

일본의 보육소 최저기준은 전국적으로 동일한 기준을 적용하여 일본의 어느 지역에서나 동질의 서비스를 받을 수 있도록 하는 데 있다. 보육시설 최저기준은 설치, 설비 등 보육시설의 물리적 환경뿐만 아니라 인력 배치에 대해서도 규정하고 있다. 일본은 대기 아동 문제의 해법을 보육소 최저기준을 지역 실정에 따라 탄력적으로 운영하도록 하는 보육소 최저기준을 폐지하고 지방 조례화하는 방안을 추진하여 관련법령이 국회를 통과하였다. 그러나 이러한 기준 완화는 보육의 거실 면적 기준 완화를 허용하는 것과 같이 어린이의 안전, 성장과 발달을 큰 위험에 처하게 할 수 있다는 지적도 있다(후생노동성, 2012).

일본의 보육 유형에 따른 보육시설의 종류는 다음과 같다.

(1) 영아 보육시설

도시지역의 만 1세 미만의 영아를 보육하는 시설로 영아 3인에 보육교사 1명을 배치토록 규정하고 있으며, 이에 대한 인건비를 지급하고 있다.

(2) 연장 보육시설

취업모 지역의 다양성과 통근시간의 연장 등으로 고려하여 보육시간을 연장하여 오전 7시~오후 7시까지 보육한다. 이 경우 국가로부터 기본 보육 단가의 10% 가산된 금액이 지원된다.

(3) 야간 보육시설

취업모의 작업 형태의 다양성에 의해 야간에 보육하는 경우로 대부분 오후

2시~오후 10시까지 보육하게 된다. 규모는 30명으로 되어 있으며 소규모 보육시설에 준하는 지원을 받게 되며, 보육비용 징수는 일반 보육시설에 준하게 된다.

(4) 소규모 보육시설

보육시설 정원이 30명 이상 60명 미만인 경우로 과소지역에 소재하거나 3세 미만 영유아를 많이 입소시키는 경우로 특별보육 단가를 적용받게 된다.

(5) 벽지 보육시설

자연적, 문화적, 지리적 이유 때문에 일상적인 보육시설이 설치되기 어려운 곳에 국가나 지방 자치단체가 특별 지원하여 보육을 제공하는 경우이다.

(6) 계절 보육시설

농번기나 지역 산업의 여건상 특정 시기에 일시적 보육이 필요한 경우 60일 이내의 일시적 보육을 실시하는 경우이다. 대개 시정촌이 설치의 주체가 되며 마을 회관이나 사원이 활용되고 있다.

(7) 방과 후 보육시설

초등학교 방과 후 아동관이나 학교 빈 교실, 마을회관, 아파트 등을 활용하여 평일 하교 후에서 저녁 5~6시까지 방과 후 보육을 실시하는 경우이다.

(8) 장애아 보육시설

집단보육이 가능한 중도 이상의 장애아를 보육하는 경우로 조치비와는 별도로 일정액을 보조하고 있다.

(9) 직장 보육시설

기업이 고용 대책과 종업원의 복리 후생 대책의 일환으로 사업장 내에 종업원의 자녀를 대상으로 보육하는 경우로 국가가 지원하고 있다.

제 4 장

영유아 발달과 보육

1. 발달의 이해

1) 발달의 이해

인간은 탄생하여 죽음에 이르기까지 계속 변화한다. 기어다니던 아기가 어느덧 걷고 뛰게 되고 높은 정글짐놀이 기구도 거침없이 올라갈 수 있게 된다. 울음으로 자신의 요구를 표현하던 아기는 어느덧 부모와 같은 언어로 서로 소통하게 감정을 공유한다. 새로운 것을 생각하고 창조하고 생산하는 등 한껏 능력을 발휘하게 되지만 노년기가 되면 기능이 약화되어 점차 운동 능력이나 사고 능력이 쇠퇴되어 간다. 이러한 인간의 수정에서부터 죽음에 이르기까지 발생하는 신체적, 심리적 기능의 계속적인 변화과정을 발달이라고 한다.

발달과 관련된 유사한 개념으로 성장과 성숙, 학습 등이 있는데 이 개념을 명확하게 이해하는 것은 발달의 개념을 이해하는 데 도움이 된다. 우선 성장(growth)이란 시간의 경과와 연령이 높아짐에 따라 나타나는 신체의 크기나 체중의 증가와 같은 양적인 변화를 의미하는 것이고, 성숙(maturation)이란 뇌 기능의 분화라든가 이가 나고, 걷게 되고, 사춘기가 오는 것과 같이 유전에 따라 체계적이고 규칙적으로 진행되어 나타나는 신체적, 심리적 변화를 의미한다. 학습이란 경험이나 훈련의 결과로 나타나는, 비교적 지속적인 행동 또는 잠재력의 변화를 말한다. 일반적으로 영유아는 부모, 가족, 보육교사 등 양육을 책임지고 있는 사람들과의 상호작용을 통해 개인의 정서, 신념, 가치는 물론 지식과 기술 사회 문화에 대한 기대와 관습 등을 학습하게 된다. 이러한 학습은 인간의 내적인 변화를 가져오게 되며 발달을 이끄는 환경적 요소의 총체라고 할 수 있다.

발달은 유전과 환경의 상호작용에 의해 일어나는 양적, 질적 변화 모두를 포함하며, 이러한 변화과정은 성장, 성숙, 학습 등의 공존을 통해 계속적으로 일어난다.

2) 발달의 특성과 원리

영유아의 발달은 유전과 환경의 상호작용에 의해 이루어지지만 발달의 과정에는 일정한 특성이 있는데 기초성, 적기성, 누적성, 불가역성으로 설명할 수 있다.

첫째, 기초성이란 영유아 시기의 발달은 그 이후 발달에 영향을 미치며 그의 일생을 결정하는 데 기초가 된다는 것이다. 영아기 발달은 유아기 발달의 기초가 되며 유아기 발달은 아동기, 청소년기 발달의 기초가 된다.

둘째, 적기성이란 어떤 발달 과업을 성취하는 데 필요한 가장 적절한 시기가 있다는 것이며, 이 시기를 결정적 시기라고 한다. 발달과정에서 이를 놓치게 되면 다음 시기에 보충되기가 어렵고, 발달 과업을 이루는 데 효율성이 떨어진다.

셋째, 누적성이란 각 단계별로 달성해야 할 발달 과업이 있는데, 어떤 이유로 발달 과업이 완성되지 않으면 그 결손은 누적되어 다음 시기의 발달에 지속적으로 부정적인 영향을 미친다는 것이다.

넷째, 불가역성이란 이미 이루어진 발달 손상이나 결함은 그 시기 이후에 이를 보완하거나 회복하기가 힘들다는 것이다. 이러한 불가역성은 신체적, 지적, 정서적, 성격적 발달 및 기타 여러 발달영역에서도 나타난다.

모든 인간은 유전적 요소와 환경적 요인에 따라 발달의 개인차가 나타나며 각각의 측면이 상호 간에 밀접하게 관련되어 있다. 그러나 발달에 있어서 환경의 영향과 무관하게 다음 몇 가지 보편적인 원리를 따른다.

첫째, 발달에는 일정한 순서가 있다.

모든 영유아는 기고 앉을 수 있게 된 다음에 비로소 설 수 있으며, 설 수 있게 된 다음에 걸을 수 있다. 언어발달에도 순서가 있어서 옹알이를 한 다음에 한 단어를 말하고, 그 다음에 간단한 문장과 복잡한 문장을 사용하게 된다. 이렇듯 인간은 일정한 순서에 따라 발달한다.

둘째, 발달은 일정한 방향으로 이루어진다.

발달은 일정한 순서에 따르고, 또 일정한 방향으로 진행된다.

- 머리 부분이 먼저 발달하고 점차 아래쪽, 즉 발 방향으로 발달이 진행된다. 즉, 머리를 먼저 가누고, 앉게 되고 걸을 수 있게 된다.
- 발달이 몸 중심부에서 바깥쪽으로 진행된다. 처음에는 머리와 몸체를 움직이다가 점차 팔다리를 움직이고 손목과 손가락을 움직인다.
- 전체적 운동 기능에서 세분화된 기능으로 발달이 진행된다. 영유아 초기의 행동은 몸 전체를 사용하고, 분화되지 않은 것이지만 점차적으로 분화되고 세밀한 행동으로 발달한다. 예를 들어, 영유아는 방바닥에 떨어진 물건을 줍기 위해 거의 온몸을 다 사용하지만, 시간이 지나면서 엄지손가락과 집게손가락을 사용하게 된다.

셋째, 발달은 일정한 속도로 이루어지는 것은 아니다.

발달은 일생동안 계속되는 과정이고 그 속도는 일정하지 않다. 인간 신체의 각각의 기관과 부위는 모두 다른 속도로 발달하며 어떤 기능이나 신체의 부분에 따라 결정적 시기가 다르며, 결정적 시기에 급격하게 발달이 이루어진다. 예를 들어 출생 후 첫돌까지는 신장과 체중이 급격하게 발달하고 2, 3세에 어휘력 발달이 급격하게 이루어진다. 영유아기에는 생식기관 발달이 매우 느리지만, 사춘기에는 급속도로 발달한다

넷째, 발달에는 개인차가 있다. 발달은 보편적인 순서와 방향에 따라 이루어지지만 모든 사람이 동일하게 발달하는 것은 아니다. 연령과 성별이 같아도 발달 속도와 양상에는 개인의 유전, 성별과 환경에 따라서 개인마다 차이가 있다. 똑같이 12개월 된 영아라 할지라도 어떤 영아는 걷기 시작하지만 어떤 영아는 기어다닌다. 또 같은 가정에서 자라는 형제라 하더라도 형은 새로운 음식 먹는 것을 힘들어하고 동생은 낯선 환경, 낯선 사람에 잘 적응하는데 이러한 부분을 개인차로 설명할 수 있다. 일란성 쌍생아들 조차도 출생 시부터 개인차가 나타나는 것을 볼 수 있다.

따라서 어린이집에서 교사는 아동을 위한 놀이와 학습을 계획할 때뿐만 아니라 개인차에 대한 정보를 충분히 수집하고 고려해야 한다.

다섯째, 발달의 영역은 서로 상호관련성이 있다.

발달영역은 상호 간에 밀접하게 연관되어 있어서 어느 한 부분에서만 독립적으로 발달이 이루어지는 것이 아니라 다른 영역과 긴밀하게 영향을 주고 받는다. 예를 들어 잘 걷는 아이가 주위 탐색을 잘할 수 있어서 인지발달과 사회성 발달이 활발하게 이루어질 수 있다. 또 어떤 특성이 성숙하면 다른 특성의 성숙에도 영향을 미친다. 조숙한 아동은 동일한 연령의 아동에 비해 신체뿐만 아니라 정신적. 행동적 발달에 있어서도 성숙하고 많은 차이가 나는 것을 볼 수 있다(김미영, 2017).

여섯째, 영유아 발달은 통합적으로 이루어진다. 영아는 주변에 있는 사물을 탐색하기 위해 그들의 근육 운동과 감각을 통해 얻은 지식을 획득한다. 예를 들어 영아는 흥미 있는 사물을 관찰하게 되면 그것에 접근해서 그 사물을 잡는다. 또한 다른 사람들이 영유아의 행동에 반응했을 때 영아는 사회적 상호작용과 의사소통을 경험하게 되고, 반응의 내용에 따라 부정적 혹은 긍정적 정서를 경험하게 된다. 따라서 영유아 교육은 발달의 한 영역에 치우친 교과목

형태가 아니라 자연스럽게 통합된 활동이 이루어질 수 있는 놀이와 탐구활동을 영유아에게 제공함으로써 통합적 발달을 할 수 있도록 한다.

2. 발달 이론

발달이론이란 발달과 관련된 심리적 법칙이나 이론적 체계를 말한다. 발달이론은 학자마다 다양하고 발달 전체를 설명하는 하나의 이론은 없다. 그것은 하나의 이론으로 인간이 일생동안 경험하는 다양한 행동을 포괄적으로 설명하는 데는 한계가 있기 때문이며, 학자마다 인간관이 다르고 관심 영역도 다르기 때문이다.

영유아 보육에서 적용되는 대표적인 발달이론으로 성숙이론, 정신분석이론(psychoanalysis theory), 학습이론(learning theory), 인지이론(cognitive theory), 동물행동학이론(ethological theory), 생태이론(ecological theory) 등이 있으나 여기에서는 영유아의 발달에 대한 유전과 환경의 영향력을 중심으로 성숙주의 이론, 행동주의 이론, 구성주의 이론을 중심으로 설명하고자 한다.

1) 성숙주의 이론

성숙주의 이론은 영유아 발달이론 중에서 가장 오래된 것으로 영유아 발달에 주도적으로 영향을 미치는 요인이 환경이 아니라 타고난 유전적 요인에 의해 결정된다고 보는 관점이다. 인간은 성장할 수 있는 자질과 능력을 가지고 태어나며 환경은 2차적 역할을 하는 것이기 때문에 타고난 것에 도움이 될 만한 환경을 제공하는 것이 중요하다.

성숙이론의 대표적인 학자로는 홀(Hall)과 게젤(Gessel)이 있다. 홀(Granville

Stanley Hall, 1844~1924)은 20세기 초 가장 영향력 있는 미국 심리학자로 질문지법, 일화기록법, 관찰법 등 객관적이고 과학적인 아동 연구법을 제시하였다. 그는 영유아기의 발달 단계를 연속적인 인간 진화의 반복적인 발달이라고 주장하였으나 인간은 똑같은 상태로 존재하는 것이 아니고 시간이 경과함에 따라 변화한다는 다윈의 진화론을 잘못 적용해 그가 주장하는 반복적 발달에 대한 개념은 널리 인정받지 못하였다(김미영, 2017).

게젤(Arnold Lucius Gesell, 1880~1961)은 인간의 발달은 유전에 의한 발달 단계와 순서에 따라 발달한다는 유전적 결정론을 제시하였다. 그는 각 연령마다 나타나는 발달적 흥미와 요구를 중요시하였고 이것을 그대로 수용하여야 한다고 하였다. 환경의 역할도 중요하나 유전적으로 신체적 기능이 준비되기 전에는 어떠한 훈련이나 학습도 성과를 거두기 어렵다고 주장하였다. 그는 식물이 유전적으로 정해진 발달 일정표에 따라 때가 되면 씨앗이 나고 뿌리가 내리고 꽃이 피는 것처럼 영유아도 이러한 과정을 따른다고 비유하였다. 따라서 부모나 교사는 무리하게 통제하고 교육하지 말아야 한다고 하였다.

한편 게젤은 운동행동, 적응행동, 언어행동, 개인적.사회적 행동의 연령별 발달 스케줄을 제시하였다. 발달 스케줄(development schedule)은 특정 연령에서 어떤 행동이 가장 보편적인지 보여 주는 것으로 연령에 따라 발달하는 행동을 구체적으로 표준화하는 작업을 수행한 것이다. 즉, 각기 다른 연령 영아들의 행동을 비교해 어떤 영아의 행동이 발달스케줄 기준과 비교하여 차이가 많이 나면 이 영아의 발달은 매우 빠르거나 매우 느린 것으로 평가하였다.

게젤의 발달 스케줄 검사는 베일리(Bayley)가 개발한 영아발달검사(Bayley scales of Infant Development)와 함께 영아기의 발달 상태를 확인할 수 있는 척도로 한때 교사와 부모들에게 절대적 발달 기준으로 사용되기도 하였다. 그러나 개인차를 감안하지 않았기 때문에 모든 영아의 능력을 동일한 수준으로 일반화시키는 것에 대한 문제가 지적되기도 하였다(김미영, 2017). 게젤은 환경을 완전히 무시한 것은 아니지만 영유아의 유전적 요인과 내적 성숙을 지나치게 강조하였다는 점에서 비판을 받았다.

2) 행동주의 이론

행동주의 이론은 발달에 있어서 생물학적 요인보다는 환경적 요인을 더 강조하는 이론이다. 영유아 발달을 설명하기 위해 어떠한 발달 단계나 연령에 대한 언급이 없고 객관적으로 관찰할 수 있는 외현적 행동의 변화를 가져올 수 있는 학습 방법에 대하여 설명하였다. 인간의 기본적인 발달은 환경에 의해 학습되며, 학습은 학습자의 동기나 심리적 욕구에 의해 좌우되는 것이 아니라 환경에 의해 좌우되므로 보상과 벌, 계속적인 연습과 모방을 중요시하였다. 대표적인 학자로 조건 형성에 의한 학습이론을 전개한 파블로프(pavlov), 스키너(Skinner), 모방과 관찰을 강조한 반두라(Bandura)가 있다. 행동주의 이론은 20세기 초 교육자와 교육에 강력한 영향을 미쳤다. 오늘날에는 전적으로 행동주의를 지지하는 사람은 거의 없지만 행동주의 학습 원리는 교육의 일정 분야나 영역에서 지금까지도 적용되고 있다.

(1) 파블로프(Pavlov)의 고전적 조건 형성

러시아의 생리학자인 파블로프(Ivan petrovich Pavlov, 1849~1936)는 개(dog) 실험을 통해 조건형성 개념을 발견하였으며 이에 기초한 학습 원리를 제시하였다. 파블로프의 개 실험을 통해 발견한 원칙을 고전적 조건형성(classical conditioning)이라고 하며 이것은 학습 이론의 발전에 중요한 기초를 제공하였다.

고전적 조건 형성은 일정한 자극에 의해 선천적으로 유발되는 반응을 그것과 관계가 없는 중립자극과 연합시킴으로써 그 중립자극이 조건 자극으로 변화되어 조건 반응을 일으키게 하는 것이다. 즉, 개는 음식을 보면 무조건 침이

분비되는데(무조건 반사), 개한테 종소리를 들려준 후(음식과 아무런 관련이 없는 중성자극) 몇 초 후에 음식을 제공한다. 이러한 절차와 행동을 반복한 후 실험자는 음식을 제공하지 않고 종소리(조건화된 자극)만 들려주어도 개는 종소리와 음식을 연합하는 학습을 하였기 때문에 침을 분비하였다(조건반사).

파블로프는 동물과 인간은 비슷하기 때문에 이 실험의 결과를 인간에게 일반화하는 것이 가능하다고 하였다. 인간의 특정한 행동을 유발하고자 할 때 그 행동과 관련이 없는 자극(중성자극)을 지속적으로 반복하게 되면 그 이후에는 중성자극 만으로도 행동을 하게 할 수 있다는 것이다. 그러나 이것은 인간을 수동적인 존재로 본다는 점과 인간의 한 측면에 국한된 견해라는 점에서 비판을 받았다.

(2) 스키너(Skinner)의 조작적 조건 형성

스키너(Burrhus Frederic Skinner, 1904~1990)는 미국의 심리학자로 고전적 조건형성 이론의 문제점을 비판하면서 새롭게 학습이론을 제시하였는데 이것이 조작적 조건형성(operant conditioning)이론이다. 스키너는 유기체를 스스로 의지를 지닌 자발적인 존재로 보고, 인간이나 동물이 스스로 조작하는 행동의 학습과정을 설명하였다. 그는 한쪽 벽에 지렛대를 설치하고 이 지렛대를 누르면 먹이가 나오도록 한 상자(Skinner box)를 만들어 그 안에 쥐를 넣어 놓고 행동을 관찰하였다. 쥐가 이리저리 움직이다가 우연히 지렛대를 누르게 되어 먹이가 나오는 경험을 하게 되자 쥐는 지렛대를 누르는 행동을 더 많이 하였다. 지렛대를 누르는 행동 뒤에 먹이라는 보상이 따르자 그 행동의 빈도가 증가한 것이다.

이 쥐의 실험을 통해 강화된 행동은 반복하는 경향이 있고 무시되거나 처벌된 행동은 중단하게 된다는 조작적 조건 형성이론을 밝혔고 이것은 인간의 행동에도 똑같이 반영될 수 있다고 주장하였다. 인간도 행동 뒤에 따르는 결과에 따라 행동이 증가하거나 감소하기 때문에 어떤 반응을 증가시키거나 감소시키기 위해 조작적 조건화를 할 수 있다는 것이다. 즉, 어떤 행동을 했을 때 그 행동 뒤에 따르는 결과가 만족스러운 것이라면 그 행동을 계속하게 되고 만족스럽지 않다면 그 행동은 다시 하지 않게 된다. 어떤 행동에 대해 만족스러운 보상을 하거나 벌을 줌으로써 그 행동이 일어날 확률을 증가시키거나 감소시키는 방법을 말한다.

조작적 조건형성의 방법으로 강화와 소거의 원리를 들고 있다. 강화(Reinforcement)란 어떤 행동을 한 뒤에 유기체가 원하는 자극을 제공하여 행동의 빈도수를 높이는 것을 말한다. 강화는 좋아하는 자극만이 아니라 싫어하는 것을 제거해주는 것으로도 강화시킬 수 있다. 좋은 자극의 제공으로 행동의 빈도수를 높이는 강화를 정적강화라고 하고 싫은 자극을 제거해 줌으로써 행동의 빈도수를 높이는 강화를 부적강화라고 한다.

소거란 행동의 빈도가 감소하는 것으로 강화인의 제공을 감소시키거나 처벌 등의 방법이 사용된다. 강화, 소거의 원리는 아직도 아동의 습관을 훈련하거나, 규칙을 지키도록 지도하는 데 사용되고 있다.

행동주의 이론은 인간의 행동이 어떻게 유지되는지를 설명할 수 있으나 어떻게 새로운 행동이 발생하는지는 설명하기 어렵다. 예를 들어 일어서기, 걷고 말하기 등은 강화와 벌에 의해 습득되는 것이 아니다.

(3) 반두라(Bandura)의 사회학습 이론

캐나다 출신의 미국 심리학자 반두라(Albert Bandura, 1925~)는 1977년 출간한 『사회학습이론』을 통해 사회학습이론의 학문적 발판을 마련하였다. 반두라는 초기에는 행동주의 학습이론에서 출발하였지만 나중에는 인지적 측면을 중시하는 사회학습이론을 발전시켰다. 반두라는 왓슨, 스키너와 달리 인간의 행동은 보상이나 처벌의 결과로만 형성되는 것이 아니라 다른 사람의 행동이나 어떤 주어진 상황을 관찰하고 모방한 결과로도 이루어진다고 주장하였다. 이를 반두라는 관찰학습이라고 하였다.

영유아는 바람직한 것은 강화하고 바람직하지 않은 것은 벌을 통해 행동이 변화해 가는 부분도 있지만 영유아의 많은 행동은 오히려 관찰과 모방을 통해 배운다. 행동의 발달을 위해 외적 강화를 주지 않더라도 다른 사람의 행동을 관찰하는 것을 통해서 습득될 수 있다. 영유아는 주로 부모, 교사, 친구 등 자신에게 영향력을 주거나 아는 사람이 하는 높은 수준의 행동을 관찰하고 모방한다.

관찰학습의 방법에는 모방(imitation)과 모델링(modeling)의 방법이 있다. 모방은 타인의 행동을 그대로 따라 배우는 것으로 영유아가 전에는 알지 못했던 행동을 모방을 통해 새로운 행동을 배우게 된다. 반두라는 실험을 통해 유아에게 매우 공격적인 방법으로 행동하는 사진을 보여주었다. 그 사진을 본 후 유아는 다른 어떠한 동기나 강화도 없이 아주 빠르게 공격적 행동을 하기 시작하였다.

이처럼 유아의 행동에 대해 강화하거나 억제하지 않고 단지 역할모델의 행동을 보는 것으로 그들의 행동을 변화하게 만들 수 있다는 것이다.

그러나 영유아들이 같은 역할모델을 보더라도 그들은 다르게 영향을 받는다. 대개 모델링은 영유아의 개인적인 선호도, 모델과의 관계, 모델의 권력 정도, 자신과의 유사성 등에 따라 다르게 일어난다. 모델의 행동은 유아가 그 행동을 하게 하는 단서가 된다. 유아가 하고 싶었지만 억압된 상황에서 하지 못하고 있었을 때 다른 사람이 그 행동을 하는 것을 보게 되면 쉽게 따라하게 된다. 예를 들어 어린이집에서 친구를 때리면 안 된다고 하여 그 행동을 참아왔던 한 유아가 집에서 모델인 아빠가 그의 동생이나 형을 때리는 것을 보게 되면, 그 유아는 화가 나는 상황에서는 해도 되는 행동이라고 생각하고 화가 나는 상황에서 다른 친구들은 때릴 것이다. 또한 자신의 행동 뒤에 따르는 직접적인 강화가 아니고 타인의 행동 뒤에 보상이나 벌이 따르는 것을 관찰하는 것만으로도 학습이 된다는 간접적 강화도 인정한다.

영유아를 위해 효과적인 학습을 시키려면 교사나 부모의 실제적인 행동이나 역할이 중요하다. 역할놀이영역에서 영유아는 부모가 자신을 야단치는 모습을 그대로 재현하며 놀이한다. 또 어린이집 교사의 언어 유형이나 유아 지도시 하는 행동을 집에서 모방하며 놀이하는 것을 볼 수 있다. 영유아의 바람직한 행동 지도를 위해서는 양육자의 교훈적인 말보다 그들의 바람직한 일상적 생활과 습관, 유아를 대하는 태도가 중요한 교육방법이 된다.

3) 구성주의 이론

구성주의는 인간의 발달에서 생득적 측면과 환경적 측면을 동시에 강조함으로써 인간이 주변 환경과의 능동적 상호작용을 통해 양적, 질적 변화가 이루어진다고 보는 관점이다. 아동의 지적인 능력이 유전에 의해 전적으로 결정되는 것이 아니라 태어난 후의 환경에 의해 많은 영향을 받는다고 보았다. 구성주의에서는 교수학습 방법으로 놀이를 강조하며 학습활동에 아동을 적극적이고 능동적으로 참여하도록 지원한다. 여기에서는 피아제, 비고츠키, 브루너를 중심으로 살펴보기로 하겠다.

(1) 피아제(Piaget)의 인지발달이론

피아제(Jean Piaget, 1896~1980)는 인지발달이론을 주장은 스위스의 심리학자이다. 피아제는 유기체가 환경과의 상호작용을 통해 능동적으로 인지구조를 재구성해 나간다고 하였다. 그는 지식구조의 틀을 도식(schema)이라고 하였고 새로운 경험이나 사건을 경험한 영유아는 기존에 있는 도식에 이 지식을 동화(assimilation)하고 조절(accommodation)의 과정을 통해 지식구조를 변화시켜간다고 하였다.

동화란 새로운 정보와 경험을 접했을 때 기존에 자신이 가지고 있는 이해의 틀(schema)에 적용시켜 해석하고 이해하는 과정을 말한다. 조절은 새로운 정보와 경험에 맞게 기존의 도식을 수정하는 것을 말한다. 피아제는 동화와 조절을 통해 균형에 이르렀을 때 학습이 일어나며 이러한 상태를 평형(equilibrium)이라고 하였다. 예를 들어 대부분 동물을 살아 있는 유일한 것이라고 생각하는 4살 유아가 식물도 살아 있다는 것을 처음 들었을 때 유아는 혼란스럽게 되고 불균형 상태로 된다. 그 유아는 책과 경험을 통해 식물과 동물 모두 물과 음식이 필요하다는 공통점이 있음을 발견하게 되고 동물과 식물이 모두 생명체라는 것을 깨달음으로써 평형 상태에 이르게 한다.

인간은 반복적인 동화와 조절을 통해 인지구조의 질적인 변화가 일어나게 되는데, 이 과정에서 감각운동기, 전조작기, 구체적 조작기, 형식적 조작기 등 4개의 단계를 거치면서 발달한다고 하였다.

감각운동기는 출생에서 약 2세경까지의 시기로 신체적 운동과 감각으로 인지하고 탐구한다. 1세 말쯤 되면 대부분 아동은 사물과 사람이 그들이 시야에서 사라진다 해도 계속 존재한다는 개념인 대상 영속성을 이해하기 시작하는데, 대상영속성의 발달은 다음 단계의 사고발달과 언어발달의 기초가 된다.

전조작기는 약 2세경부터 약 7세경까지이다. 이 시기는 정신적 표상에 의한 사고가 가능한 시기로 가상놀이가 시작되고 다른 사물을 상징화하기 시작한다. 그러나 논리적이거나 체계적이지 않고 자기중심적이며 모순적인 사고를 한다. 자기 중심적 사고(egocentric thinking)란 다른 사람의 시각을 이해할 수 없고 세상을 자신의 관점으로 보는 것으로 이것은 수개념의 이해나 옳고 그름을 판단할 때도 적용된다.

그 이유는 합리적인 사고 과정보다는 사물이 나타난 결과에 집중되기 때문인데 이것을 직관적 인식이라고 한다. 피아제는 유아는 여러 가지 상황에 초점을 맞출 수 없다는 것을 설명하기 위해 중심화(contration)라는 용어를 사용하였고 이러한 사고의 특징으로 인해 이 시기 유아는 자기중심적 사고, 물활론적 사고를 하고 보존개념을 갖지 못한다고 하였다.

피아제는 영유아 시기를 과소평가하여 할 수 있는 것보다는 할 수 없는 것에 중점을 두었다는 비판을 받고 있다. 마가렛 도널드슨과 애딘버러대학 연구팀은 영유아는 어떤 문제를 수행할 때 피아제가 말한 것보다 더 높은 차원으로 사고하고 추론할 수 있다고 하였다. 연구자들은 대상영속성개념도 피아제가 제시한 것보다 훨신 일찍 성취한다는 것을 보여주어 피아제의 이론을 비판하였으나 그럼에 불구하고 피아제가 제시한 인지발달 과정에 대한 설명은 옳다고 하였다(박신경, 1991).

(2) 비고츠키의 사회문화적 이론

비고츠키(Lev Semenovich Vygotsky, 1896~1934)는 러시아 심리학자로 10년 정도의 짧은 연구기간 동안 발달 심리학 분야를 시작으로 폭넓은 분야에서 수많은 실험적·이론적 연구를 하였으며 '심리학계의 모차르트'라고 불리기도 한다(위키백과, 2017). 비고츠키는 피아제가 영유의 학습에서 문화와 역사적 요소, 상황의 맥락을 무시한 것에 대해 비판하면서 성인과 또래 간 상호작용을 통해서 경험이 확장되고 발달한다고 하였다. 비고츠키는 영유아는 다른 사람으로부터 지지를 받는다면 지금 하고 있는 것보다 복잡한 과업을 시도할 수 있다고 믿었다. 예를 들어 영유아가 혼자서 레고 블록으로 단순한 건물을 구성할 수 있는데, 레고블록을 잘하는 또래나 어른의 도움을 받는다면 보다 복잡하고 정교한 건물을 구성할 수 있다.

비고츠키는 영유아가 지금 실제로 할 수 있는 수준을 실제적 발달수준이라 하였고 도움을 받아 수행할 수 있는 수준을 잠재적 발달수준이라 하였다. 그리고 영유아의 실제적 발달수준과 잠재적 발달 수준과의 차이를 근접발달영역(ZPD: zoneof proximal development)이라고 하였다.

영유아는 근접발달영역 안에서 정교한 도움과 지원이 일어나게 되면 영유아의 현재 발달수준이 높아지게 되고, 성인과 같은 수준으로 계속해서 발달해 나간다는 것이다. 이는 피아제의 이론에서 발달이 개인에 의해 일어난다고 보았던 것과는 다른 인식으로 개인과 사회가 지속적으로 접촉·교류하면서 인지적 발달이 일어난다고 본 것이다(정희욱, 2009). 따라서 영유아의 실제 발달수준을 높이기 위해서는 근접발달영역안에서 영유아의 수준에 맞게 도움을 주고 안내해주어야 하는데 이것을 비계설정(scaffolding)이라고 하였다.

이처럼 인지구조의 발달은 사회적 상황에서 상호작용 과정을 통해 이루어지므로 성인과의 상호작용과 또래와의 상호작용의 질은 매우 중요하다. 상호작용은 언어가 중심되어 이루어진다. 따라서 비고츠키 이론에서는 언어가 매우 중요한 역할을 한다. 언어를 통해 다른 사람과 의사소통하고 접촉하게 되고 자신의 생각과 행동을 조절하는 역할을 하기 때문이다.

비고츠키는 피아제와는 다르게 그들의 지식에서부터 출발하여 아동이 할 수 없는 것보다 할 수 있는 것을 강조하였고, 인지발달을 환경과 경험에 의해 나타난 결과가 아니라 환경에 의해 펼쳐질 잠재적 능력으로 본다는 점에서도 차이가 있다.

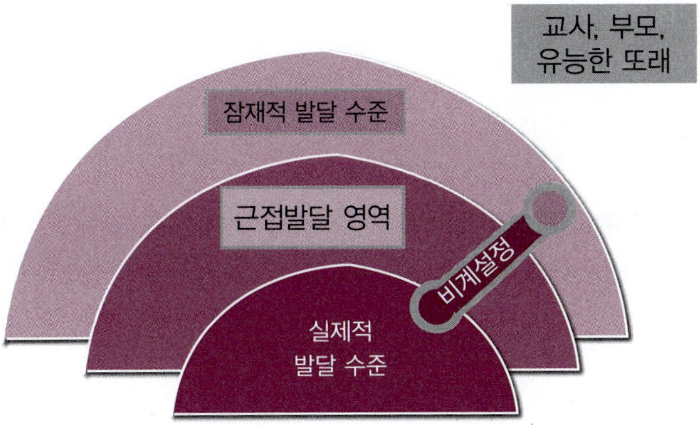

(3) 부르너의 EIS(인지적표상)이론

부르너(Jerome Seymour Bruner, 1915~2016)는 최근 유아교육 과정에 상당한 영향력을 준 미국의 교육 심리학자이다. 브루너는 영유아는 적극적 학습자이고 사고가 발달하기 위해서는 직접 경험이 필요하다는 것을 전제로 인지 발달 이론을 제시하였다. 영유아의 지능발달은 활동적 표현(enactive representation), 영상적 표현(iconic representation), 상징적 표현(symbolic representation)의 순서로 이루어지며 이를 통해 환경을 인지하고 스스로 표현할 수 있는 기술을 발달시켜 나간다.

브루너와 피아제의 근본적인 차이는 피아제는 특정 단계의 발달에 도달해야만 다음 단계로 진행할 수 있다고 하였으나 브루너는 특정 단계를 기다리지 않고도 어떻게 도와주는가에 따라 더 앞으로 나아갈 수 있다는 것이다. 브루너는 비고츠키와 마찬가지로 사고의 발달에 있어서 사회문화 환경의 영향 및 교육자의 역할을 높게 평가하고 있으며 언어의 역할을 중시하고 있다. 영유아가 즉각적인 정보나 경험을 넘어서서 새로운 생각과 세상을 아는 방법을 알고 산출하기 위해서는 성인이 영유아의 학습을 지원하거나 상호작용하는 역할이 중요하다. 이러한 방법으로 영유아에게 주의와 관심 갖기, 피드백과 격려하기, 시범 보여주기 등 성인의 역할을 강조하였다.

3. 영유아 발달 특성과 보육

영유아기의 경험은 그들의 발달과 인격 형성에 매우 중요한 영향을 미친다. 어떠한 보육 경험이 긍정적인 영향을 미치는가를 알기 전에 영유아의 발달적 특성에 대한 이해가 전제되어야 한다. 영아기는 전체 인생주기에서 보면 매우 짧은 시기이지만 발달 속도가 매우 빠르고 결정적인 발달이 이루어지는 시기이다. 유아기는 언어발달이 폭발적으로 이루어지며 격렬한 신체활동과 주변 환경에 대한 탐구활동이 증가한다. 또한 사회규칙과 질서를 지킬 수 있게 되고 또래와 협동할 수 있게 된다. 여기에서는 신체, 언어, 사회, 정서, 인지 발달 부분의 주요 발달 특성과 보육에서의 유의점을 살펴보기로 한다.

1) 신체발달

영유아기의 신체 발달은 가장 급속도로 발달하는 영역으로 출생시 신생아의 키는 약 50cm, 몸무게는 약 3kg 정도이지만 1년이 지나면 약 1.5배 정도 증가하여 키는 75cm 정도, 몸무게는 10kg 정도에 이른다. 출생 시 머리 크기는 몸 전체의 1/4 정도이었다가 점차 작아져서 유아기부터는 성인 몸의 비율과 같게 된다. 신체발달은 신장과 체중의 발달 외에 감각, 대근육, 소근육 운동 발달을 포함하며 식사를 비롯한 건강생활 습관지도와 밀접한 관련이 있다.

(1) 감각발달

대부분 감각능력은 태내에서부터 발달하기 시작한다. 태어날 때 이미 어느 정도의 감각 기능은 작동되며, 태어나면서 청각, 미각, 후각, 촉각, 시각 등 5감각을 통해 다양한 자극을 받고 세상을 받아들이고 발달해 나간다. 영아의 청각, 미각, 후각, 그리고 촉각은 태어날 때 성인과 비슷한 수준이며 특히 미각과 후각은 다른 감각에 비해 더 발달되어 있다. 3일도 안 된 신생아도 엄마의 목소리와 타인의 목소리를 구분할 수 있고(DeCasper & Fifer, 1980), 4~5개월이 되면 소리가 나는 방향으로 고개를 돌리고 8~9개월이 되면 자신의 이름을 부를 때 반응하는 모습을 보이는 것을 볼 수 있다. 생후 1주 정도에 엄마와 낯선 여성의 젖 냄새를 구별하며 짠맛과 단맛을 구별해 낸다. 시각발달은 시각

정보를 관장하는 부분이 아직 충분히 발달하지 않았기 때문에 완전한 수준은 아니지만 6개월이 되면 성인의 수준과 유사한 수준으로 발달하게 되고 1년이 되면 눈과 손의 협응이 이루어져서 한 물체에 초점을 맞출 수 있게 된다. 감각 발달이 일어나는 영아기는 감각을 통해 세상을 알아가기 때문에 영유아의 5감각을 자극하는 활동은 발달을 자극하는 매우 중요한 환경이며 교육의 방법이다.

(2) 운동발달

영유아의 운동발달은 먼저 머리와 목을 가눌 수 있게 된 뒤 가슴과 등의 근육이 발달하면서 다리 근육이 제일 늦게 발달한다. 운동발달은 크게 기어 다니기, 서기, 걷기 등의 대근육 운동발달과 손 뻗기, 잡기 등의 소근육 운동 발달로 나뉜다.

대근육 운동발달은 머리, 어깨, 팔, 등, 배, 발을 조절하는 큰 근육과 연관되어 영아가 성장하면 자연적으로 발달하게 되지만 훈련과 반복적인 연습의 과정이 필요하다. 0, 1세 영아는 대근육 운동발달이 이루어지면서 머리를 들고, 머리를 돌리고, 기고, 앉고 걷는 것과 같은 여러 활동을 하게 된다. 만 2세경이 되면 잘 걷고 달리는 등 신체를 조절할 수 있는 능력이 생기면서 신체활동을 매우 즐거워한다. 만 3세경이 되면 자전거 타기, 공 던지기, 농구하기 등 운동놀이를 잘하게 되며 즐긴다.

영유아기는 대근육 운동발달이 급속도로 이루어지는 시기인 만큼 신체를 마음껏 움직일 수 있도록 실외나 실내에 안전한 환경을 제공하고 운동 능력을 반복적으로 시도해 볼 수 있도록 해주어야 한다.

소근육 운동은 손 뻗기, 잡기 등 손의 정교성과 눈과 손의 협응 능력을 말한다. 이것은 눈과 손의 협응으로 손 조작과 움직임을 정확히 구사하고, 여러 운동 능력들의 통합과 중추신경계의 성숙을 반영하는 지표이다. 소근육이 발달하면서 영유아는 손과 눈의 협응과 손가락 움직임의 정교성을 통해 점차 양손을 자유롭게 움직이고, 일상에서 스스로 원하는 활동을 할 수 있게 된다.

1세 영아는 잡기, 크레파스로 끼적이기, 종이 구기기, 구멍이 넣기 등의 활동을 하는 수준이나, 약 3세경이 되면 소근육이 점차 정교해지면서 자기 이름 쓰기, 그림 그리기, 블록 쌓기, 숟가락, 젓가락 사용 및 옷 입고 벗기, 종이 접기, 가위질 하기 등을 수행할 수 있게 된다.

활발한 신체활동은 몸을 건강하게 하고 정교하게 만든는 이상으로 뇌를 자극하여 인지발달을 촉진하게 된다. 또한 충분히 뛰고 달리고 움직이면서 욕구분출, 긍정적인 자신감, 성취감을 갖게 하며 또래와 함께 활동하므로 사회성과 정서발달을 촉진시킨다. 교사는 영유아가 충분히 움직이고, 도전할 수 있도록 안전하면서도 적절한 도전이 요구되는 환경을 마련해 주고, 자율적으로 움직이고 모험할 수 있도록 해야 한다. 이와 함께 그리기, 만들기, 바느질하기, 조작하기 등 소근육 운동이 자연스럽게 일어날 수 있는 환경을 제공해 주어야 한다.

(3) 건강생활 습관지도

신체발달이 잘 이루어지기 위해서는 식사, 배설, 수면 등 생리적 욕구의 충족과 건강한 생활이 습관화되어야 한다. 배변 훈련은 18~24개월경 방광과 괄약근 조절이 되는데 이때 지도한다. 영아의 배변훈련은 정서적 발달과 성격발달에 영향을 주기 때문에 배변을 언제 가리는가 하는 배변훈련 시기보다 배변훈련의 과정이 중요하다. 따라서 배변 실수에 대해 과민하게 반응하거나 지나치게 엄격하게 지도하지 말고 충분한 시간을 갖고 영아의 신체적 성숙과 심리적 상황을 고려하여 인내심을 갖고 즐거운 과정으로 지도하는 것이 중요하다.

또한 영유아기는 신체발달이 급격히 일어나는 시기이므로 영양 섭취가 중요하다. 어린이집에서는 균형 잡힌 영양과 다양한 맛을 경험할 수 있도록 식단을 계획하고 영유아의 치아 발달 상태, 소화능력, 기호나 식욕 등을 고려하여 식사 지도한다. 또한 식사습관이 형성되는 시기이므로 교사가 식사 시간에 즐거운 분위기를 조성하고 싫어하는 식재료는 직접 재배해 보고 요리해 보는 활동을 통해 자연스럽게 다양한 식재료를 접하고 먹어볼 수 있도록 한다.

영유아의 식습관은 영양뿐만 아니라 자기 조절력, 정서성과 같은 정서발달과도 밀접한 관련이 있다. 영유아의 식품의 선호 습관은 정서성에 영향력이 큰데, 그중에서 단음식, 상품화된 간식 등은 유아의 정서조절에 부정적인 영향을 미친다고 하였다(조유나, 최윤이, 2010). 따라서 매일 세끼를 규칙적으로 식사하기, 음식 골고루 먹기, 꼭꼭 씹어 먹기, 천천히 먹기, 과일, 야채 자주 먹기 등 균형 있는 식습관 형성과 사탕, 과자류 섭취에 대한 조절이 이루어질 수 있도록 지도한다.

치아관리 습관도 중요하다. 이가 나기 전에도 수유 후에 영아의 잇몸을 깨끗한 가제수건으로 닦아주고 치아가 2~4개 정도 나기 시작하면 영아용 칫솔을 이용하여 양치를 해주며 어금니가 나기 시작하면 유아용 칫솔을 이용한다. 교사는 개별 칫솔과 양치컵을 준비하도록 하여 점심식사 후에 규칙적으로 양치하는 습관을 들이도록 한다.

또한 충분한 수면은 영유아 신체 발달에 중요한 요소이다. 영유아기의 충분한 수면과 편안한 숙면은 영유아 건강을 유지하고 질병으로부터 감염을 막는 기본 조건이다. 건강한 수면은 뇌와 정신 및 신체의 건강한 발육에 중요한 영향을 미치며 수면이 방해되었을 때는 그 시기에 발육할 수 있는 부분의 장애(정미라, 권정윤, 박수경, 2011)가 일어날 수 있다. 또한 수면시간과 수면습관은 건강에는 물론 자기조절력 발달에 영향을 주게 되므로 유아기를 거쳐 성인기 이후의 성격과 습관형성과 밀접한 관련이 있다(조유나, 최윤이, 2010). 이처럼 수면과 수면습관은 발달에 기본적이고 중요한 요인임에도 불구하고 우리나라 영유아의 하루 평균 수면시간은 같은 또래의 서양 아이들과 비교하면 하루 1시간 이상 적었고, 평균 낮잠자는 시간도 40분 정도 적은 것으로 나타났다.

낮잠은 신체발달뿐만 아니라 정서적 안정과도 관련이 있다. 어린이집에서 교사는 수면 개인차를 고려하되 편안하게 낮잠을 잘 수 있도록 환경을 조성하고 지도하여야 한다.

2) 뇌발달

뇌에 대한 연구는 아동은 어떻게 배우고 발달하는지에 대한 이해를 돕는다. 최근 신경과학자들은 태내에서 뇌의 구조가 결정되어서 태어난다고 믿으며 결정된 구조는 사회와 상호작용과 경험을 통해 발달해 나간다고 주장하고 있다. 그러나 또 다른 연구에서는 뇌의 구조가 유전으로 결정되고 기본 뇌세포 수(뉴런)를 갖고 태어난다 할지라도 이것은 단지 틀(framwork)일 뿐이라고 말한다.

뇌는 뉴런과 시냅스로 구성되어 있고 태어날 때 이미 실제로 필요할 것보다 두 배 이상이며, 성인 뇌 크기의 3/4까지 자라게 된다(Tanner, 1990). 영아의 시냅스는 점차 경험을 통해 사용된 것은 강화되어 뇌의 영구적인 한 부분이 되고, 연결되지 않았던 것은 사라진다. 아동의 첫해 경험은 우리가 알고 있었던 것보다 뇌발달에 있어 더 결정적이며 만 2, 3세가 되면 뉴런과 시냅스의 발달은 최고조에 이르게 된다. 이 시기까지 집중, 이해, 기억, 운동기능 통제, 감정조절, 연계성, 언어 능력을 위한 뇌의 회로가 생성되며, 따라서 이 시기를 뇌발달의 민감기 또는 '결정적 시기(critical period)'라고 부른다. 즉 이 시기에 특정영역 뇌발달의 기회를 갖지 못하면 그 과제를 수행하는 데 할당된 뇌세포는 잘려 나가거나 다른 과제를 수행하는 새로운 뇌 회로가 생성되기 때문이다(Diamond & Hopson, 1998). 예를 들어 3세까지 시각 자극을 받지 못하면 영원히 앞을 못보게 될 수 있고 13세까지 아무 말을 듣지 못하면 그 사람은 언어를 배우지 못할 가능성이 크다.

영유아기는 감정과 본능이 가장 예민한 시기이며 감정과 신경발달은 양방향으로 이루어진다. 스트레스로 인해 감정에 문제가 생기면 신경발달 기능이 약화되고 약화된 기능은 논리적 사고 능력에 문제를 일으며 다시 감정을 혼란스럽게 한다(최혜순, 이미현, 김계중, 2016). 극심한 스트레스는 코르티졸이라는 스테로이드 호르몬을 생산하고, 이는 뇌세포를 죽이고 어떤 영역의 뇌세포 사이의 연결을 제거하기도 한다. 특히 해마체와 편도핵이 스트레스 호르몬에 취약하기 때문데 코르티졸을 생산하는 스트레스에 장기간 노출된 경험은 특히 학습과 기억을 관장하는 뇌의 수축으로 나타난다(Curtis & O'Hagan, 2003). 또한 전두엽의 발달에도 문제를 일으켜 사회정서적인 문제를 가져올 수 있다(최혜순 외, 2016).

반면에 영유아가 그들의 양육자와 안정된 애착 관계인 경우에는 코르티졸이 지속적으로 낮게 나타났고 그것은 그들의 학습에 긍정적 효과를 나타냈다(Curtis & O'Hagan, 2003).

영유아기의 뇌발달에 다양한 경험과 자극, 긍정적이고 안정된 관계 등은 뇌발달에 중요한 영향을 미치게 된다. 특히 영아는 감각자극과 감정반응이 중요한 시기이므로 영아의 신호와 요구에 민감하게 반응하고 이름을 부르며 즐거운 표정과 목소리로 대화하는 것이 뇌발달에 중요하다. 무엇보다도 스트레스가 높은 환경은 뇌발달에 치명적이므로 발달과 흥미를 고려하여 편안하고 즐거운 경험을 제공하고 성인의 필요에 따라 강제적으로 요구하고 억압하는 일이 없어야 한다.

3) 정서발달

영아기에 기쁨, 슬픔, 두려움, 공포 등의 기본 정서 외에 놀람, 의기양양, 질투심 등의 세부적인 정서가 분화되어 나타나며 특히 영아기의 정서는 기질적 특성에 따라 차이가 크다. 영유아는 욕구를 표현하고 환경을 인식하는 것이 모두 다른데 이를 기질이라는 용어로 표현한다. 기질적으로 까다로운 영아는 자신의 감정과 느낌을 강하게 표현하고 적극적으로 요구를 표현하지만 순한 영유아는 감정의 기복이나 표현이 강하지 않다. 교사들은 감정을 강하게 표현하는 영유아에게만 반응하지 않도록 전체 영아를 잘 관찰하고 세심하게 배려해야 한다. 또한 영유아의 이름을 자주 불러주고, 민감하게 반응해 주어야 한다.

만 2세경이 되면 타인의 상황과 감정을 공감하며 위로하는 행동을 보이고 3세경이 되면 자신보다 어린 영아를 보호하려는 행동을 보이기도 한다. 정서조절 능력은 만 2세경부터 발달하기 시작하여 유아기에 크게 증가하는데, 만 3세경에는 자신의 부정적 정서를 조절하거나(Cole, 1986), 언어를 이용하여 표현할 수 있게 된다.

만 3세 이후 유아는 다양한 정서가 나타나며 특히 질투심이 강하게 나타난다. 동생이 생겼을 때 동생을 돌보고 보호해야 한다는 것을 알지만 질투심 때문에 부모나 교사가 없을 때 동생을 꼬집거나 때리는 행동을 보이기도 한다.

영유아기는 타인의 상황이나 역할에 대한 이해가 아직 불가능한 시기이므로 개별적인 보살핌이 필요한 시기이다. 그럼에도 어린이집에서 집단적 보살핌을 받는 상황이므로 가정과 같은 환경, 편안한 환경은 물론 영유아 개개인의 기질적 특성을 고려하여 양육하고 개별적 정서적 특성과 표현을 존중해 주어야 한다.

4) 언어발달

건강한 아기는 태어나자마자 주변의 사람들과 눈을 맞출 수 있다. 이것은 의사소통의 시작이다. 신생아는 본능적으로 울음소리를 내는데 모두 다른 울음을 가지고 있다. 부모라 할지라도 처음에는 아기의 울음소리의 차이를 잘 구분하지 못하지만 몇 일 아기와 지내다 보면 불편해서 내는 울음인지, 어디가 아픈지, 배가 고픈지 울음소리를 듣고 알 수 있다. 즉 아기의 울음소리는 사회적인 언어는 아니지만 자신의 상태, 요구를 표현하는 사회적 관계의 신호이여 언어의 한 유형이라고 볼 수 있다.

신생아 초기는 불만족의 상태나 요구를 울음으로 표현한다면 2, 3개월이 지나면서 기분이 좋을 때나 만족할 때 이를 전달하는 발성이 나타나는데 이것이 쿠잉(cooing), 옹알이(babbling)이다.

이처럼 문화권에서 사용하는 언어를 구사하기 이전부터 공통적으로 울음을 통해 자신의 욕구를 표현하고 쿠잉과 옹알이의 과정을 거치면서 언어를 습득하게 되며 이 과정에는 개인차가 크게 나타난다. 대개 2개월경부터 쿠잉, 옹알이 등이 나타나는데, 이때 성인은 이러한 영아의 다양한 형태의 언어에 민감하게 반응하고 언어로 반응해줌으로써 언어발달을 보다 적극적으로 도와줄 수 있다.

또한 영아가 어떤 것을 가리키는 행동은 영아와 타인 간의 소통을 위한 주의를 끌기 위한 적극적 동작의 표현이다. 영아의 가리키기 행동은 주의를 끌어 사물에 대한 인식을 촉진하는 교수행동으로 활용될 수 있음과 동시에 의사소통의 기회로 작용함을 이해해야 한다(조인숙, 김현경. 2011). 영아가 벽에 기차 그림을 가리킬 때 "아, 그게 뭐냐고?. 기차야. 칙칙폭폭 소리내며 달리는 기차"라고 언어적으로 영아의 행동을 읽어주고 상호작용 해주는 것이 필요하다.

대개 18~20개월이 되면 어휘 수가 급속도로 증가하여 250개에서 300개 정도 단어는 이해할 수 있게 되고 두 단어를 결합하여(엄마, 쉬!, 우유, 저기) 전보식 문장으로 의사를 전달할 수 있게 된다. 또한 이 시기가 되면 사회적 상황에 대한 인지가 가능해지면서 사회적 상황에 따라 적절한 말(사과하기, 약속하기, 거짓말하기, 요청하기 등)을 효과적으로 구사할 수 있게 된다. 예를 들어 선반 위의 물건을 떨어뜨렸을 때 엄마의 목소리의 톤이나 속도에 따라 엄마가 지금 화가 났는지 여부를 판단하고 화가 난 엄마한테 안기면서 '미안해'라고 말하는 등 상황의 이해와 이에 적절하게 말을 구사한다.

약 3세경이 되면 3~4단어를 사용하여 완전한 문장을 갖추어서 말을 하기 시작한다. 어휘 수는 600여 개에서 5세경이 되면 2,000여 개까지 증가하며 성인이 사용하는 언어를 거의 흡사하게 사용할 수 있게 된다(이현섭 외, 2000).

영유아의 언어 발달은 부모, 교사, 친구 등과의 언어적 경험의 수준과 정도에 따라 달라진다. 교사는 영아가 쉽게 이해할 수 있도록 짧은 문장으로 말하고 정확한 발음으로 천천히 이야기해 주어야 한다. 또한 영아가 정확하지 않은 문장으로 말하여 무슨 말을 하는지 이해하기 어려운 부분이 있다 하더라도 영아의 말을 끝까지 들어주고 이해하려는 태도를 갖는다. 이러한 태도는 영아에게 존중받는다는 느낌을 전달할 수 있으며 훌륭한 듣기 태도의 모델링이 된다(유구종, 2007).

연구에 의하면 유아의 언어 발달을 자극하는 가정환경, 어머니의 자녀 양육 행동과 유아의 어휘 수와 문장의 길이와 관련있으며, 어머니가 사용하는 언어의 질적 수준과 유아의 언어 수준은 높은 상관관계를 보였다(이지영, 1974). 또한 언어 표현력과 조직력이 늦게 발달하는 유아는 어머니가 가정에서 제한된 어휘를 사용하였고, 언어로 표현하는 상황을 성인이 다시 일반화시키며 좀 더 구체적인 문장으로 설명하는 경우 유아의 언어 발달이 촉진되었다(조유나, 홍지은, 2010 재인용).

말하기뿐만 아니라 3세경이 되면 글자에 관심을 갖고 문자를 쓰려 하거나 써달라는 요구를 하게 된다. 유아의 현재 언어 능력을 고려하여 자연스러운 읽기, 쓰기가 이루어질 수 있도록 환경과 활동을 제공하고, 무엇보다도 교사의 평소 언어 사용을 통해 바람직한 언어모델을 보여주어야 한다.

>> 표 4-1 영아의 언어발달 과정

월령	언어발달의 특성
출생 직후	• 모든 언어에서 사용되는 언어를 구별함
2개월	• 'ㅇ'과 같은 모음으로 된 즐거운 듯한 목울림 소리를 냄
4개월 이후	• 성인과 영아가 함께 같은 곳에 주의를 집중하고 성인은 영아가 바라보는 것에 대한 이름을 말해주기도 함
6~8개월	• 목울림 소리에 자음이 더해지면서 옹알이를 하게 되고 같은 음절을 반복하는 것을 즐김 • 옹알이할 때 모국어에서 사용하는 음절을 많이 사용해서 반복함 • 점차 까꿍놀이 같은 간단한 놀이를 할 수 있음 • 모국어에서 사용되는 소리에 민감해짐
8~12개월	• 손가락으로 가리키기, 보여주기 등의 제스처를 사용함으로써 타인에게 영향력을 행사하고 의사소통의 수단으로 사용함 • 단어에 대한 이해를 하기 시작함 • 모국어에 있는 장단/고저에 민감해짐 • 모국어의 내부 구조(문법의 기초)를 인식하기 시작함
12개월	• 타인도 알아들을 수 있는 첫 단어를 사용함.
13~18개월	• 까꿍놀이 같은 번갈아하는 게임에 적극적으로 참여함으로써 의사소통의 패턴과 규칙을 익힘 • 과잉 축소 및 과잉 확장의 실수를 자주 범함
18~24개월	• 어휘가 급속히 증가해 50~200개의 단어를 사용함
20~26개월	• 2개의 단어를 결합하여 사용하는 단어 시기가 시작됨
26~36개월	• 어휘가 급속히 증가함 • 점차 모국어의 문법에 맞는 말을 하게 됨 • 점차 효율적인 의사소통 기술을 활용함

출처: 김희진, 김언아, 홍희란(2004)

5) 기억발달

기억은 우리의 경험을 사용하고 배우는 데 매우 중요한 부분이다. 기억은 정보를 저장해 두었다가 필요한 경우에 인출하여 사용하는 과정이다. 기억의 저장에는 정보 저장하는 시간에 따라 감각 기억, 단기기억, 장기기억으로 나눈다. 감각기억은 감각기관을 통해 들어온 모든 정보로 매우 짧은 기간 동안 정확하게 보유하고 사라진다. 단기기억은 감각 기억보다 단지 1, 2분 더 오랫동안 지속된다. 장기 기억은 저장의 용량이 크고 오랫동안 정보를 보유할 수 있는 것을 말한다.

아주 어린 영아는 자신이 말한 것, 활동한 것조차 기억하지 못하지만 5, 6세가 되면 성인의 80%까지 기억 용량이 급격하게 증가한다.

유아기는 기억 용량이 급격히 증가하는 시기이다. 그것은 연령이 증가하면서 생물학적 성숙뿐 아니라 학습이나 경험에 의해 정보를 빠르고 효율적으로 처리하게 하고 뇌의 저장 공간이 늘어나기 때문이다(정옥분, 2002).

기억은 어떠한 기억 전략을 사용하는가에 따라 효과성이 달라진다. 기억의 전략에는 외워야 할 정보를 되뇌는 시연(rehearsal), 어떠한 기준을 바탕으로 하위 목록으로 나누는 조직화(organization), 두 개 이상의 관련 없는 정보를 연합시키거나 이미지를 만들어서 기억하고자 하는 것이 정교화(elaboration)가 있다. 예를 들어 '고양이', '사자', '강아지', '곰', '펜더' 등을 기억하고자 할 때 이것을 반복해서 읽고, 말하고 하여 암기하는 방법은 시연, 집에서 사는 동물, 동물원에서 사는 동물로 범주를 나누어서 기억하는 것은 조직화이다. 정교화는 '고양이와 사자가 결혼했는데 강아지처럼 생긴 펜더곰 아기를 낳았구나 라고 기억해야 할 내용을 상황이나 그림을 그리는 방법으로 기억하는 방식이다.

기억 능력은 정보를 잘 저장하는 것뿐만 아니라 필요할 때마다 꺼내 쓸 수 있는 인출(retrieval) 능력이 함께 작용해야 한다. 아무리 많은 정보를 기억해도 필요할 때 정보를 인출하지 못한다면 쓸모 없는 내용이 된다.

인출 방법에는 재인(recognition)과 회상(recall)이 있다. 단서를 제시하고 이 정보가 이전에 경험했던 정보인지 여부를 판단하는 것이 재인(recognition)이고, 단서 없이 스스로 정보를 꺼내는 것이 회상(recall)이다. 일반적으로 재인 능력이 먼저 발달하지만, 회상 능력도 1세경부터 발달하기 시작한다. 연령이 증가할수록 장기 기억의 용량이 커지고, 기억 책략을 사용할 수 있게 되면서

화상 능력이 크게 향상된다.

친숙하지 않은 것보다 친숙한 정보를 접했을 때 더 쉽게 기억하고 흥미를 갖고 있을 때 더 잘 기억한다. 다양한 경험과 활동은 새로운 정보를 더 오랫동안 기억하도록 하는 데에 도움이 된다. 또 사물이나 경험 등을 언어로 표현했을 때 더 오래 기억한다. 따라서 교사는 즐거운 놀이와 다양한 경험을 제공하고 자신의 경험을 언어로 표현해 보도록 하고 기억 전략을 사용하도록 하는 활동은 기억 발달을 도울 수 있다.

6) 지능 및 창의성 발달

과거에는 지능을 오로지 스턴(Stern)이 고안한 IQ(Intelligence Quotient)로 인식해 왔으나 최근에는 지능을 학문적인 개념보다는 성취동기, 능력, 재능 등 다차원적, 포괄적인 개념으로 이해하게 되었다. 미국 교육심리학자인 가드너(Howard Gardner, 1943~)는 지능에 언어능력과 논리적 능력만을 측정하는 것을 반대하면서 다중지능 영역을 제시하였다. 지능을 언어지능, 논리수학지능, 음악지능, 신체지능, 자연친화지능, 공간지능, 대인관계지능, 개인이해지능 등 8개의 영역으로 구분하였는데 이는 누구나 갖고 있고, 개인마다 서로 다르게 조합되고 발현되기 때문에 수많은 종류의 천재가 나올 수 있다는 것이다. 따라서 다양한 교육 환경과 경험을 제공하고 영유아의 강점을 개발할 수 있도록 도와주고 지원해주는 교사와 부모의 역할이 중요하다.

지능과 마찬가지로 창의성 개념에 대한 정의도 다양하다. 창의성은 모든 인간에게 나타나는 보편적인 것으로 새로운 것을 창조하고 상상하는 능력이다. 이는 유전적 영향력도 있지만 교육에 의해 개발될 수 있는 인지적 능력으로 보고 있다.

창의성이 무엇인가에 대한 논란은 계속되고 있고 학자마다 다양한 정의를 내리고 있다. 그러나 분명한 것은 창의성도 지능과 분리할 수 없으며 지적 능력을 적용하는 하나의 양식이라는 점이다. 창의성의 접근에 대해 가드너(1983)는 지능을 적용하는 방법이라고 했으며 룬코와 알버트(1986)는 이것을 활동지능(intelligence in action)이라고 하였다(Arthur, 2004). 아서(2004)는 창의성과 지능을 기능, 능력, 기술, 사고과정, 바람직한 사고 특성 별로 비교하여 제시하였다. 지능은 이미 알려진 것을 획득하고 완성하는 것이라면 창의성은 새로운 방법을 개발하고 변경하는 것이고, 지능은 수렴적 사고와 기억의 기술을 통해 발휘되는 데 반해 창의성은 수렴적 사고와 확산적 사고를 통해 문제해결력과 함께 상상력이 발휘하는 부분에서 차이가 있다.

창의성은 훈련이나 교육을 통해 신장될 수 있다(Torrance, 1973). 표준보육과정에서는 육성해야 할 인간상 중에 '창의적인 사람'을 포함하고 있다. 보육교사는 영유아의 개인차를 인정하고 다양한 창의적 경험을 할 수 있도록 환경구성과 활동의 기회를 제공해야 한다. 또한 교사는 영유아의 활동에 긍정적으로 상호작용하여 자신감을 갖고 탐구하고 자유롭게 사고할 수 있도록 지도할 때 창의적 역량이 발휘될 수 있을 것이다.

>> 표 4-2 지능과 창의성의 비교

심리영역	지능	창의성
기능	• 사실적 지식 획득 • 이미 알려진 것 완성	• 새로운 방법 개발 • 이미 알려진 것 변경
능력	• 외상 • 문제해결	• 상상 • 문제해결
기술	• 수렴적 사고 • 기억	• 확산적 사고 • 비판적 사고
사고과정	• 알려진 것 회상 • 친숙한 것 재인 • 기술 재적용	• 발견 • 관련 없는 영역 연결 • 확장
바람직함 사고 특성	• 논리 • 정확성 • 속도	• 참신성 • 놀라움 • 다양성

출처: Arthur J. Cropley(2004)

7) 사회성 발달

인간은 혼자서 발달할 수 없다. 태어나면서부터 부모나 주 양육자와의 관계 속에서 발달해 나간다. 수유를 하거나, 씻기고, 기저귀를 가는 일상적 보살핌 안에서 눈과, 피부, 목소리 등으로 계속 상호작용하며 사회적 관계를 형성해 나간다.

0세 시기에는 양육자의 온전한 보살핌 안에서 주 양육자와 신뢰적, 애정적 관계를 형성하게 되는데 이를 애착이라고 한다. 애착의 발달은 0세를 결정적 시기라 해도 과언이 아니며, 이 시기의 애착 발달은 이후 자기 인식에 밀접한 영향을 미치고 성격발달과 사회성 발달에 연결된다. 따라서 보육교사와의 안정적 애착 형성은 영아의 이후 발달에 매우 중요하므로 보육교사는 영유아의 기질적 특성에 맞게 민감하고 긴밀하게 상호작용하여 안정애착을 형성하여야 한다.

영아는 또래와 노는 것을 좋아한다. 대개 12개월이 되면 친사회적 행동이 나타나기 시작하고 성인의 요구에 따르는 행동이 나타나게 되지만 놀잇감을 양보하거나 순서를 기다리는 행동은 어렵다. 따라서 0, 1세 교실은 같은 종류의 놀잇감을 여러 개 준비하여 다툼이 일어나지 않도록 환경을 제공하여야 한다.

영아는 여러 부분에서 자신의 욕구 충족을 미루고 만족을 지연해야 하는 상황을 접하게 된다. 던지고 싶지만 장난감이 깨질 수 있고 친구가 맞으면 다칠 수 있으므로 교실에서는 물건을 던지지 않아야 하고 친구가 놀고 있는 자동차를 갖고 놀고 싶지만 기다려야 한다. 사회, 인지, 언어발달과 함께 개인적, 사회적 상황에 따라 신체욕구와 감정, 의지를 조절해야 하는 자기조절력(self-regulation)이 발달하게 된다. 자기조절력이 발달한 유아의 경우 이후 신중하고, 주의집중력이 있고, 분별력이 있으며, 협동적이고, 유능하다고 하는 평가를 받는 긍정적 성격 특징을 갖는 것으로 나타났다(Wulfert, Block, Ana, Rodriguez & Colsman, 2002). 이처럼 유아기의 자기조절력 발달은 장기적인 발달의 기초가 되며 성인기의 성공을 예측하는 능력으로도 불리고 있다.

3세 이후 유아는 타인에 대한 감정 이입과 타인을 이해는 능력이 발달하기 시작하면서 유아는 또래와 함께 놀이하는 것을 즐거워한다. 반면 또래 간의 다툼이나 따돌림 등 정서적 갈등도 빈번하게 일어난다. 정서적 갈등 상황에 대한 교사의 대처는 유아의 자존감과 문제해결력, 사회적 능력 발달에 중요한 영향을 미치게 된다. 자신을 둘러싼 관계 속에서의 경험을 통해 유아는 자아개념이 형성되고 자아 존중감이 발달하게 되며, 이는 이후 유아의 행복과 삶의 질에도 영향을 미치게 된다.

따라서 교사는 유아의 행동을 지도할 때 긍정적인 언어유형을 사용하고 이타행동에 대한 바람직한 모델이 되어 자연스럽게 긍정적인 사회성을 발달시킬 수 있도록 해야 한다.

8) 발달에 적합한 영유아보육

영유아에게 제공되는 경험은 그들의 발달적 능력과 흥미에 적합해야 한다. NASEYC(1984)는 발달에 적합한 실제(DAP: Developmentally Appropriate Practice)를 발표하고 영유아에게 바람직한 교육과 보살핌의 기준을 제시하였다. 발달에 적합한 보육이란 영유아가 가진 흥미와 능력, 학습 방법, 발달 단계 및 생활 환경의 개인차를 인정하여 영유아의 발달적 욕구에 따라 자율적으로 과제를 선택하고 능동적으로 주변 환경을 탐색하도록 도와주고자 하는 것이다(박찬옥, 2014).

보육교사는 영유아 발달에 적합한 보육을 실행할 때 다음의 점을 고려해야 한다.

첫째, 영유아 발달에 대한 지식을 충분히 이해한다.

둘째, 영유아의 개별적 특성과 특별한 요구, 흥미에 대해 조사하고 관찰하여 이를 근거한다.

셋째, 영유아에 대한 전반적 이해와 흥미, 요구에 적합한 환경과 학습 경험을 계획하고 제공할 수 있다.

넷째, 신체, 사회, 정서, 언어, 인지 등 모든 영유아의 발달영역을 통합하여 일어날 수 있도록 접근한다.

다섯째, 영유아가 능동적으로 주변 환경을 탐색하고 성인, 또래, 놀잇감과 적극적으로 상호작용할 수 있도록 풍부한 환경을 제공한다.

여섯째, 영유아의 존중하고 영유아의 실제 수준에서 출발하여 확장할 수 있도록 지도하며, 긍정적으로 상호작용한다.

제 5 장

보육교직원 자격과 역할

영유아를 담당하는 보육교직원은 단순히 영유아를 보호하는 수동적인 역할뿐만 아니라, 영유아의 성장발달을 촉진함으로써 평생의 기초를 다지는 데 지대한 영향을 미치게 된다. 즉 보육교직원은 영유아의 학습과 발달에 중요한 영향을 주고 교육의 질을 결정하는 중요한 요인이다. 따라서 이 시기에 보육교직원의 역할은 그 어느 시기보다 중요하다고 할 수 있다. 본 장에서는 이러한 보육교직원의 정의와 자질 및 역할에 대해 살펴보고자 한다.

1. 보육교직원의 정의

「영유아보육법」(2007) 제1장 2조 제5항에 의하면 "보육교직원이란 어린이집 영유아의 보육, 건강관리 및 보호자와의 상담, 그 밖에 어린이집의 관리·운영 등의 업무를 담당하는 자로서 어린이집의 원장 및 보육교사와 그 밖의 직원을 말한다."고 밝히고 있다. 따라서 보육교직원이란 영유아의 보육에 관계되는 모든 사람들을 의미하며 보육교직원의 자격은 「영유아보육법」 관련 법적 근거하에서 정당성을 인정받을 수 있는 직원의 신분을 의미한다. 한편 「영유아보육법 시행규칙」에 의하면 어린이집에는 어린이집의 규모와 특성에 따라 영양사, 간호사, 사회복지사, 사무원, 관리인, 운전기사, 치료사 등의 보육교직원을 둘 수 있도록 되어 있다.

2. 보육교사의 자질

자질은 그 사회의 가치관과 문화적 특성, 사회적 판단 등에 따라 정의가 달라질 수 있다. 교육학 용어사전(서울대학교 교육연구소, 1998)을 살펴보면, 전통적으로 교사에게는 성(誠)이나 경(敬)과 같은 인격적 조건이 크게 강조되어 왔다. 이는 교육이 인격적 완성을 크게 강조하던 시대의 유산이라 하겠다. 오늘날에는 학교교육의 수준에 따라 다소 다른 교사의 자질이 요구되고 있다. 저급학년에 이를수록 어머니와 같은 인자함과 아버지와 같은 엄격함을 고루 갖추면서 아동을 가장 잘 가르칠 수 있는 것이 요구된다. 그러나 점차 학년이 높아짐에 따라 인격적인 통합과 아울러 지식과 기술의 수준이 높아지는 것이 필요하다. 교사 양성교육의 기본 목적은 교사 자질을 키우는 데 집중되어야 함은 말할 것도 없다."라고 하여 교사가 갖추어야 할 기본적 자질이 시대와 대상에 따라 강조점이 달라질 수 있음을 강조하였다(조혜경, 구경선, 곽혜경, 2017).

보육교직원은 영유아를 대상으로 보호와 교육을 실시하고 있으며 영유아와 밀접한 관계를 맺고 있으므로 그들의 자질은 영유기의 삶에 지대한 영향을 미친다. 또한 보육의 질은 그 역할을 효과적으로 수행할 수 있는 자질과 직결되어 있으므로 그 중요성은 아무리 강조해도 지나치지 않다. 본 장에서는 보육교사, 어린이집 원장으로 나누어 자질을 살펴보도록 하겠다.

1) 보육교사

(1) 개인적 자질[1)]

① 신체적 건강

영유아를 대상으로 보호와 교육을 하는 보육교사는 무엇보다 신체활동이 많이 요구된다. 영유아의 안전을 지키려면 끊임없이 몸을 움직여야 하고 오랜 시간 서 있어야 하며 영유아의 눈높이에 맞게 키를 낮추어야 한다. 신체적 건

1) 이순형 외(2015)를 참고하여 정리하였음을 밝힘.

강은 교사의 정서적 상태와 스트레스에 영향을 주므로 영유아의 교육에서 중심이 되는 상호작용에도 직접적인 관련이 있다. 뿐만 아니라 영유아의 발달특성상 담임교사가 아닌 대체교사를 낯설어하기 쉽고 영유아 개개인의 상태를 전달하기도 어려워 보육교사가 질병에 걸리더라도 병가를 내고 쉬거나 병원을 다녀올 시간을 내기조차 어렵다. 따라서 보육교사의 신체적 건강은 무엇보다 필수적인 자질이라 할 수 있다.

② 정신적 건강

영유아기의 안정애착 형성은 이후의 삶에 미치는 영향이 크고 이 시기의 영유아의 부모나 교사와의 상호작용을 통해 세상에 대한 신뢰감을 획득한다. 따라서 가정을 떠나 어린이집과 또래에 적응해야 하는 영유아가 하루 종일 함께 시간을 보내며 마음을 주고받는 사람이 보육교사임을 감안할 때, 심리적·정신적으로 불안정한 교사는 영유아의 발달에 부정적인 영향을 미칠 수 있다. 또한 교사가 스스로 자기조절을 하지 못하거나 불안·우울 성향이 높다면 교사의 분노나 우울은 고스란히 영유아에게 전해진다. 따라서 보육교사의 정신적 건강은 신체적 건강과 더불어 필수적인 자질이라 할 수 있다.

③ 바른 인성적 특성

사람을 대하는 직접은 직업상 늘 만나야 하는 상대방에 대한 애정이 없다면 피곤을 느끼기 쉽다. 하루 종일 영유아들에게 둘러싸여 지내는 보육교사가 그들에 대한 사랑이 없다면 보호와 교육을 수행할 수 없을 것이다. 보육교사가 영유아에 대한 애정이 있을 때 보람을 느낄 수 있고 이 기쁨을 아는 교사만이 보육교사의 직무를 오랫동안 수행할 수 있다. 영유아의 성장과 발달을 위한 보육교사의 노력은 영유아에 대한 애정에 그 근거를 두고 있다.

바른 인성은 정신적, 심리적 건강이 기본이 되어야 한다. 영유아는 매우 연약하고 의존적인 존재이며 성인의 보살핌이 전적으로 필요하다는 점 때문에 힘으로 제압하거나 통솔하려는 태도는 학대로 이어지게 된다. 바른 인성을 토대로 교사의 말과 행동 자체로 영유아의 모델링이 되고 좋은 환경이 될 수 있도록 해야 한다.

④ 소통과 관계능력

보육교사는 어린이집에서 영유아뿐만 아니라 원장, 동료교사 및 기타 보육교직원과의 관계를 형성하며 영유아의 부모와도 의사소통이 필요하다. 이때 보육교사의 인간관계가 원만해야 의사소통이 잘 이루어질 수 있으며 원만한 의사소통은 성공적인 보육과 관련이 있다. 영유아의 감정과 표현에 민감해야 하고 상황에 적합하게 상호작용해 주어야 한다. 영유아교육은 교사의 바른 상호작용을 통해 이루어질 뿐만 아니라 부모와의 소통을 원활하게 하여야만 안정적이고 바람직한 교육이 이루어진다. 이를 위해서는 영유아와의 상호작용 기술, 부모와의 의사소통 기술 등 소통과 관계 능력이 있어야 한다.

(2) 전문적 자질

① 영유아발달에 대한 지식

교사는 영유아의 발달에 대한 전문적인 지식을 갖추어야 한다. 영유아 발달에 대한 이론적 지식은 보육활동 계획의 기초가 되며, 영유아와의 발달을 촉진하는 상호작용의 기초가 된다. 따라서 보육교사는 영유아의 발달에 대한 전문적인 지식을 갖추도록 한다.

② 보육활동에 대한 지식

교수자로서 교사는 보육과정 계획자, 교수 수행자, 관찰·기록 및 평가자의 역할을 수행하게 된다. 이러한 역할을 수행하기 위하여 교사는 보육과정을 계획하는 능력과 보육활동을 조직하고 적절한 교수 방법을 통해 보육활동을 수행하는 능력이 필요하다. 또한 효과적으로 교재 및 교구를 제작하고 활용할 수 있는 능력을 갖추고 있어야 한다(김경회 외, 2006).

③ 보육교사로서의 직업의식

영유아를 보육하는 것은 미래사회의 구성원을 보호, 양육, 교육하는 중요한 일이므로 자신의 일에 대한 사명감을 가지고 매 순간 최선을 다해야 한다. 또한 스스로 전문가로서 전문성을 향상시킬 수 있도록 지속적인 연수기회를 갖고, 스스로 장학을 통해 발전하도록 하며 교사로서 윤리의식을 갖추고 있어야 한다. 교사의 윤리의식은 영유아의 가치관 형성에 영향을 미친다는 점을 명심해야 하고, 영유아가 올바른 가치관을 습득할 수 있도록 본보기가 되어야 한다.

2) 어린이집 원장

보육시설의 총체적인 관리·감독의 역할을 하는 원장의 자질과 능력은 보육시설의 질을 결정하는 중요한 요인 중 하나이다. 위에서 살펴본 원장의 임무와 역할을 수행하기 위하여 요구되는 자질로 임재택(1998)은 교육철학을 갖춰야 하고, 지역사회의 봉사자로서의 자질, 원만한 인간관계 능력, 그리고 민주적이고 합리적인 의사결정 능력 등을 지녀야 한다고 하였다. 일반적으로 원장에게 요구되는 자질은 올바른 아동관과 보육에 대한 철학, 시설운영에 대한 행정능력과 관리기술, 원만한 인간관계, 민주적 의사결정 능력을 들 수 있다(이순형 외, 2005; 조혜경 외, 2006). 구체적으로 살펴보면 다음과 같다.

① 원장은 올바른 아동관과 확고한 보육철학을 지녀야 한다. 시설장의 아동관과 보육철학은 관리·감독자로서 시설장이 내리는 의사결정의 근간을 이루게 되며, 장기적으로 해당 보육시설의 운영방향을 결정하게 된다.

② 원장은 보육시설의 운영을 위한 행정능력과 관리기술을 갖춰야 한다. 시설장은 종사자 관리, 재정관리, 사무관리, 실내·외 환경관리 등 운영을 위한 총체적인 관리자로서 관리기술을 갖춰야 한다. 그리고 보육시설을 운영하기 위한 관련 정책 및 법규 지식을 기본으로 시설을 운영하는 행정적인 능력을 갖춰야 한다.

③ 원장은 원외활동을 책임지면서 다양한 외부 인사와 만나야 하고, 시설 내부의 다양한 구성원과 협력해야 하기 때문에 원만한 인간관계를 형성할 수 있어야 한다.

④ 원장은 보육시설을 운영하면서 수많은 의사결정을 내려야 한다. 이때 올바른 의사결정을 위해 관련자들의 의견을 존중하고 수렴하여 현명한 의사결정을 해야 한다.

위와 같이 원장에게 요구되는 자질을 갖추기 위하여 원장은 끊임없이 노력하고 항상 종사자 및 영유아를 존중하는 자세를 잃지 말아야 한다.

3. 보육교직원의 역할

역할이란 특정 지위에 있는 사람에게 사회에서 기대되는 것으로 그 책임을 맡은 사람이 스스로 인식하고 사회구성원들이 인정하는 것이다. 따라서 보육교직원에게 기대되는 역할은 사회구성원들이 가지고 있는 요구, 가치관, 아동관, 교육관에 따라 달라지며 교직원이 속한 기관 안에서의 지위나 담당하는 영유아의 연령에 따라서 기대되는 역할이 달라질 수 있다(박은혜, 2013). 이러한 보육교직원의 역할은 영유아의 보호 및 교육이라는 보육의 목적을 이루기 위해서는 무엇보다도 중요하다.

1) 보육교사의 일반적인 역할

보육교사는 어린이집에서 하루 종일 생활하는 영유아를 위해 크게 양육자와 교육자로서의 역할을 수행하게 된다.

(1) 양육자로서의 역할

어린이집에서 오랜 시간을 보내는 영유아들에게 보육교사는 영유아의 생존을 위한 조건으로 안전하고 쾌적한 환경을 제공하고 그들을 돌보아야 한다. 영유 보육교사는 기저귀 갈기, 식사, 낮잠과 같은 영아의 생리적 욕구를 충족시켜 주어야 한다. 또한 발달 특성상 운동기술은 미숙하나 호기심이 왕성하여 안전사고를 유발할 수 있으므로 영아의 안전에 유의하면서 그들이 탐색을 즐길 수 있도록 안전하고 다양한 환경을 제공하여야 한다. 또한 이 시기는 사회성의 기초가 되는 애착이 형성되는 시기이므로 교사는 안정된 애착이 형성될 수 있도록 노력해야 한다. 유아도 성인의 안전하고 따뜻한 보살핌을 통해 안정적 정서와 성격을 형성해 나간다.

(2) 교수자로서의 역할

보육교사는 단순히 보호의 차원에서 벗어나 교육을 해야 하기 때문에 표준보육과정의 목표와 지침을 정확하게 인지하고 프로그램을 계획하고 조직하며 실행하고 평가하는 일련의 과정을 수행해야 한다. 이 과정에서 영유의 신체리듬과 개인적 요구를 고려한 일과를 구성해야 하며 다양한 체험과 학습 경험을 제공해야 한다.

보육교사는 신체발달, 인지발달, 개념 획득 및 인지발달, 창의성 발달 등 영유아기의 발달과업을 완수할 수 있도록 자료를 풍부하게 제공하고 상호작용을 통해 사고와 능력을 발달시켜 주어야 한다.

대개 영아 교사는 보살피는 역할, 유아 교사는 교수자의 역할로 나누어 설명하고 있으나 영아교사나 유아교사 모두 교수자로서의 전문성이 요구되며 다음의 역할을 수행해야 한다.

① 관찰자 및 기록자의 역할

보육교사는 지속적으로 변화하는 영유아의 욕구와 특성을 파악하여 즉각적으로 반응하고 보육교정, 교수전략, 프로그램을 계획하여 부모와 정보를 공유하고 보육활동을 평가하기 위해 모든 활동을 기록지에 포괄적이고 상세하게 기록해야 한다.

② 계획자의 역할

보육교사는 연간, 월간, 주간, 일일보육계획을 수립하고 각 보육활동에 대해서 구체적인 계획까지 수립하는 계획자의 역할을 수행해야 한다. 이때 영유아의 연령, 발달적 요구, 흥미 등을 고려한 보육계획의 수립이 필수적이다.

③ 촉진자의 역할

영유아의 모든 행동을 격려하고 반응하며 발달단계에 맞게 상호작용함으로써 학습을 돕고 촉진시키는 역할을 해야 한다. 또한 영유아에게 흥미와 동기를 유발하고 적절한 질문을 통해 영유아가 스스로 문제를 해결해갈 수 있도록 지원해야 한다.

④ 안내자의 역할

안정된 분위기에서 자신의 생각이나 느낌을 자유롭게 표현하며 자신감 있고 즐겁게 참여하도록 안내자의 역할을 해야 한다. 또한 영유아의 노력과 성취에 대해 인정하고 칭찬·격려를 해주는 역할을 수행하여야 한다.

⑤ 평가자의 역할

보육의 질적 개선과 영유아의 발달 촉진을 도모하기 위해 평가자로서의 역할을 수행해야 한다. 보육교사는 영유아가 활동에 참여한 기록물이나 결과물들을 체계적으로 수집하여 다양한 방법으로 평가함으로써 일정 기간 동안 일어난 영유아의 발달 또는 진보를 정확하게 평가할 수 있다. 영유아에게도 이러한 결과물을 통해 스스로 자신을 판단해 볼 수 있는 기회를 제공할 수 있다.

2) 영유아 발달 특성에 따른 교사의 역할

보육교사로서 공통적으로 요구되는 역할과 함께 영유아의 발달특성에 따라 특별히 요구되는 역할이 있다. 따라서 영아와 유아로 나누어 보육교사의 역할을 고찰해보기로 한다.

(1) 영아담당 보육교사

영아기는 전 생애에서 가장 급격한 신체적 발달이 이루어지는 시기로 이 시기를 담당하는 교사의 역할은 매우 중요하다. 영아교사의 역할을 정리하면 영아 개개인과 신뢰와 존중의 상호작용을 함으로써 영아에게 심리적 안정감 주기, 영아에게 알맞은 영양공급과 개인위생에 철저하기, 영아를 위해 안전한 환경 구성하기, 영아의 신체리듬과 개인적 요구를 고려한 일과 구성하기, 부모와의 상호작용을 통해 영아에 대한 정보를 얻을 뿐 아니라 부모 교육하기 등이 있다. 영아교사의 역할은 영아교사의 직무를 분석해 보면 보다 분명히 알 수 있다. 영아교사의 직무를 정리하면 〈표 5-1〉과 같다.

영아교사에게 더 강조되는 역할은 안전과 건강을 보장하는 역할, 신뢰감 형성을 도와주는 역할, 놀이의 참여를 돕는 역할, 일상생활을 돕는 역할로 나누어 볼 수 있다(양옥승 외, 2015).

첫째, 영아의 안전과 건강을 보장하는 역할
둘째, 신뢰감 형성을 도와주는 역할
셋째, 함께 놀이하는 역할
넷째, 일상생활을 돕는 역할

표 5-1 영아교사의 직무

연구자	영아교사의 직무
조혜경 (2001)	배변과 기저귀 갈이, 놀이활동, 산책하기, 영아 문제행동지도, 영아놀이지도, 영아 음악 및 율동, 영아 응급상황과 돌발사고에 대한 대처, 부모와의 상호작용
이명순, 이영미 (2006)	영아 개개인과 신뢰와 존중의 상호작용을 함으로써 영아에게 심리적 안정감 주기, 영아에게 알맞은 영양공급과 개인위생에 철저하기, 영아를 위해 안전한 환경 구성하기, 영아의 신체리듬과 개인적 요구를 고려한 일과 구성하기, 부모와의 상호작용을 통해 영아에 대한 정보를 얻을 뿐 아니라 부모 교육하기
조성연, 강재희 (2007)	등원 지도하기, 식사 전후 청결 지도하기, 바르게 인사하기 지도하기, 낮잠 및 휴식 지도하기, 안전 지도하기, 영아의 요구에 반응하기, 식사 도와주기, 식습관 지도하기, 귀가 지도하기, 배변 처리돕기, 영아 간 상호작용 격려하기, 바른 언어사용 지도하기, 놀잇감 정리정돈 지도하기, 개별적으로 ㅇㅇ와 긍정적 상호작용하기, 친사회적 행동 격려하기, 적응 지도하기, 정서적 안정 돕기, 배변 관련 상호작용하기, 갈등상황 개입하기, 놀잇감 사용 지도하기, 영아 씻기기, 실내놀이 지도하기, 일일보고서 확인하고 작성하기, 문제행동 지도하기, 영아의 자율성 격려하기, 자기 물건 정리 지도하기, 발달 수준에 맞는 개별 지도하기, 대소집단 활동 운영하기, 부정적 정서 수용해 주기, 전이활동하기, 실외놀이 지도하기, 현장학습 지도하기
이미화, 민정원, 엄지원, 윤지연 (2013)	안전한 생활습관, 신체운동, 바른 언어생활과 의사소통, 또래 및 사회관계, 음악과 미술을 통한 예술경험, 수학적 과학적 탐색, 균형 있는 급 · 간식 제공, 놀이 중심의 활동 구성, 특별활동 프로그램 구성, 충분한 휴식, 청결과 위생

출처: 조혜경 외(2017)

[어린이집 원장 및 보육교사 윤리강령]

서 문

보육은 영유아를 건강하게 양육하고, 안전하게 보호하며, 발달 특성에 적합한 교육을 제공하는 복지 서비스이며, 보육인은 사랑과 존중과 전문지식을 바탕으로 영유아의 전인적 성장에 영향을 미치는 전문직업인이다. 그러므로 보육인은 윤리적 의식과 태도를 가지고 사회적 본분에 임해야 한다.

이에 어린이집 원장과 보육교사는 스스로 책무성을 발현하여 윤리강령을 제정함을 밝힌다. 본 강령을 직무수행의 규준으로 삼아, 보육현장에서 발생하는 윤리적 갈등을 해결하고, 생존권 · 보호권 · 발달권 · 참여권 등 영유아의 권리를 보장함으로써, 직무상의 윤리적 책임을 다하여 전문직업인으로서의 위상을 공고히 하고자 한다.

더불어 영유아와 그 가정, 동료와 사회의 존엄성을 존중하는 보육의 실천으로 다각적인 신뢰를 구축하고, 영유아의 잠재력을 최대한 발휘시킴으로써 영유아가 긍정적인 자아 개념을 형성하고 유능한 사회인으로 성장할 수 있도록 도와 궁극적으로는 영유아와 그 가정, 동료와 사회의 통합적 · 이상적 복지 실현에 기여하고자 한다.

제 I 장. 영유아에 대한 윤리

1. 영유아에게 고른 영양과 충분한 휴식을 제공하여, 몸과 마음이 건강한 사람으로 자라도록 돕는다.
2. 성별, 지역, 종교, 인종, 장애 등 어떤 이유에서도 영유아를 차별하지 않고 공평한 기회를 제공한다.
3. 영유아는 다치기 쉬운 존재임을 인식하여 항상 안전하게 보호한다.
4. 영유아에 대한 정서적 · 언어적 · 신체적 학대를 행하지 않는다.
5. 어린이집 내외에서의 영유아 학대나 방임을 민감하게 관찰하며, 필요한 경우 관련 기관('아동보호전문기관' 등)에 보고하고 조치를 취한다.
6. 영유아의 인격을 존중하고, 개인의 잠재력과 개성을 인정한다.
7. 개별적 상호작용 속에서 영유아의 요구를 수용하기 위해 노력한다.
8. 영유아의 사회 · 정서 · 인지 · 신체 발달을 통합적으로 지원하는 보육 프로그램을 실시한다.
9. 특별한 도움을 필요로 하는 경우, 전문가와 협력하여 영유아의 입장에서 최선의 대안을 찾는다.
10. 보육활동을 계획 · 실행 · 평가하는 모든 과정에 영유아의 흥미와 의사를 반영한다.
11. 영유아의 개인적 기록과 정보에 대해 비밀을 보장한다.

제 II 장. 가정에 대한 윤리

1. 상호 신뢰를 바탕으로 영유아의 가정과 동반자적인 관계를 유지한다.
2. 각 가정의 양육가치와 의사결정을 존중한다.
3. 경제적 수준, 가족 형태, 지역, 문화, 관습, 종교, 언어 등 어떤 것에 의해서도 영유아의 가정을 차별

대우하지 않는다.

4. 보육활동 및 발달 상황에 관한 정보를 정확하게 제공하여 영유아에 대한 가정의 이해를 돕는다. 다문화, 심신장애 등으로 의사소통에 도움이 필요한 경우 문제를 해결할 최선의 방법을 도모한다.
5. 시설 운영에 관한 정보를 공개하여 영유아 가정의 알 권리에 응한다.
6. 보육 프로그램과 주요 의사결정에 영유아의 가정이 참여하도록 안내한다.
7. 필요한 사회적 지원, 전문 서비스 등 관련 정보를 제공하여 영유아 가정의 복리 증진을 돕는다.
8. 영유아 가정의 사생활을 보호하고 익명성을 보장한다.

제Ⅲ장. 동료에 대한 윤리

[어린이집 원장]

1. 최상의 보육 서비스 제공에 필요한 인적 · 물적 환경의 조성 및 유지를 위해 노력한다.
2. 보육교사를 신뢰하고 존중하며 전문성과 자율성을 인정한다.
3. 성별, 학연, 지연, 인종, 종교 등에 따라 보육교사를 차별하지 않는다.
4. 업무 관련 의사결정이 필요한 경우, 보육교사의 의견 개진 기회를 보장한다.
5. 보육교사에게 지속적 재교육 등 전문적 역량 제고의 기회를 부여한다.
6. 보육교사에게 적정 수준의 보상(보험, 급여 등)을 안정적으로 제공하며, 복지 증진에 힘쓴다.
7. 보육교사 개인의 기록과 정보에 대한 비밀을 보장한다.

[보육교사]

1. 존중과 신뢰를 바탕으로 협력하며, 서로의 전문성과 자율성을 인정한다.
2. 상호 간 역량 계발과 복지 증진에 부합하는 근무 환경이 되도록 힘쓴다.
3. 어린이집 원장 및 동료와 영유아 보육에 대한 신념을 공유한다.
4. 보육교사로서의 전문성 향상을 위해 스스로 노력한다.
5. 어린이집 내에서 영유아 및 보육교사의 인권과 복지를 위협하는 비윤리적 사태가 발생한 경우, 법률규정이나 윤리기준('한국보육시설연합회 윤리강령위원회' 참조)에 따라 조치를 취한다.

제Ⅳ장. 사회에 대한 윤리

1. 공보육에 대한 책임을 인식하고 항상 질 좋은 보육 서비스를 제공한다.
2. 영유아의 안전을 위협하는 환경이나 정책이 발견될 시, 관계기관과 협의하여 개선한다.
3. 공적 책임이 있는 어린이집으로서 재정의 투명성을 유지하고 부정한 방법으로 사적 이익을 취하지 않는다.
4. 영유아의 권익보호를 위해 관련 정책 결정 및 법률 제정에 적극 참여하며, 사회적으로 이를 널리 알리는 데 앞장선다.
5. 지역사회 실정에 맞는 어린이집의 책임과 역할을 인지하고, 실천하고자 노력한다.

출처: 중앙보육지원센터 홈페이지(https://central.childcare.go.kr).

(2) 유아담당 보육교사

유아반 교사는 영아반 교사와 마찬가지로 유아의 안전과 건강을 보장하고 유아와의 신뢰감 형성, 놀이 촉진 및 참여, 일상생활 지원 등의 역할을 수행해야 한다. 그런데 유아기에는 자아개념이 발달하고 자아존중감이 형성되며 자신과 주변 환경에 대하여 호기심이 왕성한 시기이다. 유아담당 보육교사의 역할은 유아가 자신의 잠재력을 스스로 발휘하고 자신의 성장과 발달에서 주도적인 역할을 하도록 지원해야 한다(염지숙 외, 2013). 또한 여러 통합 활동을 계획하여 가르치는 교수학습을 위해 더욱 노력해야 한다. 유아가 주도적이고 능동적인 학습이 이루어질 수 있도록 탐색·탐구할 수 있는 환경을 제시하고 교수 학습 내용을 제시하며, 이 과정에서 유아의 동기유발과 발전이 이루어질 수 있는 상호작용과 질문 기법 등을 알고 사용할 수 있어야 한다.

4. 보육교직원의 자격

어린이집 원장 및 보육교사의 자격검정과 자격증 발급·재발급에 관한 업무는 한국 보육진흥원에서 수행하고 있으며 어린이집 원장·보육교사의 자격검정은 무시험을 원칙으로 하며, 「영유아보육법 시행령」 제21조에 의한 자격기준을 갖추었는지 여부를 신청자가 제출한 서류를 심사하여 검정한다. 자격 검정 및 자격증 발급과 관련된 주요 사항은 보육교직원 자격검정 위원회에서 심의·의결하여 결정한다.

1) 어린이집 원장

어린이집 원장의 자격에 대한 법적 근거는 「영유아보육법 시행령」 제21조에 제시하고 있다. 어린이집 원장의 자격은 인정제로 유지되어 왔으나, 2007년 「영유아보육법」 개정을 통해 국가자격증제도로 변경하여 운영하고 있으며 자격기준은 〈표 5-2〉와 같다.

표 5-2 어린이집 원장의 자격기준

기준	자격기준
일반기준	• 어린이집 원장은 보육교사 1급 자격을 취득한 후 3년 이상의 보육 등 아동복지업무 경력이 있는 사람 • 「유아교육법」에 따른 유치원 정교사 1급 자격을 취득한 후 3년 이상의 보육 등 아동복지업무 경력이 있는 사람. • 유치원 원장의 자격을 가진 사람 • 「초 · 중등교육법」에 따른 초등학교 정교사 자격을 취득한 후 5년 이상의 보육 등 아동복지업무 경력이 있는 사람 • 「사회복지사업법」에 따른 사회복지사 1급 자격을 취득한 후 5년 이상의 보육 등 아동복지업무 경력이 있는 사람 • 「의료법」에 따른 간호사 면허를 취득한 후 7년 이상의 보육 등 아동복지업무 경력이 있는 사람 • 국가 또는 지방자치단체에서 7급 이상의 공무원으로 보육 등 아동복지업무에 5년 이상 근무한 경력이 있는 사람
가정어린이집	• 일반기준에서 정한 자격을 갖춘 사람 • 보육교사 1급 이상 자격을 취득한 후 1년 이상의 보육업무 경력이 있는 사람
영아 전담 어린이집	• 일반기준에서 정한 자격을 갖춘 사람 • 간호사 면허를 취득한 후 5년 이상의 아동간호업무 경력이 있는 사람
장애아 전담 어린이집	• 일반기준에서 정한 자격을 갖춘 사람으로서 다음의 어느 하나에 해당하는 사람 • 대학(전문대학을 포함)에서 장애인복지 및 재활관련학과를 전공한 사람 • 장애영유아 어린이집에서 2년 이상의 보육업무 경력이 있는 사람
대학 또는 교육훈련 시설이 운영하는 어린이집	• 일반기준에서 정한 자격을 갖춘 사람 • 어린이집을 운영하는 대학의 전임강사 또는 교육훈련시설의 전임교수 이상으로서 보육 관련 교과목에 대하여 3년 이상의 교육경력이 있는 사람

출처: 한국보육진흥원 홈페이지(www.kcpi.or.kr)

어린이집 원장의 자격기준은 수용 가능한 원아 수에 따라 일반기준과 가정어린이집으로 구분하고 어린이집의 특수성에 따라 영아전담, 장애아전담, 대학 또는 교육훈련시설이 운영하는 어린이집으로 나누고 있다. 수용 가능한 원아 수에 따른 어린이집 원장의 자격기준은 20인 이하의 영유아를 수용하는 가정어린이집과 21인 이상의 영유아를 수용하는 어린이집으로 구분된다. 20인 이하 어린이집의 경우 일반기준에서 정한 자격을 갖추었거나 보육교사 1급 자격을 취득한 후 1년 이상 보육업무 경력 후에 원장 자격을 취득할 수 있게 된다. 한편 법에서 규정한 보육 등 아동복지업무 경력이라 함은 다음을 말한다.

① 다음의 어느 하나에 해당하는 경력

- 어린이집에서 어린이집의 원장, 보육교사, 특수교사[「초·중등교육법」 제21조 제2항에 따라 특수학교의 정교사, 준교사 또는 실기교사(담당과목이 재활복지과목인 경우만 해당한다)의 자격증을 가진 사람과 이에 준하는 사람으로 보건복지부장관이 인정하는 사람을 말한다. 이하 같다] 또는 치료사로 근무한 경력
- 육아종합지원센터에서 육아종합지원센터의 장, 보육전문요원, 특수교사, 대체교사 또는 일시보육 담당 보육교사로 근무한 경력
- 법 제26조의2 제2항에 따른 일시보육서비스 지정기관에서 기관의 장 또는 일시보육 담당 보육교사로 근무한 경력

② 「유아교육법」에 따른 유치원에서 원장, 원감, 수석교사 또는 교사로 근무한 경력

③ 「아동복지법」에 따른 아동복지시설에서 시설장, 총무, 보육사, 생활복지사, 상담지도원 또는 자립지원 전담요원으로 근무한 경력

④ 「장애인복지법」에 따른 장애 영유아 거주시설에서 장애영유아와 관련된 업무에 종사한 경력

⑤ 「유아교육법」 및 「초·중등교육법」에 따른 특수학교(유치원 과정)에서 특수학교 교원으로 근무한 경력

⑥ 법률 제7120호 「유아교육법」 제정으로 폐지되기 전 「유아교육진흥법」에 따른 새마을 유아원에서 근무한 경력

⑦ ①~⑥까지의 아동복지업무를 수행하는 시설 등에서 간호사로 근무한 경력

⑧ 국가 또는 지방자치단체에서 7급 이상의 공무원으로 보육 등 아동복지에 관한 행정업무에 종사한 경력

2) 보육교사

보육교사의 자격에 대한 법적 근거는 「영유아보육법 시행령」 제21조에 제시하고 있으며, 보건복지부장관이 검정·수여하는 국가자격증을 받은 자이어야 한다. 보육교사의 자격기준은 〈표 5-3〉과 같다.

표 5-3 보육교사의 등급별 자격기준

등급	자체기준
보육교사 1급	• 보육교사 2급 자격을 취득한 후 3년 이상의 보육업무 경력이 있는 사람으로서 보건복지부장관이 정하는 승급교육을 받은 사람 • 보육교사 2급 자격을 취득한 후 보육 관련 대학원에서 석사학위 이상을 취득하고 1년 이상의 보육업무 경력이 있는 사람으로서 보건복지부장관이 정하는 승급교육을 받은 사람
보육교사 2급	• 전문대학 또는 이와 같은 수준 이상의 학교에서 보건복지부령으로 정하는 보육관련 교과목 및 학점을 이수하고 졸업한 사람 • 보육교사 3급 자격을 취득한 후 2년 이상의 보육업무 경력이 있는 사람으로서 보건복지부장관이 정하는 승급교육을 받은 사람
보육교사 3급	• 고등학교 또는 이와 같은 수준 이상의 학교를 졸업한 사람으로서 보건복지부령으로 정하는 교육훈련시설에서 정해진 교육과정을 수료한 사람

출처: 보건복지부(2018). 보육사업안내

위에서 보육 관련 대학원이라 함은 ① 학과(전공) 및 학위명에 '보육, (영)유아, 아동'의 단어가 포함된 대학원 ② ①의 경우가 해당되지 않을 경우 보육관련 교과목 이수기준으로 인정(보육관련 교과목 최소 15학점 이상 이수 여부를 확인하여 인정)하는 경우를 말한다. 보육교사 2급 자격증은 아동보육관련 전문학사학위 이상이어야 하고 타전공 시 아동보육 전공과목 17과목(51학점)을 이수한 후 1월과 7월 학위를 교부받는 시기에 맞춰 보육자격 관리사무국에 자격증을 신청해야 한다.

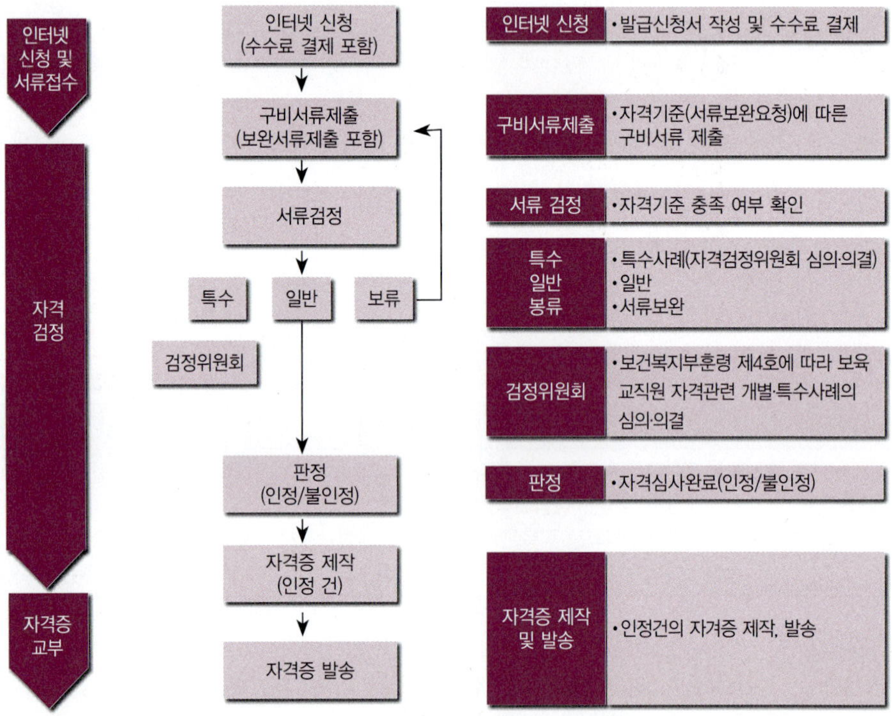

※ 총 소요기간: 서류집수 완료 후 14일 이내
※ 발급 수수료: 신청 건당 1만 원(「영유아보육법 시행규칙」 제19조)
※ 서류 접수 완료 단계부터는 수수료 환불이 되지 않습니다.

[그림 5-1] 자격증 교부신청 및 절차

어린이집 원장 및 보육교사의 자격검정과 자격증 발급·재발급에 관한 업무는 한국보육진흥원에서 수행하고 있으며 자격검정은 무시험을 원칙으로 하며 「영유아 보육법 시행령」 제21조에 의한 자격기준을 갖추었는지 여부를 신청자가 제출한 서류를 심사하여 검정한다. 또한 자격의 검정 및 자격증 발급과 관련된 중요한 사항은 보육교직원 자격검정 위원회에서 심의·의결하여 결정하고 자격신청 시의 자격기준에 따라 검정하는 것이 원칙이다. 세부기준은 어린이집 원장·보육교사 자격검정 업무편람에 따른다. 보육교사 국가자격증 교부신청 및 절차는 [그림 5-1]의 순서에 따라 진행된다.

5. 보육교직원의 교육[2)]

1) 보육교직원의 양성교육

양성교육은 보육교사가 되기 전에 자격을 취득하기 위한 사전교육으로 예비보육교사에게 영유아에 대한 기초적인 전문성을 갖추게 하는 동시에 보육교사로서의 자긍심과 사명감을 갖출 수 있도록 해준다. 영유아의 신체, 인지, 정서 등의 발달을 도모하는 보육교사는 건전한 인성을 갖추어 영유아를 사랑으로 돌보고, 이론적 지식과 현장 실무능력을 겸비한 전문 보육교사의 자질을 지녀야 한다. 보육교사로서의 자긍심과 사명감을 가진 보육교사가 배출되기 위해서는 체계적이고 표준화된 양성과정이 필요하다(이순형 외, 2015).

2) 보육교직원 보수교육 및 양성교육은 보육사업안내(보건복지부, 2018)를 참고하였음.

「영유아보육법」 제21조에서는 보육교사 자격 취득을 위한 방법으로 두 가지 사항을 규정하고 있다. 첫째, 대학(전문대학 포함) 또는 이와 동등 이상의 학교에서 보건복지부령이 정하는 보육관련 교과목 및 학점을 이수하고 졸업한 자이며 둘째, 고등학교 또는 이와 동등 이상의 학교를 졸업한 자로서 보건복지부령이 정하는 교육훈련시설에서 소정의 교육과정을 이수한 자이다. 즉 우리나라의 경우, 보육교사 양성교육은 대학과 보육교사교육원으로 이원화되어 있다.

먼저 보육교사 2급 자격 취득의 경우, 〈표 5-4〉에서 제시한 바와 같이 대학에 입학하고 17과목 이상 51학점 이상(대면 교과목 8시간 이상 출석, 보육현장실습 6주 이상 240시간 이상)을 이수하여야 하며, 특히 보육교사의 자격취득을 위한 성적 기준을 통과하여야 한다(실습교과목 80점 이상).

표 5-4 보육교사 2급 교육과정

영역		교 과 목(학점)	이수과목(학점)
교사 인성		보육교사(인성)론(3학점), 아동권리와 복지(3학점)	2과목(6학점)
보육 지식과 기술	필수	보육학개론, 보육과정, 영유아발달, 영유아교수방법론, 놀이지도, 언어지도, 아동수학지도(또는 아동과학지도), 아동안전관리(아동생활지도)	9과목 (27학점)
	선택	아동건강교육, 영유아 사회정서지도, 아동문학교육, 아동상담론, 장애아 지도, 특수아동이해, 어린이집 운영관리, 영유아보육프로그램 개발과 평가, 보육정책론, 정신건강론, 인간행동과 사회환경, 아동간호학, 아동영양학, 부모교육론, 가족복지론, 가족관계론, 지역사회복지론	4과목 (12학점) 이상
보육 실무		아동관찰 및 실습, 보육실습	2과목(6학점)
계		17과목(51학점)	

출처: 보건복지부(2018). 보육사업안내

보육교사 3급 자격 취득을 위하여 교육훈련시설에서 65학점 이상(22과목 이상, 과목당 평균점수 70점 이상, 보육현장실습 6주 이상 240시간 이상)을 이수하여야 한다. 보육교사 교육과정은 주간반, 야간반(혹은 오후반) 등 교육훈련

기관별로 하나의 교육과정을 운영하며 교육훈련기간과 교육과정은 다음 표와 같다.

>> 표 5-5 보육교사 3급 자격 교육훈련기간

과정명	교육대상	교육훈련기간	비고
보육교사 양성교육과정	교육생으로 등록한 자 (고졸 이상 학력자)	975시간 이상 (실습 240시간 별도)	교육훈련 지정기관 (22과목, 65학점 이상)

출처: 보건복지부(2018). 보육사업안내

>> 표 5-6 보육교사 3급 교육과정

영역	교과목(학점)	이수과목 (학점)
교사 인성	보육교사(인성)론(3학점), 아동권리와 복지(3학점)	2과목 (6학점)
보육지식과 기술	보육학개론(3학점), 보육과정(3학점), 영유아 발달 및 지도(3학점), 아동생활지도(3학점), 영유아 문제행동지도 및 상담(3학점), 특수아동 이해와 지도(3학점), 놀이지도(3학점), 언어지도(3학점), 아동음악과 동작(3학점), 아동미술지도(3학점), 아동수학지도 · 아동과학지도(3학점), 영유아교수방법론(3학점), 교재교구개발(3학점), 부모교육(3학점), 영유아 건강지도(2학점), 영유아 영양지도(2학점), 아동안전관리(3학점), 어린이집 운영관리(3학점)	18과목 (52학점)
보육 실무	아동관찰 및 실습(3학점), 보육실습(4학점)	2과목 (7학점)
계	22과목(65학점)	

출처: 보건복지부(2018). 보육사업안내

이상에서 살펴본 보육교사 양성교육의 기본방향은 첫째, 보육서비스 확대 및 질 제고에 대한 국민의 요구에 대응하여 수준 높은 보육교사를 어린이집에 공급하고 둘째, 다양하고 질 높은 보육서비스를 제공하고 보육교직원의 전문성을 제고할 수 있도록 보육교직원에 대한 교육훈련을 강화하는 것이다.

2) 보육교직원의 보수교육

보육교직원의 보수교육은 보육교직원의 자질향상을 위해 실시하는 교육으로 보육에 필요한 지식과 능력을 유지·개발하기 위하여 보육교직원이 정기적으로 받는 직무교육과 보육교사가 상위 등급의 자격을 취득하기 위해 받아야 하는 승급교육 및 어린이집 원장의 자격을 갖추기 위하여 받아야 하는 사전직무교육을 말한다(「영유아보육법」 제23조). 일반직무와 특별직무 모두 40시간 이상의 교육시간으로 운영되는데, 일반직무가 보육교사와 원장에 따라 교육과정이 분리 운영되는 반면, 특별직무는 영아보육, 장애아보육, 방과 후 보육을 현재 담당하거나 담당하려는 보육교사나 원장 모두가 대상으로 희망자에 한해 실시한다는 특징이 있다. 보수교육의 종류는 〈표 5-7〉과 같다.

표 5-7 보육교직원 보수교육의 종류

<table>
<tr><th rowspan="2"></th><th colspan="5">직무교육</th><th colspan="2" rowspan="2">사전직무교육</th></tr>
<tr><th colspan="2">일반직무교육</th><th colspan="3">특별직무교육</th></tr>
<tr><td>원장</td><td>기본 교육</td><td>심화 교육</td><td>영유아보육 직무교육</td><td>장애아보육 직무교육</td><td>방과 후 교육 직무교육</td><td colspan="2">어린이집 원장 사전직무교육</td></tr>
<tr><td rowspan="2">보육교사</td><td rowspan="2">기본 교육</td><td rowspan="2">심화 교육</td><td colspan="3">특별직무교육</td><td colspan="2">승급교육</td></tr>
<tr><td>영유아보육 직무교육</td><td>장애아보육 직무교육</td><td>방과 후 교육 직무교육</td><td>2급 보육교사 승급교육</td><td>1급 보육교사 승급교육</td></tr>
</table>

출처: 보건복지부(2018). 「보육사업안내」를 참고로 재구성함

원장 및 보수교육 일반직무교육에서 기본 및 심화교육과정은 보육업무경력 등을 감안하여 교육대상자가 선택하여 이수할 수 있으며 보수교육은 현직 보육교직원을 대상으로 실시하므로 어린이집 원장, 보육교사 등의 자격을 소지한 자라도 교육 개시 당시 어린이집에 근무하지 않는 자는 보수교육을 받을 수 없다. 다만 현직 교직원 외에 교육비 전액 자비 부담을 전제로 보수교육을 받을

수 있다.

직무교육은 일반직무교육과 특별직무교육으로 구분되며 일반직무교육은 현직 보육교사 중 보육업무 경력이 만 2년이 지난 사람 또는 보육교사 직무교육을 받은 해로부터 만 2년이 경과한 해에 보육교사 직무교육을 받아야 한다. 현직 어린이집 원장은 어린이집 원장의 직무를 담당한 때부터 만 2년이 지난 경우 또는 어린이집 원장 직무교육을 받은 해부터 2년이 경과한 해에 어린이집 원장 직무교육을 받아야 하며, 어린이집 원장 및 보육교사가 일반직무교육을 받아야 하는 연도에 일반직무교육을 받지 못한 경우에는 다음 연도 12월 31일까지 받아야 하며 특별직무교육을 받은 경우 일반직무교육을 받은 것으로 인정한다.

특별직무교육은 영아, 장애아, 방과 후 보육을 담당하고자 하는 보육교사 및 어린이집 원장이 받을 수 있으며 영아, 장애아, 방과 후 보육을 담당하고 있는 일반직무교육 대상자가 받을 수 있다. 또한 영아, 장애아, 방과 후 담당 보육교사로 근무하고자 하는 자는 사전에 특별직무교육을 받아야 하는 것이 원칙이나, 불가피하게 받지 못한 경우에는 채용 후 6개월 이내에 받아야 하고 특별직무교육을 받은 사람은 일반직무교육을 이수한 것으로 간주한다.

승급교육은 보육교사 3급 자격을 취득한 후 보육업무 경력이 만 1년 이상 경과한 자는 2급 승급교육을 받을 수 있고, 보육교사 2급 자격을 취득한 후 보육업무 경력이 만 2년 이상 경과한 자는 1급 보육교사 승급교육을 받을 수 있다. 다만, 보육교사 2급 자격을 취득한 후 보육관련 대학원에서 석사 학위 이상을 취득한 자는 보육업무경력이 만 6개월 이상 경과한 경우 1급 승급교육을 받을 수 있다. 승급교육을 받은 사람은 일반직무교육을 이수한 것으로 간주하며 어린이집 원장 사전직무교육은 일반, 가정, 영아전담, 장애아 전문 어린이집 원장 중 어느 하나의 자격을 취득하고자 할 때 받아야 한다.

제 6 장

보육과정

1. 보육과정의 이해

1) 보육과정의 개념

일반적으로 보육과정은 어린이집에서의 교육과정의 의미로 만들어진 용어이므로 보육과정의 의미를 이해하기 위해서는 교육과정이 무엇인지에 대한 이해가 분명해야 한다. 교육과정이라는 용어인 '커리큘럼(curriculum)'은 라틴어의 '쿠레레(currere)'에서 온 말로서 '달린다'는 뜻이었다. 이것은 나중에 경마장의 경주로(race course)를 의미하는 단어가 되었고, 경마장에서 말이 경주를 하기 위해 출발점에서 종착점까지 달려가야 하는 일정한 코스를 의미하게 되었다(https://www.doopedia.co.kr). 이것이 학교에 적용되면서 학교의 목적을 달성하기 위하여 선택한 문화 또는 생활경험을 교육적인 관점에서 편성하고 그들 학습활동이 언제, 어디서, 어떻게 행해질 것인가를 종합적으로 묶은 교육의 전체 계획을 교육과정이라고 정의하고 있다(서울대학교교육연구소, 1995).

어린이집은 유치원보다 어린 연령이 오랜 시간 머물기 때문에 대상의 측면에서 볼 때 보육과정은 영유아교육과정이라고 볼 수 있으며 대상의 발달적 특성으로 인해 일반적인 학교 체제의 교육과정보다는 보살핌에 대한 비중이 크다. 일반적으로 영유아 교육과정이란 좁은 의미로는 영유아교육의 내용을 나열한 교수 요목이나 조직적, 의도적으로 계획한 교육계획을 말하며 넓은 의미로는 의도와 계획성이 없더라도 학습자인 영유아가 경험한 모든 것을 포함하는 것이다(양옥승, 1999). 따라서 영유아의 전인적인 발달 및 삶의 질 향상을 목적으로 의도적으로 선택된 사회문화적 환경이라고 정의한다.

NAEYC(National Association for the Education of Young Children)에서는 영유아 교육과정을 영유아가 학습하는 내용(content), 명시된 교육과정의 목적을 영유아가 성취해가는 과정(processes), 영유아가 이 목적들을 성취할 수 있도록 돕기 위한 교사의 역할, 교수와 학습이 발생하는 상황에 관해 서술한 조직화된 틀(framework)이라고 정의하고 있다(유아교육학회, 1997).

어린이집에서의 교육과정은 만 0세부터 5세까지의 영유아를 대상으로 하므로 단순히 영유아교육과정이라고 명명할 수도 있으나 영유아의 성장 발달 수준의 차이와 개인 특성의 차이가 크고 이 시기는 보살핌(care)의 기능이 더 요구되기 때문에 유치원이나 학교 교육과정과는 다를 수밖에 없다. 따라서 영유아 교육과정이 아닌 보육과정으로 명명하는 것이 더 그 의미를 차별화하는 데 적합하다.

보육과정은 어린이집에서 영유아를 대상으로 그들의 행복한 삶을 위해 환경과 학습 경험을 선정하고 조직하여 보육 경험의 질을 구체적으로 관리하는 보육의 기본 설계도라고 정의할 수 있겠다.

2) 보육과정의 원리

보육과정은 영유아의 행복한 삶을 중심에 두고 구성하며 다음의 내용을 고려하여야 한다(DfEE, 2000).

- 영유아는 태어나서 지금까지 배워온 지식과 기술을 가지고 기관에 온다.
- 양질의 보육과 교육은 따로 분리할 수 없다. 모든 아동은 그들 자신의 속도로 발달한다. 교사의 역할은 배움을 자극하고 격려하기 위한 것이다.
- 영유아를 위한 교육은 통합적으로 이루어져야 하며 교과목으로 나누어 제공하지 않는다.
- 영유아는 믿음, 동기, 적극적 태도 그리고 각자의 성향(dispositions)을 갖고 있음을 안다.
- 영유아는 발달, 흥미에 적합한 놀이, 말, 직접 경험을 통해 가장 잘 배운다.

- 문화적, 물리적 다양성은 존중되어야 하며, 어떠한 아이도 배제되거나 불이익을 받아서는 안 된다.
- 교사와 부모는 부모와 일관성 있는 양육의 방향을 가져야 하며 어떠한 경우라도 영유아의 이익이 가장 우선되어야 한다.
- 보육과정은 영유아에게 적합한 활동을 선정하고 균형 있게 제공하여야 한다.
- 양질의 보육과 교육은 잘 훈련된 교사와 지속적인 전문성 훈련이 요구된다.
- 영유아의 발달과 학습을 촉진하기 위해서는 세심하고 주의 깊은 관찰이 선행되어야 한다.

3) 보육과정의 통합적 접근

보육과정은 영유아가 경험한 생활, 흥미, 요구와 관련된 주제를 중심으로 하므로 영유아가 쉽게 접근할 수 있다. 또한 영유아는 분절되고 구조적인 내용보다는 통합적이고 자연스러운 것에서 더 잘 배우므로 영유아를 대상으로 한 보육과정은 통합적으로 접근하여 제시하여야 한다.

통합의 의미는 분야에 따라 조금씩 다르게 적용되고 있는데 교육에서 통합의 의미는 아동 및 학생의 생활 경험을 중심으로 학습을 종합하고 통일하는 것을 의미한다(네이버 국어사전). 통합교육이란 특수교육에서는 일반아동과 장애아동을 함께 교육하는 것을 의미하며 일반교육에서는 통합교육과정(integrated curriculum), 통합적 접근이라는 용어를 사용하며 이는 교과중심 교육과정과 반대되는 개념으로 학습자의 전인적 발달을 도모하기 위하여 전통적인 교과의 구분을 탈피하고 학습자의 경험을 중심으로 구성된 교육과정을 말한다(한국교육심리학회, 2000).

일반적으로 영유아 발달의 영역을 언어발달, 정서발달, 사회성 발달, 신체발달, 인지발달로 구분하나 영유아의 발달은 각 영역별로 분절되어 발달하는 것이 아니라 각 영역들이 상호연관성을 갖고 통합적으로 발달해나간다. 따라서 발달이 급속도로 일어나는 영유아 시기의 교육은 통합적으로 접근하여 신체, 언어, 사회, 정서, 인지 발달이 고르게 일어날 수 있도록 하여야 한다.

영유아를 위한 교육은 영유아의 발달 수준, 흥미, 요구, 선행 경험 등을 고려하여 주제를 선정하고 이를 중심으로 통합된 교육으로 전개할 때 가장 효과적이다.

4) 보육과정의 영역

보육과정은 영유아에게 제공하고 영유아가 경험할 내용을 계획하고 발달과 흥미 요구 등을 고려하여 운영하고 평가의 과정으로 이루어진다. 우선 계획을 세우고 운영을 위한 합리적인 기준이 있는가를 살펴보아야 한다. 영유아는 어떻게 발달한다고 믿는지, 그리고 어떻게 할 때 가장 잘 배운다고 생각하는지에 대한 신념과 철학은 교육 내용과 방법을 선정하고 조직하는 기준이 된다. .

보육과정의 영역은 먼저 영유아를 위한 가치 있는 목표를 수립하고 이 목표를 달성하기 위해 효과적인 내용과 방법을 선정, 조직하고 이러한 과정이 의도한 목표를 달성했는지를 평가하는 과정으로 이루어진다.

보육과정의 계획과 운영, 평가의 과정에 대한 이해를 돕기 위해 핵심 내용을 살펴보기로 한다.

(1) 보육과정의 계획

어린이집에서 보육과정의 계획은 영유아의 행복한 삶을 기본으로 한 목적과 목표 설정, 이를 실행하기 위한 보육내용 선정, 내용조직의 과정으로 이루어진다.

① 목적과 목표 설정하기

보육과정의 목적은 보육과정의 실현 방향과 실현하고자 하는 일이라면 보육과정의 목표는 목적을 이루기 위해 지향하는 보다 구체적이고 상세한 내용을 말한다. 보육과정의 목적과 목표는 보육내용과 방법을 선정하고 조직하는 데 중심역할을 하므로 중요하다. 보육과정의 목적과 목표의 수립은 보육대상자의 특징과 요구, 사회적 기대와 가치를 고려하여야 하며 실현 가능하여야 한다. 특히 보육 목표는 달성 정도가 평가될 수 있도록 영유아가 경험하게 될 행동이나 성취하게 될 행동을 구체적으로 기술하는 것이 바람직하다.

② 보육 내용 선정

목적과 목표를 이루기 위한 교육내용을 선정하여야 하며 이때 다음의 사항을 유의하여야 한다.

첫째, 보육 내용은 목표와 관련이 있는 내용이어야 한다.

둘째, 영유아의 발달에 유용한 내용이어야 한다.

셋째, 영유아의 생활 속에서 경험할 수 있는 내용이어야 한다.

넷째, 영유아의 흥미를 반영한 것이어야 한다.

다섯째, 편견이 없고 다문화적인 내용이어야 한다.

③ 보육 내용 조직

보육내용을 선정한 다음에는 이를 효과적인 보육이 이루어지도록 체계적으로 조직하여야 한다. 보육과정을 체계적으로 조직하기 위해 일반적으로 계열성, 계속성, 통합성, 균형성 등을 기초로 한다.

• 계열성(sequence)의 원리

보육과정은 단순한 것에서 발달과 함께 점차 복잡한 것으로, 친숙한 내용에서 점차 모르는 내용으로 나갈 수 있도록 조직한다. 또한 구체적인 것에서 점차 추상적인 내용으로 구성되어야 한다. 예를 들어 2, 3세에 나에 대한 내용에서 가족, 친구, 우리 동네, 우리나라로 내용을 확장하여 구성한다.

• 계속성(continuity)의 원리

보육과정에서는 새로운 내용으로만 구성하는 것은 바람직하지 않다. 영유아의 교육은 계속적으로 반복되어 구성되어야 한다. 계속성은 보육 내용을 지속적, 반복적으로 되풀이하여 조직함으로써 의도한 내용을 완전히 익힐 수 있도록 조직하는 것을 말한다. 이때 연령에 따라 점차 확장된 내용으로 반복하여 구성한다. 예를 들면, '나'라는 주제를 3세부터 5세까지 활동을 계획한다 하더라도 3세에는 '내가 할 수 있는 일'을 다루었다면 4세에는 '내가 좋아하는 것', 5세에는 '나의 미래'에 대해 다루어 볼 수 있다.

• 통합성(integration)의 원리

전인적 발달을 위해서 통합적인 활동으로 계획하는 것이 중요하다. 영유아는 분리된 내용을 통해서 배우는 것이 아니라 통합된 전체 경험을 통해 학습할 때 더 잘 배운다. 따라서 영유아의 교육을 계획할 때는 경험하는 활동들이 하나의 통합된 의미를 지니도록 조직한다.

• 균형성(equilibrium)의 원리

활동을 조직할 때 발달의 균형, 보살핌과 교육의 균형, 활동 장소 및 교수방법의 균형 등을 고려한다. 동적 활동과 정적 활동의 균형, 일상생활과 놀이활동의 균형, 실내활동과 실외활동의 균형, 영유아 주도적 활동과 교사 주도적 활동의 균형을 고려하여 계획한다.

이러한 원리를 고려하여 어린이집에서는 보육 내용을 연간 보육계획안, 월간 보육계획안, 주간 보육계획안, 일일보육계획을 수립한다.

- 연간보육계획안: 영유아가 1년 동안 달성해야 할 보육 목표와 내용을 주제로 제시한다. 주제 선정은 매번 새로운 주제로 계획하지 않으며 동일 주제를 계획하더라도 연령이 높아질수록 점차 확장되고 추상적인 것으로 계획한다.

- 월간 보육계획안: 연간 보육계획안의 월 주제를 소주제로 나누어 계획하는 월 단위의 보육계획안이다. 대개 한 주 단위로 소주제를 계획하지만 영유아의 발달 특성, 흥미지속 정도에 따라 한 주 이상 계획할 수 있다. 월간 보육계획안의 소주제를 구성할 때 처음에는 전반적인 주제에 대한 인식을 도와주는 소주제로 하여 점차 구체적이고 세부적인 탐색이 일어날 수 있는 소주제로 선정하여 조직한다.

- 주간보육계획안: 매주 진행되는 소주제와 관련하여 한 주 동안 이루어질 구체적인 활동을 요일별, 시간별로 계획하는 것이다. 보육활동은 소주제와 관련된 것을 선정하고 이를 조직할 때 전반적 인식을 위한 활동에서 점차 탐색 탐구의 활동, 이를 활용할 수 있는 활동으로 배치한다. 또한 정적, 동적 활동과 개별활동과 집단 활동, 실내 활동과 실외활동을 균형 있게 배치하여야 한다.

- 일일보육계획안: 주간보육계획안에 기초하여 하루의 과정을 시간대별로 계획하여 하루에 진행될 모든 활동과 역할을 한눈에 파악할 수 있도록 한다. 주간보육계획안에서 선정한 활동을 활동의 난이도, 활동간 연계, 오전과 오후 활동의 연계, 사전 경험의 연계, 영유아의 흥미 등을 고려하여 일일보육계획안을 수립한다.

(2) 보육과정의 운영

보육과정의 운영은 계획에 따른 공간과 자료를 준비하고 일어날 수 있는 상황 등을 예측하여 준비하는 일에서부터 시작된다. 영유아 발달에 적합하며 영유아가 어린이집 생활에 편안함과 안정감을 느낄 수 있도록 하고, 어린이집에서 오랜 시간을 보내는 영유아에게 놀이, 활동, 일상생활 경험은 모두 필요하므로 고르게 충족할 수 있도록 균형 있게 운영한다.

보육과정은 사전에 계획한 내용에 따라 운영하지만 어린이집의 상황, 날씨, 그 밖의 행사, 사건 등에 따라 융통성 있게 조정하여 운영하는 것이 필요하다. 필요에 따라 일과를 융통성 있게 조정함으로써 영유아에 대한 개별적인 배려가 가능하다. 실외놀이를 계획하였지만 황사가 심하거나 갑자기 비가 온다면 실내에서 대체활동으로 변경하여 진행하게 된다. 보육과정의 운영에서 가장 중요한 점은 계획대로 실행하는 것보다 영유아 모두가 편안하고 즐거운 경험과 생활이 되도록 운영하는 것이다.

영유아에게 안전하면서도 자극이 있는 환경 안에서 상황적 요소와 영유아의 개별적 요소를 고려하여 적합한 보육과정이 제공되어야 한다. 영유아는 모두가 개별적 특성을 지니고 있는 독특한 존재이며 모두가 다른 가정환경과 사전 경험을 갖고 어린이집에 오게 된다. 따라서 교사는 영유아 한 명 한 명 잘 알고 이해하고 개별적 특성과 요구에 적합하도록 보육과정을 운영하여야 한다. 또한 인종, 성별, 장애, 가정환경 등에 대한 편견 없이 평등한 기회를 제공하고 아동의 권리 존중에 대한 이해와 이에 대한 실천 강령을 알고 있어야 한다.

어린이집 교실에는 다양한 사회 문화 집단이 존재한다. 다문화 가정의 영유아, 특수 아동, 저소득 가정, 한부모, 조부모 가정 등 다양한 가정 배경을 갖고 있다. 교사는 보육과정을 운영할 때 획일적인 보육의 내용을 그대로 전달하는 것이 아니라 다양한 사회문화적 배경과 개별적 특성, 개인적 요구 등을 고려하여 운영해야 함을 간과해서는 안 될 것이다.

>> 표 6-1 어린이집 프로그램에서 3~5세의 연간주제와 소주제의 연계

월	3세 주제 연간주제	3세 주제 소주제 주	3세 주제 소주제명	4세 주제 연간주제	4세 주제 소주제	5세 주제 연간주제	5세 주제 소주제
3	어린이집과 친구	1	어린이집의 환경	어린이집과 친구	어린이집의 환경	즐거운 어린이집	새로 만난 우리 반
		2	어린이집에서의 하루		어린이집에서의 하루		새로 꾸민 우리 반
		3	어린이집에서 만난 친구		어린이집에서 만난 친구		어린이집 탐험
		4	함께 놀이하는 어린이집		함께 만드는 어린이집		사이좋은 친구
4	봄	1	봄의 날씨	봄	봄의 변화	봄과 동식물	봄의 모습
		2	봄의 풍경		봄의 풍경		식물의 봄맞이
4~5	동식물과 자연	1	궁금한 동식물	동식물과 자연	동물과 우리 생활, 궁금한 동식물		동식물의 봄나들이
		2	동물과 우리 생활		식물과 우리 생활, 궁금한 동식물		우리들의 봄 이야기
		3	식물과 우리의 생활		자연과 더불어 사는 우리	소중한 가족	소중한 나
		4	자연과 더불어 사는 우리	나와 가족	나의 몸과 마음		나와 우리 가족
5	나와 가족	1	나의 몸과 마음		소중한 나		함께하는 가족놀이
		2	소중한 나		소중한 가족		여러 가족의 모습
		3	소중한 가족		가족의 생활과 문화		사랑하는 우리 가족
		4	행복한 우리 집	우리 동네	우리 동네 모습, 우리 동네 생활	우리 동네	우리 동네 모습
6	우리 동네	1	우리 동네 모습		우리 동네 사람들		우리 동네 기관 Ⅰ
		2	우리 동네 생활		우리 동네 전통과 문화		우리 동네 기관 Ⅱ
		3	우리 동네 사람들	건강과 안전	즐거운 운동과 휴식, 깨끗한 나와 환경		다양한 직업
7	건강과 안전	1	즐거운 운동과 휴식		맛있는 음식과 건강		함께하는 우리 이웃
		2	깨끗한 나와 환경		안전한 놀이와 생활	신나는 여름	여름의 모습
		3	맛있는 음식과 건강	여	여름의 날씨와 물놀이		건강하게 여름나기
		4	안전한 놀이와 생활		여름 풍경		즐거운 물놀이 Ⅰ

월	3세 주제 연간주제	3세 주제 소주제 주	3세 주제 소주제 소주제명	4세 주제 연간주제	4세 주제 소주제	5세 주제 연간주제	5세 주제 소주제
8	여름	1	여름의 날씨	교통 기관	여러 가지 육상 교통 기관	신나는 여름	즐거운 물놀이 II
		2	여름 꽃과 과일		고마운 육상 교통 기관	교통과 안전	내가 궁금한 교통수단
	교통 기관 교통	1	여러 가지 육상 교통 기관		항공/해상 교통 기관		편리한 교통시설
		2	고마운 육상 교통 기관		즐거운 교통 생활		미래의 교통수단
		3	항공/해상 교통 기관	우리 나라	우리나라 사람들의 생활		안전한 교통문화
		4	즐거운 교통 생활		우리나라의 놀이와 예술	세계 속의 우리 나라	우리나라의 생활
9	우리 나라	1	우리나라 사람들의 생활		우리나라의 역사, 우리나라의 자랑거리		우리나라의 문화유산
		2	우리나라의 놀이와 예술	세계 여러 나라	세계 여러 나라 사람들의 생활		세계 여러 나라와 사람들
		3	우리나라의 역사와 자랑거리		세계 여러 나라의 문화유산		세계 여러 나라의 생활
9~10	가을과 열매	1	가을 풍경		세계 여러 나라와의 교류, 세계의 자연과 사회현상		함께 사는 세계
		2	가을의 변화	가을과 열매	가을 풍경	가을과 자연	가을의 변화
		3	풍성한 가울		가을의 변화		가을 곡식과 열매
		4	추석과 놀이		풍성한 가울		가을 나무와 숲
		5	가을 나들이		추석과 놀이		우리들의 가을이야기 –추석
11	환경과 생활	1	물과 우리 생활		가을나들이	지구와 환경	우리가 사는 지구
		2	돌, 흙과 우리 생활	환경과 생활	물과 우리 생활		지구의 변화
		3	바람, 공기와 우리 생활		돌, 흙과 우리 생활		고마운 지구
		4	빛과 우리 생활		바람, 공기와 우리 생활		지구의 보호
		5	소리와 우리 생활		빛과 우리 생활 소리와 우리 생활	겨울과 놀이	겨울의 모습

		3세 주제		4세 주제		5세 주제	
월	연간주제	소주제		연간주제	소주제	연간주제	소주제
		주	소주제명				
12	겨울과 놀이	1	겨울날씨	겨울과 놀이	겨울 날씨	겨울과 놀이	동식물의 겨울나기
		2	겨울풍경		겨울 풍경		겨울철 안전
		3	사랑을 나눠요		감사와 사랑을 나눠요		이웃과 함께 하는 겨울
		4	건강한 겨울나기		건강한 겨울나기		새해맞이와 놀이
		5	눈과 눈사람		신나는 겨울놀이	기계와 생활	편리한 생활도구
1	생활 도구	1	다양한 생활 도구	생활 도구	다양한 생활도구		우리 주변의 기계
		2	생활도구를 움직이는 힘		생활도구를 움직이는 힘		우리는 발명가
		3	생활도구 로서의 미디어		생활도구로서의 미디어, 미래의 생활도구		미래의 생활
2	형님이 되어요	1	많이 컸어요	형님이 되어요	많이 컸어요	초등 학교에 가요	즐거웠던 어린이집 I
		2	동생들에게 알려주어요		동생들에게 알려주어요		즐거웠던 어린이집 II
		3	형님이 될 준비를 해요		형님이 될 준비를 해요		궁금한 초등학교
		4	즐거웠던 우리반		즐거웠던 우리반		일 학년이 되면

출처: 보건복지부(2013). 4세 누리과정에 기초한 어린이집 프로그램. pp. 35-37.

표 6-2 만 4세 월간 보육계획안 예시

주 제		우리 동네			
목 표		• 자신이 살고 있는 동네의 모습과 동네에 있는 기관을 알 수 있다. • 우리 동네에 살고 있는 다양한 사람들을 알고 이웃이 하는 일과 역할에 대해 알 수 있다 .			
주		1주(2~6일)	2주(9~13일)	3주(16~20일)	4주(23~27일)
소주제		우리 동네 모습	우리 동네에 있는 기관 I	우리 동네에 있는 기관 II	우리 동네의 다양한 직업
등원 및 맞이하기		• 우리 동네에 있는 기관 이야기 나누며 인사하기		• 도움을 주시는 분들에게 인사하며 등원하기	
자유선택활동	쌓기	• 벽돌블록으로 양재천 구성하기	• 몰펀블록으로 이마트 구성하기	• 유닛블록으로 도서관 구성하기	• 우리 동네(연구원, 어린이집 근처) 구성하기
	역할	• 공원 산책놀이	• 가족과 함께 장보기	• 도서관에 가요	• 동네 이웃 되어 보기
	미술	• 양재천 무지개다리 만들기 • 우리 동네 골목표지판 만들기	• 시장놀이 핸드백 만들기 • 슬픈 감정-인성미술	• 내가 좋아하는 책 만들기 • '도서관에서 지켜야 할 약속' 푯말 만들기	• 우리 동네 사람들의 얼굴 • 두려운 감정 -인성미술
	언어	• 골목길 지도 만들기 • 맘씨 좋은 핑키부 (책 읽기)	• 장보기 목록 적어보기 • 여기는 어디일까요?(수수께끼)	• 공공기관 이름 맞추기 • 깊은 밤 부엌에서(책읽기)	• 이웃 간 존댓말 예절말하기 • 어떤 직업일까요?(수수께끼)
	수·과학	• 동네 구성하기 • 다른 모양의 창문 찾기 • 새싹채소 키우기	• 물건을 사요 • 새싹채소 오감으로 관찰하기	• 기관 패턴놀이 • 슈퍼에서 찍은 사진 관찰하기	• 우리 동네 꾸미기 • 감자 관찰하기
	음률	• 양재천에서 나는 소리 녹음해서 듣기	• '동네 한 바퀴'에 맞춰 탬버린 치기	• 동요 부르며 연주소리 녹음하기	• 녹음한 연주소리 감상하기
대·소집단활동		[이야기나누기] • 우리 동네 이름 I • 우리 동네에는 무엇이 있을까? II [동화] • 놀이터 가자 [동시] • 우리 동네에는 [새 노래] • 동네 한 바퀴	[이야기나누기] • 보쌈파티를 해요 • 만약에 시장이 없다면? [동화] • 마트에 갔어요 [새 노래] • 우리 동네 [게임] • 어느 가게에서 파는 물건인가요?	[이야기나누기] • 상황에 맞는 예절 지키기 [동화] • 치과에 갔어요 [게임] • 편지 왔어요 [새 노래] • 정다운 이웃	[이야기나누기] • 부모님이 하시는 일 I • 우리 동네 사람들이 하는 일 II [동화] • 행복한 청소부 [요리] • 감자부침개
바깥놀이		• 우리 동네 I 관심 가지 고 둘러 보기	• 텃밭에서 상추 수확하기 • 마트 사진 찍기	• 흙과 생물(생태교육)	• 우리 동네 사람들이 하는 일 관찰하기 I • 감자수확하기(생태교육)
기본생활 습관 및 안전		• 공공장소에서 큰소리로 말하지 않기 • 좋은 느낌과 나쁜 느낌(실종, 유괴 예방방지교육) • 신나는 놀이터 안전하게 놀이해요(재난대비교육)		• 이웃을 만나면 반갑게 인사하기 • 우리 동네 약국 방문하기(약물 오남용 교육) • 도움을 청할 수 있어요(성폭력 예방교육)	
귀가 및 가정과의 연계		• 우리 동네를 산책하며 이야기 나누어 주세요.		• 부모님과 함께 우리 동네 기관을 방문하여 이용해 보세요	

표 6-3 만 4세 주간보육계획 예시

<table>
<tr><td colspan="5">4세반 주간보육계획안</td><td>기간</td><td colspan="2">1월 3주</td></tr>
<tr><td colspan="2">주제</td><td colspan="3">생활도구</td><td>소주제</td><td colspan="2">다양한 생활도구</td></tr>
<tr><td colspan="2">구분</td><td>월</td><td>화</td><td>수</td><td>목</td><td>금</td><td>토</td></tr>
<tr><td colspan="2">목표</td><td colspan="6">다양한 생활도구에 대해 알아본다.</td></tr>
<tr><td colspan="2">기본생활</td><td colspan="6">전기 아껴쓰기</td></tr>
<tr><td colspan="2">등원</td><td colspan="6">어린이집, 가정에서 사용하는 생활도구에 관심 갖기</td></tr>
<tr><td rowspan="7">오전자유</td><td>쌓기놀이 영역</td><td colspan="2">내 책상을 만들어요</td><td colspan="4">종이벽돌 도미노 놀이</td></tr>
<tr><td>역할놀이 영역</td><td colspan="2"></td><td colspan="4">부엌놀이를 해요</td></tr>
<tr><td>미술영역</td><td colspan="2">생활도구 본뜨기</td><td colspan="2">비밀그림을 그려요</td><td colspan="2">사진기를 만들어요</td></tr>
<tr><td>언어영역</td><td></td><td colspan="2">도구의 이름을 찾아요</td><td>좋아요</td><td></td><td></td></tr>
<tr><td rowspan="2">수과학 · 조작영역</td><td colspan="2">조작 : 컵으로 놀아요</td><td colspan="4">조작 : 어떤 도구로 재어 볼까요?</td></tr>
<tr><td colspan="3">과학 :
편리한 깔때기</td><td colspan="3">과학 :
드라이버를 안전하게 사용해요</td></tr>
<tr><td>음률영역</td><td colspan="3">신기한 자석</td><td colspan="3">가위 안전송</td></tr>
<tr><td colspan="2">대 · 소집단 활동</td><td>동시 :
필요해요</td><td>이야기 나누기 :
점점 편리해져요
음악 : 무엇이 필요할까요?</td><td>신체:
꽁꽁 감아라, 술술 풀어라</td><td>동화 :
내가 제일 멋진 도구야
게임:
나는 안전왕!</td><td>요리 :
달걀찜 만들기</td><td></td></tr>
<tr><td colspan="2">실외활동</td><td colspan="6">뚝딱뚝딱 길을 내자 받아라 바통</td></tr>
<tr><td colspan="2">점심 및 낮잠</td><td colspan="6">좋아하는 음식과 싫어하는 음식 함께 먹어보기</td></tr>
<tr><td colspan="2">오후 자유 선택활동</td><td colspan="6">실외 : 모래와 실이 만나면? 기억게임 도형 이용하여 도구 그리기</td></tr>
<tr><td colspan="2">귀가 및 가정과의 연계</td><td colspan="6">가정에서 가족들이 사용하는 다양한 생활도구 찾아보기</td></tr>
</table>

출처: 보건복지부(2013). 4세 누리과정에 기초한 어린이집 프로그램. p. 17

표 6-4 만 4세 일일보육계획 예시

일시	20△△년 △월 △일 △요일	날씨	흐림
주제	교통기관	소주제	교통안전 규칙 알아보기
목표	편리하고 안전하게 교통기관을 이용한다.		
시간 및 구분	활동계획 및 방법	준비물 및 유의점	실행 및 평가
7:30~ 9:00 등원 및 통합보육	• 통합 보육실에서 자유놀이하기 • 엄마 아빠와 인사하고 헤어지기	투약의뢰서 일일연락장	
9:00~ 9:15 오전 간식	• 사과, 우유 • 음식 남기지 않고 다 먹기		
9:15 ~ 10:45 오전 자유 선택 활동	[쌓기] 공간블록 이용하여 승용차 만들기 – 승용차를 타 본 경험이야기 나눈다. – 승용차의 구조에 대해 이야기 나눈다.	공간블록, 핸들, 승용자동차, 벽면 게시물	
	[역할] 비행기 타고 여행을 가요 – 비행기를 타고 가고 싶은 곳을 이야기 나눈다. – 비행기놀이에 필요한 것을 이야기 나눈다. – 필요한 역할을 정하여 놀이한다.	의자, 승무용 의상 등	
	[요리] 바퀴모양 샌드위치 – 바퀴모양 샌드위치를 만드는 방법에 대해서 이야기 나눈다. – 요리할 때 주의사항을 알아본다. – 요리 한 후 맛본다.	식빵, 잼, 바나나, 요리순서도, 빵칼, 밀대, 꼬치	
	[음률] 자동차는 바빠요 – 노래를 듣는다. – '자동차는 바빠요' 플래시를 감상한다. – 노래를 불러본다.	'자동차 바빠요' 플래시, 노래 음원	
10:45 ~ 10:55 정리정돈	• 가지고 놀던 놀잇감을 제자리에 정리한 후 화장실 다녀오기		

10:55 ~ 11:20 대 · 소집단 활동	[신체] 교통표지판 따라 움직여 봐요. - 교통표지판의 의미에 대해 이야기 나눈다. - 교통표지판을 몸으로 표현할 수 있는 방법에 대해 이야기 나눈다. - 음악을 듣다가 교통표지판이 나오면 신호를 몸으로 표현해본다.	다양한 교통 표지판 사진, 흥겨운 음악 음원	
11:20 ~ 12:20 실외활동	[실외활동] 세발자전거 경주 - 경륜사진을 보고 게임방법과 규칙에 대해 이야기 나눈다. - 편을 나누고 게임을 한다. (우천 시: 유희실에서 자전거 경주하기)		
	~~ 중략 ~~~~~~~~	~~~~~~~~	
16:30 ~ 18:00 오후 자유 선택 활동	[쌓기] 공간 블록을 이용하여 다양한 차 만들기 - 공간블록으로 승용차 만들기를 위해 자동차 리플렛을 보고 함께 내용을 살펴본다. - 친구와 함께 공간블록으로 자동차를 만든다. - 완성된 후 기사와 승객 역할을 정해서 놀이한다.	다양한 차의 벽면 게시물	
	[언어] 교통안전 어린이 - 그림카드를 보고 안전하고 바른 행동에 대해 이야기 나눈다. - 게임 방법을 소개한다.	녹음자료, 헤드폰, 교통안전 관련 그림카드 총 18쌍	
	[미술] 감상: 배가 나오는 명화를 감상해요. - 명화에 나오는 배에 관심을 갖고 생각과 느낌을 이야기 나누기	배와 관련된 명화	
18:00 ~ 19:30 통합보육 및 귀가	- 자신의 소지품 정리하기/선생님과 친구에게 인사하기		

출처: 보건복지부 & 중앙육아 종합지원센터(2014). 제3차 어린이집 표준보육과정에 기초한 연령별 보육프로그램의 활용. pp. 150-152

(3) 보육과정의 평가

보육과정의 평가는 계획과 운영이 보육 목표에 적합했는지, 또 목표를 얼마나 이루었는지, 그리고 보육과정의 내용과 방법은 영유아의 발달특성, 요구와 흥미에 적합했는지 등을 파악하고 이를 다음 계획 및 운영에 반영하여 보육과정의 효과성을 높이고자 하는 것이다.

일반적으로 보육과정 평가는 영유아를 대상으로 평가함으로써 보육과정의 적합성과 효과성을 평가하는 방법과 교사에 대한 평가를 함으로써 수업의 질적 수준, 적절성 등을 평가하는 방법이 있다. 보육과정 평가를 위해서는 영유아에 대한 관찰내용이 기본적으로 반영되어야 한다. 관찰을 통해 일상생활의 맥락에서 영유아의 자연스러운 말과 행동을 보고 들으면서 영유아의 발달 변화, 관심과 흥미를 이해하고 놀이나 친구관계, 상호작용 등을 세심하게 관찰하여 보육과정의 적절성 여부를 평가하고, 다음 보육 활동내용 선정, 환경구성, 교수전략, 상호작용 방법 등에 반영한다.

평가의 내용을 살펴보면 다음과 같다.

① 보육의 목적. 목표의 설정은 적합했는가? 보육과정에서 제시한 인간상과 보육 목표 및 어린이집 보육철학 등을 균형 있게 반영하였는지 평가한다.

② 보육 내용 선정과 조직은 적절했는가? 보육내용을 선정함에 있어서 표준보육과정에 기초하여 보육내용의 통합성을 고려하고 영유아의 발달수준을 고려했는지 평가한다.

③ 교육학습 방법의 효율적이었나? 주제에 적합한 환경 구성을 하였는지 교사는 영유아의 흥미와 요구 및 활동에 적합한 방법을 적용하였는지 평가한다.

④ 교사의 상호작용은 긍정적이고 효과적이었나? 교사는 영유아를 존중하면서 상호작용하고 놀이를 격려하고 지원하며 그들의 요구에 민감하게 반응하고 안내하였는지 평가한다.

⑤ 영유아는 즐거워하고 적극적으로 참여하였는가? 무엇보다도 어린이집에서 영유아는 즐겁고 행복해야 한다. 영유아는 활동에 즐겁게 참여하고 발전하였는지 평가한다.

보육과정 평가 주기는 보육일지를 통한 일일평가, 주간평가, 월간평가, 학기별평가, 연간평가 등으로 구분하여 실시할 수 있다. 특히 일일평가는 일일 목표가 충분히 다루어져 영유아들에게 기대하는 바가 성취되었는지 교사가 계획한 일과 운영이 전반적으로 잘 이루어졌는지를 평가하고 보육일지에 기록한다.

표 6-5 일일보육일지(만 1세)

일시	2015. 7. 28(화요일) 날씨 맑음	담임	원장
주제	놀이할 수 있어요(물놀이는 재미있어요)		
목표	오감을 사용하여 물을 다양한 방법으로 탐색한다.		
구분	계획	실행평가	
등원 (~9: 20)	• 먼저 온 친구에게 인사하기 (O) • 체온 체크 및 건강 시진하기		
손 씻기 및 오전 간식 (9:20~9:40)	• 화장실 다녀와서 손 씻기 (O) • 간식 이름 알아보기 • 오전 간식: 배, 우유 (X)		
오전/오후 실내 자유놀이 (9:40~11:00) (16:00~18:00)	〈신체영역–물주머니로 놀아요〉 (O) • 물 주머니 탐색하기	• 물 주머니가 무거우면 놀이하기 어려우므로 물을 적당히 채워서 제공하였으며 미끄러지지 않도록 바닥에 헝겊 매트를 깔고 진행하였음	
	〈언어영역–물에 뜨는 그림책〉 (O) • 물에 들어가도 젖지 않는 재질의 그림책 탐색하기		
	〈감각 · 탐색영역–주물주물 미역, 미끌미끌 다시마〉 (X) • 미역을 만지며 느낌을 언어로 표현하기	• 건 다시마를 물에 넣어 활동하려고 하였으나 아이들이 건 다시마에 관심을 많이 보여 오늘은 건 다시마만 탐색, 내일은 건 다시마의 변화와 느낌을 표현하는 활동을 해 볼 것임	
	〈역할 · 쌓기영역–보글보글 목욕놀이〉 (O) • 목욕용품 탐색하며 목욕하는 흉내 내어 보기	• 인형 목욕시키기로 확장하여 놀이함	
오전/오후 실외 (11:00~11:30)	〈아기 인형 목욕해요〉 (O) • 신체와 놀잇감 사용하여 물 탐색하기	• 영아가 물을 다양한 방법으로 충분히 탐색한 후 인형 목욕 놀이를 할 수 있도록 지원하였음	

정리/손 씻기 점심 식사 및 이 닦기 (11:30~13:00)	• 점심: 잡곡밥, 맑은 미역국, 닭다리살매 실청조림, 클로렐라묵/양념장, 참나물 무침, 배추김치 (O) • 컵에 물 받아 입안 헹구기 (O)	• 스스로 컵을 사용하여 물을 담아 보며 자신이 담은 물로 양치 후 입안을 헹구기도 함
낮잠 (13:00~15:30)	• 화장실을 다녀온다. • '자장가'를 들으며 낮잠을 잔다. • 낮잠을 자지 않은 영아는 교실에서 조용한 놀이를 하거나, 휴식을 취한다.	
손 씻기 및 오후 간식 (15:30~16:00)	• 화장실 다녀와서 손 씻기 (O) • 간식 이름 알아보기 • 오후 간식: 베이컨 김치 볶음밥 (O)	
귀가 및 통합보육 (18:00~)	• 가방 찾아보기 (O) • 선생님과 친구들과 함께 인사 나누기 (O)	
총평	• 물에 들어가도 젖지 않는 재질의 그림책을 제공함으로써 더욱 많은 흥미를 유발시킬 수 있었음 • 실외놀이 시 아기 인형 목욕뿐 아니라 아기 인형이 입고 있는 옷에도 관심을 보이는 영아들이 많아 내일은 확장 활동으로 인형 옷을 빨아 주는 놀이를 할 계획임	
기타		

2. 국가 수준의 표준보육과정

1) 표준보육과정의 기초

우리나라의 국가수준의 보육과정으로 표준보육과정이 있다. 표준보육과정은 우리나라 어린이집에서 0세부터 5세까지를 대상으로 적용되는 보육과정의 이름이다. 이는 영유아의 전인적 발달과 우리 문화에 적합한 내용을 일관성 있고 연계적으로 실천하며, 궁극적으로 사회에서 추구하는 인간상을 구현하고 전국 어린이집의 질적 수준을 높이기 위한 것이다. 표준보육과정은 「영유아보육법」 제29조에 근거하며 모든 어린이집은 제29조 제3항에 근거하여 표준보육과정에 따라 영유아를 보육하도록 노력하여야 하여야 한다. 표준보육과정은 0~1세, 2세, 3~5세로 구분하여 제시하고 있으며 그중 3~5세 표준보육과정은 유치원과 공통으로 적용할 수 있으며 이를 누리과정이라는 별도의 명칭으로 부르고 있다. 즉 표준보육과정은 크게 0~2세 표준보육과정과 3~5세 표준보육과정(누리과정)으로 구성되어 있다.

2) 표준보육과정의 변천

어린이집의 질적 수준을 높이고, 영유아의 조화로운 성장과 발달을 지원하기 위해 영유아의 연령 및 발달수준에 적합한 보육과정의 개발이 요구되었다. 이는 2004년 1월 전문 개정된 「영유아보육법」에 어린이집은 '표준보육과정에 따라 영유아를 보육하도록 노력하여야 한다'(제29조 제3항)라는 조항에 근거하여 국가수준의 보육목표와 내용을 개발하고자 하였다. 표준보육과정은 2006년 11월 10일에 여성 가족부령 제11호로 '표준보육과정령'(「영유아보육법 시행규칙」 제30조 관련)으로 공포되고 2007년 1월 3일 '표준보육과정의 구체적 보육내용'이 고시(여성가족부 고시 제2007-1호) 되었다. 이후 보육업무가 보건복지부로 이관되면서 2010년 9월 7일 '표준보육과정의 구체적 보육내용 및 교사지침'이 재 고시(보건복지부 고시 제201071호)되었다. 2011년 9월 어린이집과 유치원 5세를 위한 공통과정으로 5세 누리과정을 제정 고시하였고, 2012년 2월 5세 누리과정을 제정과 더불어 제2차 표준보육과정을 고시하였다. 이후 당해 7월 보건복지부와 교육과학기술부가 함께 5세 누리과정 개정과 3~4세 누리과정을 고시하였다. 2013년 1월 0~1세 보육과정, 2세 보육과정, 3~5세 보육과정(누리과정)을 포함하여 전체적으로 제3차 표준보육과정을 고시하였다.

>> 표 6-6 표준보육과정의 개정과정

표준보육과정의 개정 과정	개정일	내용
『영유아보육법』 전문개정	2004. 1	표준보육과정 개발의 근거 마련 (「영유아보육법」 제28조 제2항, 제4항, 시행규칙 제30조)
표준보육과정 고시	2007. 1	표준보육과정의 구체적 보육내용 및 교사지침 고시함.
표준보육과정 재고시	2010. 9	여성가족부의 보육업무가 보건복지부로 이전되면서 2007.1의 표준보육과정 고시가 보건복지부 고시 제2010-71호로 재고시함
5세 누리과정 고시	2011. 9	어린이집과 유치원 5세를 위한 공통과정으로서 5세 누리과정을 제정 고시함
제2차 표준보육과정	2012. 2	5세 누리과정 제정과 더불어 0~4세를 포함하여 제2차 표준보육과정을 고시함
3~4세 누리과정 고시 및 5세 누리과정 개정 고시	2012. 7	보건복지부와 교육과학기술부가 함께 5세 누리과정 개정과 더불어 3~4세 누리과정을 고시함
제3차 어린이집 표준보육과정 고시	2013. 1	0~1세 보육과정, 2세 ㄴ보육과정, 3~5세 보육과정(누리과정)을 포함하여 전체적으로 고시함

3) 표준보육과정의 기본 방향

어린이집에서 영유아를 보육함에 있어 영유아의 발달에 관한 관점과 교육에 대한 철학적 관점은 보육의 목적과 목표, 보육내용, 방법을 결정하는 데 기초가 된다. 표준보육과정에서는 영유아 및 교육에 대한 철학적, 이론적 관점을 다음과 같이 제시하고 있다.

① 영유아는 개별적인 특성을 지닌 고유한 존재이다.
② 영유아는 연령에 따라 발달적 특성이 질적으로 다르다.

③ 영유아는 그 자체로서 존중받아야 하는 존재이다.
④ 영유아는 직접적으로 경험할 때 의미 있는 지식, 기술 및 바람직한 태도를 형성해 간다.
⑤ 영유아는 일상생활이 편안하고 학습과 경험이 놀이중심으로 이루어질 때, 최대의 능력이 발휘된다.
⑥ 영유아는 민감하고 반응적인 성인과의 신뢰 있는 관계 속에서 최적의 발달을 이룬다.
⑦ 영유아가 속한 가정, 지역사회가 함께 협력할 때 영유아에게 가장 긍정적인 영향을 미친다.

이러한 철학을 기본으로 하여 표준보육과정에서 추구하는 인간상은 심신이 건강하고 행복한 사람, 자율적이고 창의적인 사람, 자신과 타인을 존중하고 배려하는 사람, 자연과 우리 문화를 사랑하는 사람, 다양성을 인정하는 민주적인 사람이다.

① 심신이 건강하고 행복한 사람
② 자율적이고 창의적인 사람
③ 자신과 타인을 존중하고 배려하는 사람
④ 자연과 우리 문화를 사랑하는 사람
⑤ 다양성을 인정하는 민주적인 사람

4) 표준보육과정의 구성

(1) 구성 체계

보육과정의 구성은 발달 특성을 고려하여야 하며 세부 내용을 선정할 때 유아의 연령별 발달 수준에 다른 계열성, 계속성, 연계성을 고려하여야 한다. 표준보육과정은 이러한 점을 고려하여 다음의 구성체계로 이루어져 있다.

가. 어린이집 표준보육과정은 0~1세 보육과정, 2세 보육과정, 3~5세 보육과정으로 구성되어 있으며, 3~5세 보육과정은 유치원과 공통으로 사용하며 누리과정이라 부른다.

나. 어린이집 표준보육과정은 영역, 내용범주, 내용, 세부 내용으로 구분되어 있고, 내용 간에 연계가 이루어지도록 구성하였다.

다. 0~1세 보육과정, 2세 보육과정에서는 수준별 세부내용으로 구성되어 있고 3~5세 보육과정에서는 연령별 세부내용으로 제시되어 있다.

0~1세 보육과정 4수준, 2세의 보육과정은 2수준으로 구분하고 있고 3~5세 보육과정은 3세, 4세, 5세에 적합한 내용으로 제시하고 있다.

라. 보육과정의 중심으로 하는 영역은 다음과 같다.

- 0~1세, 2세 보육과정: 기본생활, 신체운동, 의사소통, 사회관계, 예술경험, 자연탐구의 6개 영역
- 3~5세 보육과정: 신체운동·건강, 의사소통, 사회관계, 예술경험, 자연탐구의 5개 영역

마. 특히 3~5세 보육과정은 초등학교 교육과정과의 연계성을 고려하여 구성한다.

(2) 구성 내용

표준보육과정의 영역의 내용은 범주에 따라 묶어서 제시하고 있는데 이를 내용 범주라고 명명하고 있다. 내용범주는 각 영역의 내용들을 하나로 묶는 주요 개념을 말하며 각 영역별로 2~4개로 되어 있어서 0~2세 보육과정은 총 18개 내용범주로 되어 있고 3~5세 보육과정은 20개의 내용범주로 구성되어 있다.

표준보육과정의 내용범주는 〈표 6-7〉과 같다.

표 6-7 0~5세 연령별 보육과정의 내용 범주

<table>
<tr><th></th><th>기본생활</th><th>신체운동</th><th>의사소통</th><th>사회관계</th><th>예술경험</th><th>자연탐구</th></tr>
<tr><td rowspan="6">0
~
1, 2세
보육과정</td><td rowspan="2">건강하게
생활하기</td><td rowspan="2">감각과 신체
인식하기</td><td>듣기</td><td rowspan="2">나를 알고
존중하기</td><td rowspan="2">아름다움
찾아보기</td><td rowspan="2">탐구하는
태도
기르기</td></tr>
<tr><td>말하기</td></tr>
<tr><td rowspan="2">안전하게
생활하기</td><td rowspan="2">신체조절과
기본운동하기</td><td>읽기</td><td rowspan="2">나와 다른
사람의
감정 알기</td><td rowspan="2">예술적
표현하기</td><td rowspan="2">수학적
탐구하기</td></tr>
<tr><td rowspan="3">쓰기</td></tr>
<tr><td rowspan="2"></td><td rowspan="2">신체활동에
참여하기</td><td rowspan="2">더불어
생활하기</td><td rowspan="2">예술
감상하기</td><td rowspan="2">과학적
탐구하기</td></tr>
<tr></tr>
</table>

⇩

<table>
<tr><th></th><th>신체운동 · 건강</th><th>의사소통</th><th>사회관계</th><th>예술경험</th><th>자연탐구</th></tr>
<tr><td rowspan="5">3
~
5세
보육과정
(누리과정)</td><td>신체인식
하기</td><td>듣기</td><td>나를 알고
존중하기</td><td>아름다움
찾아보기</td><td>탐구하는
태도 기르기</td></tr>
<tr><td>신체조절과
기본
운동하기</td><td>말하기</td><td>나와 다른 사람의
감정 알고
조절하기</td><td rowspan="2">예술적
표현하기</td><td rowspan="2">수학적
탐구하기</td></tr>
<tr><td>신체활동에
참여하기</td><td>읽기</td><td>가족을 소중히
여기기</td></tr>
<tr><td>건강하게
생활하기</td><td rowspan="2">쓰기</td><td>다른 사람과 더불
어 생활하기</td><td rowspan="2">예술
감상하기</td><td rowspan="2">과학적
탐구하기</td></tr>
<tr><td>안전하게
생활하기</td><td>사회에 관심 갖기</td></tr>
</table>

표준보육과정은 영유아의 심신의 건강과 전인적 발달을 도와 행복을 도모하며 민주시민의 기초를 형성하는 것을 목적으로 하고 있다. 이를 기본으로 연령별 목표, 세부 내용이 구성되어 있고, 실제적 운영을 위한 편성과 운영을 위한 지침, 교수학습 지침, 평가 지침을 제시하고 있다.

3. 보육과정과 보육프로그램

프로그램이란 학교 안에서 일어날 수 있는 모든 계획적인 경험뿐만 아니라 가정과 지역사회에서까지 연장될 수 있는 교육적 경험(Almy, 1975)이다(양옥승 외, 2011). 보육프로그램은 목표, 교사의 역할, 일과의 운영, 환경구성 등에서 명확한 내용과 특성을 갖고 있는 것을 말한다.

영유아교육 분야에서 교육과정을 프로그램과 동일한 것으로 사용되고 있으나 프로그램과 보육과정의 개념에는 차이가 있다. 과거 유아를 위한 교육프로그램은 철학적 기초에 중점을 두고 발전되어 왔으나 최근에는 사회의 다양화로 사회적 기초를 중점으로 하고 있으며 도시화, 핵가족화 등 변화한 환경이 새로운 교육프로그램을 요구하게 되었다.

Spodek& Brown(1993)은 영유아교육 프로그램을 몬테소리 프로그램(Montessori programs), 행동주의 프로그램(behavioral programs), 개방주의 프로그램(open education programs), 구성주의 프로그램(constructivist programs) 등 4가지 일반적인 범주로 분류하였다. 이들 프로그램은 발달이론과 교육 목표가 서로 다르다. 몬테소리 프로그램은 지금까지 계속되고 있으나 행동주의 프로그램은 특수교육 분야에서 적용되고 있다. 개방주의 프로그램과 구성주의 프로그램은 프로젝트 접근법과 이탈리아의 레지오 에밀리아 접근법, 발도르프 프로그램 등과 같이 다양한 접근법들로 개발되어 적용되고 있다. 대개 프로그램은 철학, 목적과 목표, 교수학습 방법, 교사의 역할 등에서 독특한 특성을 갖고 있는데, 최근에는 특별한 목적이나 대상을 위한 프로그램이 개발되고 있다. 예를 들면 전쟁과 평화에 대한 개념을 길러 주기 위해 평화교육 프로그램, 환경에 대한 개념과 보호하는 생활태도를 길러 주기 위한 지속가능 프로그램, 각박한 세상에서 바른 인성발달을 위한 인성 교육프로그램, 저소득층 영유아 지원과 교육을 위한 포괄적 프로그램, 인간의 다양성을 수용하기 위한 다문화 교육 프로그램, 특수아동과 일반아동의 통합 교육프로그램 다중지능 프로그램 등 다양한 프로그램이 개발되어 적용되고 있다. 앞으로 사회가 변화해감에 따라 영유아에 대한 교육적 요구가 발생할 것이고, 자연스럽게 사회문화적 요구에 적합한 프로그램은 더 많이 개발될 것이다.

이 장에서는 보육, 영유아 교육에서 많이 논의되고 있는 대표적인 프로그램을 소개하고자 한다. 이들 프로그램은 보육기관에서만 이루어지는 것은 아니며 우리나라 유아교육 현장에서 전반적으로 적용되고 발전된 프로그램이다.

1) 몬테소리 프로그램

(1) 기본 개념

몬테소리 프로그램은 20세기 초반에 마리아 몬테소리(1870~1952)에 의해 창안되어 오늘날까지 많은 나라의 영유아교육에 영향을 주고 있다. 몬테소리는 이탈리아 최초의 여의사였으며 정신의학 외에 심리학과 생물학, 임상의학, 정신의학, 철학, 인류학 등 다양한 학문적인 배경을 가지고 있다. 몬테소리 교육은 정신지체아들의 치료를 교육적인 문제로 인식하고 그들을 위한 교육방법을 연구하고 실행한 데서 비롯되었다.

몬테소리는 당시 정신 지체아들의 치료를 위해 과학적, 실험적 관찰법과 교구를 활용한 감각 교육 방법을 도입하였고 이 방법으로 그 당시 교육이 불가능하다고 여겼던 정신 지체아들도 읽기와 쓰기, 셈하기 지적인 학습이 가능하다는 사실을 입증하였다. 그녀는 1907년 로마의 산 로렌조에 처음으로 '어린이의 집(Casa dei Bambini)'을 열고 빈민 가정의 4세부터 7세까지 영유아들에게 자신의 교육 방법으로 교육하였다. 그 결과 일반아동에게서 훨씬 더 긍정적인 결과를 확인하여 정상아를 위한 교육 방법으로 활용하게 되었다.

몬테소리는 인간은 태어나기 이전부터 정신적 발달을 위한 어떤 패턴 즉, '정신적 태아(spiritual embryo)'를 가지고 있으며 자신의 삶을 능률적으로 만들어 갈 수 있는 창의적이고 구성적 정신을 가진 존재라고 보았다. 영유아는 출생 당시에는 무능한 존재로만 여겨지지만 활발한 정신활동의 결과 점차 독립심이 생기고 하나의 완전한 인격체로 스스로를 구성해 간다. 몬테소리는 이것을 가능하게 하는 것은 영유아에게 주어진 본능적 힘인 민감기와 흡수정신이라고 보았다(신화식, 김헌수, 1992).

① 민감기

민감기(sensitive periods)란 출생에서 6세의 영유아가 특정 요소에 강하게 집착하고 집중적으로 흡수하여 한 개인의 특정한 능력을 발달시키는 데 가장 적절하고 중요한 시기를 말한다. 영유아는 민감기에 부합되는 활동을 쉽고 흥미 있게 받아들이며 열정과 집중력을 가지게 되므로 어느 시기보다 쉽게 배운다고 보았다.

② 흡수정신

인간의 본성에 대한 몬테소리의 또 다른 하나의 독특한 견해는 흡수정신이다. 흡수정신이란 마치 바짝 말라 있던 스펀지가 물을 빨아들이듯 영유아가 환경이 주는 인상들을 아무런 저항 없이 강하게 흡수하는 정신 능력을 말한다. 출생에서부터 6세 사이에 나타나는 흡수정신은 무의식적 흡수정신과 의식적 흡수정신이라는 두 가지의 양상으로 구성된다. 출생부터 3세 시기는 무의식적 흡수정신의 시기로 영유아는 감각과 운동을 통해 환경을 탐색하며, 그가 속한 문화와 언어를 무의식적으로 흡수한다. 약 3세부터 6세 시기는 의식적 흡수정신의 시기로 점차 의도적이고 목적 있는 형태로 발전한다. 다시 말하면, 영유아는 3세까지 무의식적 흡수정신에 의해 받아들인 환경의 인상들을 점차 의식적으로 이해하기 시작한다고 보았다.

③ 자동 교육

몬테소리는 영유아의 본성에는 독립하고자 하는 강한 요구가 있다고 주장한다. 영유아가 어떤 기능을 독립적으로 수행할 수 있게 되면 그보다 더 어려운 기능을 성취하고자 하는 욕구가 생기고, 이런 연속적인 과정을 통해 결국 유아는 독립을 하게 된다.

④ 정상화 이론

영유아는 스스로 선택한 작업에 매우 집중하고 난 후 만족감을 느끼고, 즐거워하며 평화로움과 안정감을 느낀다. 반복, 집중 그리고 만족으로 이어지는 활동 주기를 거치면서 영유아는 내적 훈련과 자신감을 발달시키고, 목적 있는 활동, 즉 작업을 선호하게 된다. 이러한 과정을 '정상화'라고 하였다.

(2) 교육방법

몬테소리 프로그램의 교육방법에서 중요한 것은 영유아를 지도하기 위한 교수법이 아니라 준비된 환경을 마련하는 것이다.

준비된 환경이란 영유아의 발달에 방해 요소는 최대한 제거되고 영유아가 성장 발달하는 데 필요한 모든 요소를 갖춘 환경이다. 준비된 환경 안에서 영유아는 독립적으로 자기 구성의 욕구를 충족시키고, 스스로 잠재력을 발달시키고 배워나간다.

몬테소리 프로그램의 준비된 환경은 교실의 물리적 구조와 질서를 강조한다. 교실에 흥미영역을 교구장으로 구분하고 영유아들이 책상에서 작업을 할 수 있는 공간과 매트 작업을 할 수 있는 넓은 공간을 함께 두어 영유아들의 동선을 조정한다. 그리고 스스로 질서를 지킬 수 있도록 교구의 사용절차를 강조하여 스스로 교구를 선택하여 작업을 한 다음 제자리에 정돈하는 과정을 통해 내적 훈련을 하게 한다.

준비된 환경에는 몬테소리가 고안한 몬테소리 교구로 구성한다. 몬테소리 교구는 유아가 정신적 발달을 이루어가는 과정에서 집중할 수 있는 대상이며 자극을 주기 위한 하나의 수단으로서 의미를 지닌다.

(3) 교사의 역할

몬테소리 프로그램에서 교사의 역할은 영유아가 부족한 것을 인위적으로 가르치는 역할보다는 영유아의 발달 정도를 주의 깊게 관찰하는 관찰자로서의 역할, 그 안에서 유아가 잠재력을 충분히 발현시켜 스스로를 완성할 수 있도록 격려하고 안내자로서의 교수역할, 유아가 반응할 수 있는 환경을 조성해 주는 환경 유지자로서의 역할이 강조된다. 몬테소리 프로그램에서 교사의 성공 여부는 관찰 능력에 달려 있다 해도 과언이 아닐 만큼 정확하게 영유아를 관찰하는 역할은 중요하다. 관찰을 통해 영유아의 요구와 차이를 발견하고 이에 적절하게 반응할 수 있어야 한다

몬테소리 교사는 영유아에게 몬테소리 교구 활용에 대한 시범을 보이고 그들의 학습을 안내하고 촉진하는 역할을 한다. 또한 학급의 분위기와 질서를 유지시키고, 교구의 상태를 점검하고 활동을 계획하고, 유아들의 발달적 변화에 따라 환경을 변화시켜주는 역할을 한다.

2) 프로젝트 접근법

(1) 기본 개념

프로젝트 접근법(Project Approach)은 듀이(Dewey)와 킬패트릭(Kilpatrick)에 의해 제안된 방법으로 한 명 이상의 유아가 특별한 주제에 대해 깊이 있게 탐색하는 활동이다. 카츠와 차드(Katz& Chard, 1989)는 "유아들은 그들의 흥미

가 집중되어, 열중되었을 때 가장 잘 배운다."라고 가정하여 프로젝트 접근법을 하나의 교수방법이 아니라 프로그램의 한 부분으로 접근하였다(문미옥, 이혜상, 2008).

프로젝트 접근법은 학습할 가치가 있는 특정 주제에 관해 심층적으로 탐색해 나가는 교수학습 방법이므로 주제 선정이 중요하다. 주제는 유아의 흥미와 교사의 교육적 판단을 중심으로 하게 되지만 무엇보다도 유아가 자발적이고 주도적으로 탐구가 가능해야 한다.

(2) 교육 방법

프로젝트 접근법은 계획과 시작, 탐색과 표상, 마무리전시 및 평가의 3단계로 이루어진다.

① 1단계: 계획과 시작

주제가 정해지면 우선 주제에 대해 유아들이 이미 알고 있는 정보, 경험, 생각 등을 이끌어 내어 공통된 관심을 이끌어 낸다. 주제에 대해 알고 있는 것에 대해, 그리고 경험했던 사실들에 대해 이야기를 나누고 그림으로 표현해보도록 한다. 주제에 대해 알고 싶은 것이 무엇인지 질문 목록을 작성하고 이것을 어떻게 알아갈 것인지를 의논한다.

② 2단계: 프로젝트 진행-탐색과 표상

유아가 주제에 관한 새로운 정보를 탐색해 나가는 과정이다. 질문 목록을 가지고 현장 견학, 전문가 초빙, 실험 및 관찰, 관련 도서, 시청각 자료의 활용, 관련기관에 문의 등 다양한 방법으로 조사 탐구하도록 한다. 교사는 현장에서 이러한 과정을 녹음하거나 사진이나 동영상으로 촬영하여 유아들과 공유하고 이것을 언어, 수학, 역할, 그림, 조형 등 다양한 방법으로 표현하고 공유한다.

③ 3단계; 반영과 결론-마무리 전시 및 평가

무엇을 학습했는가를 요약해보고 극놀이, 음악, 미술 등으로 표현해 볼 수 있다. 프로젝트 활동의 사진이나 다양한 형태의 결과물을 가지고 전시회나 발표회를 마련하여 그동안의 활동을 정리하고 이 과정을 통해 알게 된 점, 좋았던 점, 아쉬웠던 점 등을 이야기 나누고 평가해본다.

(3) 교사의 역할

프로젝트 접근법에서 교사는 유아가 능동적으로 조사하고 탐구할 수 있는 환경과 자료를 충분히 준비하여야 한다. 유아에 대한 관찰을 통해 유아가 관심을 갖고 있는 주제를 예상해 보고 주제망, 자원 목록 등을 미리 준비한다.

진행과정에서 교사는 필요한 자료와 환경을 제공하고 유아의 사고가 확장될 수 있도록 상호작용한다. 특히 주제에 대해 탐구할 수 있도록 질문하고 질문에 대해 스스로 탐구할 수 있도록 격려하고 지원하는 역할을 한다.

3) 레지오 에밀리아 교육 프로그램

(1) 기본개념

레지오 에밀리아 교육을 이해하기 위해서는 이탈리아 역사와 사회문화적 맥락에 대한 이해가 선행되어야 한다. 1945년 제2차 세계대전 종료 직후 파시스트 체제가 붕괴하면서 국민들은 파시즘 독재로부터 해방되었으나 이탈리아 전체는 극도의 사회 경제적 혼란에 빠지게 되었다. 진보적이고 지방자치의 전통이 강한 이탈리아 북부의 도시에서는 자녀들한테만은 혼란스럽지 않은 사회를 물려주고자 부모가 운영하는 학교를 세우기 시작하였는데 그중 작은 도시 '레지오 에밀리아' 시에서 지역공동체와 로리스 말라구찌라는 한 교사의 협력에 기인하여 생겨난 것이 레지오 에밀리아 교육 프로그램이다.

레지오 에밀리아 프로그램은 피아제와 비고츠키의 이론에 근거로 한 사회적 구성주의와 듀이의 실용주의, 생활중심 교육을 기반으로 하여 생활에 필수적인 의사소통의 수단을 강조하고 있다. 레지오 에밀리아 프로그램은 카츠와 1991년 미국 뉴스위크지에 의해 널리 알려졌으며, 우리나라도 1990년대 이후에 소개되기 시작하여 많은 유아교육기관에서 적용하고 있다.

레지오 에밀리아 프로그램의 교육 원리를 정리하면 다음과 같다.

① 발현적 교육과정(emergent curriculum)에 중점을 둔다.

발현적 교육과정은 아동이 따라가야 할 교육과정도 해야 할 활동도 미리 정해져 있지 않다는 것을 의미한다. 교사가 일반적인 교육의 목표는 세워 놓지만 각 프로젝트나 활동의 세부 목표는 미리 세우지 않는다. 또한 교사나 성인 입장에서 미리 계획된 것에 따르지 않고 융통성 있게, 아동의 요구와 흥미가 채택되는 목표를 정한다.

② 반성적 사고(reflective thinking)에 중점을 둔다.

반성적 사고를 한다는 것은 자신의 생각이나 그 행동, 결과에 대해 다시 생각하는 사고로 상위인지(metacognition) 능력에 해당한다. 레지오 에밀리아 교육에서 아동들의 반성적 사고를 돕기 위해 다양한 매체를 활용하여 기록하고 다시 보고 듣고 생각하고 되돌아보게 한다. 한 가지 프로젝트가 끝나면 전시회를 여는데 이것도 아이들의 반영적 사고를 돕기 위한 것이다. 유아가 그린 그림을 벽에 전시해 주면, 다른 유아들과 자연스럽게 의사소통의 실마리가 되기도 하고 자기가 그린 그림을 다시 봄으로써 자기 작품과 생각을 객관화시켜 볼 수 있는 기회가 되기도 한다.

③ 환경 및 공간을 중요시한다.

레지오 에밀리아 프로그램에서 교사와 유아가 활동하는 공간과 환경은 제3의 교사(김희진, 오문자 역. 1994, Roopnarine & Johnson, 2000)로 인정된다. 유아에게 교실 환경은 관계 맺기 및 의사소통의 장이며, 지나간 기억을 되짚어(re-visit) 보는 장소이다. 또한 교실에서 유아는 말과 글을 포함하여 동작, 그림, 조형활동, 그림자 등 다양한 상징매체로 자신을 표현하고 세상을 표현한다. 이러한 표상이 다양하고 자유롭게 이루어지기 위한 아틀리에를 배치하며, 이는 레지오 에밀리아 교육프로그램에서는 매우 중요한 학습 공간이다.

④ 관계 및 의사소통에 중점을 둔다.

레지오 에밀리아 사람들에게 교육은 넓은 사회체제 안에 속해 있는 관계(relation)와 의사소통(communication)의 체제이다(김희진 외, 1999). 사람과 사람 사이의 관계가 이루어지기 위해서는 공통의 관심사나 흥미가 있어야 하고 그 안에서 의미 있는 의사소통과 존중, 귀 기울여 주기가 주를 이루어 나타난다.

⑤ 기록(documentation)은 중요한 매체이며 교수전략이다.

기록이란 구체적이고 가시적인 '기억'(memory)으로서, 기억을 시각적으로 형상화하는 것이며 의사소통의 수단이다. 기록을 함으로써 유아들이 했던 것, 했던 말, 활동들을 드러내 주며 기록을 보는 사람과 기록에 참여한 사람, 기록 안에서 활동했던 아동들과 의사소통의 수단이 되는 것이다. 기록에 필요한 도구들은 카메라, 녹음기, 슬라이드 기기, 비디오카메라, 컴퓨터, 복사기 등이다.

(2) 교사의 역할

레지오 에밀리아 교육기관에서 일하는 사람은 크게 페다고지스타, 교사, 아틀리에리스타 세 유형으로 나눌 수 있다. 교사는 한 반에 두 명의 담임교사가 배치되며 3년간 한 학급을 담임한다. 교사는 정해진 교육 목표가 아닌 영유아의 흥미와 요구에 따라 발현적인 교육과정을 구성해 나갈 수 있도록 하며 이를 위해 교사는 유아를 체계적으로 관찰하고 사진을 찍고 유아와 대화를 나눈 것을 기록하고 녹음한다. 이렇게 모인 자료를 끊임없이 해석하고 논의하는 연구자로서의 역할을 강조한다.

아틀리에스타(atelierista)는 예술분야 전공자로서 학급 담임과 협력하여 교육과정을 개발하고 기록작업을 함께한다. 아틀리에를 운영하고 재료를 제공하고 교사와 유아의 작품을 함께 평가하여 창의적인 방향으로 나갈 수 있도록 도와준다. 페다고지스타(pedagogista)는 한 명당 세 개의 기관을 담당하며 기관 전반에 관련된 정책이나 문제를 토론하거나 교수학습 활동을 돕고 부모와 행정가들과의 관계를 중재하며 교사를 조력하는 역할을 한다(이연섭, 2003).

4) 발도르프 유아교육

(1) 기본개념

발도르프 교육은 루돌프 슈타이너(1861~1925)의 교육적 이념을 바탕으로 창안되어 도시화, 산업화된 오늘날 여러 나라에서 새로운 교육 대안으로 떠오르고 있다.

발도르프 교육은 1919년 4월에 슈트가르트 시에 있는 발도르프 아스토리아(Waldorf-Astoria) 담배공장에서의 슈타이너 강연이 모티브가 되어 공장 내에 공장 노동자들의 아이들을 위한 발도르프 학교가 세워졌고 엘리자베스 그린레스(1895~1981)가 슈트가르트에 발도르프 유치원을 설립하여 운영하기 시작한 것이 그 기원이다.

발도르프 교육의 특징을 살펴보면 다음과 같다(곽노의, 1999).

① 인지학(anthroposophie)을 근거로 하여 교육 방법을 제시하고 있다.

인지학에서 교육은 인간의 내적 세계를 이해하여 궁극적으로 자아 형성을 도와줌으로써 인간의 본질을 자유롭게 하는 데 그 목적을 두고 있으며 이러한 교육의 목표는 교육예술을 통해 전달될 수 있다고 보았다.

영유아의 발달은 자신의 개성에 따라 발전해 나가는데 이것은 주변 양육자의 가르침이나 지도에 의해서 이루어진다기보다는 자신의 생명육체가 스스로 발전되면서 자립적으로 이루어지는 것이다. 인간의 발달 단계는 태어나서 육체와 정신 발달이 결합되어 일어나는 7년 주기를 제안하였다. 즉 인간은 7년을 주기로 구성체, 생명체, 감성체, 자아의 과정을 거치면서 발달한다. 세상에 태어나서부터 7년까지의 영유아 시기는 육체가 만들어지는 시기이며, 이 시기는 자율적으로 체험하고 모방할 수 있는 환경을 제공함으로써 조용히 그리고 천천히 본성이 스스로를 돕게 하는 교육으로 이루어져야 한다. 따라서 인위적인 장난감이나 의도적인 교육계획은 적절한 교육 과정이라고 보지 않는다.

② 모방과 놀이의 중요성을 강조한다.

인간의 전인적 발달을 위한 교육은 이러한 인간 본질 특성에 맞아야 하고 현실과 조화를 이루도록 해 주어야 하며, 이를 위한 가장 좋은 두 가지 방법은 모방과 놀이이다. 영유아는 본질적으로 성인들의 일에 호기심을 갖고 있고 자신의 이해를 높이기 위해 그들이 본 것을 모방한다. 함께 삶을 살아가는 자연스러운 모습 자체가 가장 좋은 교육 내용이기 때문에 무엇을 가르치기보다는 일상적인 주위 환경과 어른들의 본 보기가 되는 것이 가장 중요하다. 따라서 교사는 교실에서 부서진 놀잇감을 수리하는 것, 간식을 준비하거나 청소하는 것, 교실 환경을 꾸미는 것 등 교사의 일상적인 일을 하게 된다(이명환, 곽노의, 2001).

③ 환경에 대한 영유아의 민감성을 강조하면서 독특한 환경을 제안한다.

슈타이너는 영유아가 오감을 통해 흡수하고 경험하기 때문에 그들이 접하고 있는 환경의 영향을 매우 민감하게 받는다고 생각하였다. 따라서 영유아가 사용하는 교실이나 실외놀이터의 구조와 설계에서부터 독특함을 가지고 있다. 교실 벽은 무늬가 없고 밝은 색깔을 사용하여야 하며 밝은 벚꽃이나 나뭇잎을 연상시키는 밝고 화사한 색깔을 사용한다. 교실의 재료도 밀랍이나 나무, 천연섬유 등 자연 소재를 사용하여 구성하고 있다.

④ 리듬과 일상생활로 교육과정을 구성한다.

발도르프 프로그램의 주요 부분은 리듬과 일상으로 이루어진다. 인간의 전체적인 삶은 하루 일상생활에서 신체적, 정신적 리듬을 만들어 가면서 이루어진다. 어린 영유아는 아직 리듬을 스스로 만들 수 없기 때문에 정리된 환경과 함께 시간적 질서인 리듬을 느낄 수 있도록 해주어야 한다. 따라서 교사들은 매일, 매주, 계절 그리고 일 년 단위로 반복되는 일상으로 교육과정을 구성하며, 규칙적인 일과와 일상을 통해 익숙한 리듬 속에서 안정감을 갖고 미래를 예측하게 한다. 예를 들어 월요일은 빵 굽는 날, 그리고 화요일은 야채수프의 날로 지정하는 것과 같은 리듬은 요일을 인지하여 자신만의 정체성을 갖게 만들며 예측할 수 있는 미래에 대해 유아의 흥미를 갖고 대처하게 만든다.

⑤ 유아에 대한 깊은 존중을 기본전제로 한다.

발도르프에서 교육은 유아에 대한 깊은 존중에서부터 출발한다. 따라서 발도르프 교사들은 세 가지 임무를 다해야 하는데, 그것은 정의, 열정과 보호이다. 정의는 유아 각각의 속도로 나갈 수 있도록 주의를 기울이는 태도와 감수성이 예민한 유아기에 어떤 자극을 어떻게 제공할지를 고민하고 실천하는 태도이다. 열정은 자신이 선택한 교사라는 직업에 대한 헌신과 열정을 말하며, 임무는 신체적, 감정적, 사회적 그리고 심리적으로 모든 아동을 보호하는 것이다. 교사는 재촉하지 않는 환경을 제공하고 미디어, 전자제품, 기계소음, 가공식품 등 유해한 환경으로부터 보호해야 하는 것이 중요한 임무 중 하나다.

⑥ 가족과의 공동체 의식을 중요시한다.

발도르프 교육에서는 부모와의 공동체의식을 매우 중요하게 생각한다. 부모와 학교가 영유아에게 일관성 있는 영향력을 행사할 때 영유아의 잠재력은 매우 크게 작용하고, 전반적인 발달을 강화한다. 따라서 부모와 교사의 파트너십이 매우 중요하게 생각하며 이를 위한 모임과 참여가 중요하게 작용한다.

(2) 교육방법

발도르프 프로그램에서 환경은 영유아가 스스로 배워 나갈 수 있는 터이므로 매우 중요한 의미를 갖는다. 발도르프 프로그램의 환경에서 공간적 질서와 시간적 리듬을 매우 중요시한다. 환경구성의 기본원리는 아이다울 수 있는 시간과 공간을 제공해 주어야 한다는 것이다. 작업은 손으로 할 수 있는 목공예, 수공예, 바느질 등의 놀이를 한다. 교사는 집으로 돌아가기 전에 영유아를 모아 놓고 동화를 들려 주는데, 그림과 글씨가 있는 책을 읽어 주는 것이 아니라 교사가 이야기로 들려 주며 2주간 반복하여 들려준다.

발도르프 프로그램의 놀잇감은 아주 단순하고 자연적이다. 그 이유는 단순한 놀잇감 모형일수록 어린이의 내면적인 움직임을 최대한 촉진시켜 주기 때문이다. 또한 자연재료를 이용하여 단순하게 만들어진 놀잇감과 놀이를 통해 영유아의 능동성이 촉진된다. 마로니에, 조개껍데기, 통나무, 나무 조각, 헝겊, 천 등 자연적인 놀잇감은 다양한 방법으로 놀이할 수 있고, 영유아의 능동성, 창의성을 촉진하며, 순수한 정서를 지속시켜 준다.

발도르프의 교육내용은 생활리듬, 라이겐, 예술작업, 동화와 이야기 들려주기, 수채화 그리기 등이 있다.

(3) 교사의 역할

발도르프 교사는 예술, 동작, 음악에 대한 창조성을 개발할 수 있어야 하며 유아들의 성장을 지켜주는 파트너가 되어야 한다(홍지연, 2002). 교사는 영유아를 직접 가르치는 역할을 하는 것이 아니라 영유아가 원래 갖고 있는 것을 이끌어낼 수 있어야 한다. 교사는 영유아들에게 놀잇감이나 실내외 환경을 통해 외면적 영향뿐 아니라 내면화할 수 있도록 자유와 시간을 주어야 한다. 즉 놀잇감과 놀이를 스스로 결정해서 참여할 때까지 교사는 기다려 준다. 발도르프 교사는 계속 담임을 맡아서 영유아와의 관계와 개별적 이해를 보다 깊이 할 수 있도록 한다.

5) 생태유아교육 프로그램

(1) 기본개념

생태유아교육 프로그램은 부산대학교 유아교육과 부설 어린이집에서 실시하면서 시작된 유아교육 프로그램이다(임재택, 김은주, 하정연, 권미량, 조채영, 2006).

생태 유아교육프로그램의 일반적 특징을 정리하면 다음과 같다.

첫째, 생명의 세계관에 기초를 두고 있다.

아동관도 아이를 생명의 본질로 본다. 아이들이 잘 자라는 것은 자연생태계에 잘 적응하는 것이며, 아이들이 자연생태계에 잘 적응하려면, 적응력, 생명력, 면역력, 생기 및 자연치유력이 왕성해야 한다.

둘째, 자생적 한국 유아교육이다.

생태 유아교육은 동양사상과 철학, 한국 전통사상과 민간신앙에 그 근거를 두고 있다. 유가, 도가, 주역 및 불교사상은 물론 한국 민족의 상고사상, 풍수사상, 한의학, 사상체질론, 동학, 천도교, 대종교, 증산교, 원불교, 정역, 기학 등에서 그 지혜를 찾고 있다.

셋째, 공동체 중심교육이다.

사람은 혼자만의 고립된 존재가 아니라 모든 만물과 상호작용하면서 연결되어 있는 존재이다. 현대 사회의 이기주의, 개인주의 성향이 강한 현실적인 문제는 함께 더불어 살아가는 공동체 교육을 통해 극복할 수 있다.

넷째, 관계 지향적 교육과정이다.

생태유아교육은 실제 삶 속에서 다른 존재들과의 관계를 고려하여 마음으로 정성을 다하는 교육을 강조한다. 자연과 인간, 인간과 인간, 인간과 동·식물 등의 상호 관계를 인정하고 상호 존중할 수 있게 하는 교육을 강조하며 이러한 관계 속에서 정성과 사랑을 담아내는 교육과정이다(임재택, 2006).

다섯째, 몸, 마음, 영혼을 강조한다.

이성중심의 기존 교육은 정보 습득에 필요한 이성, 정신. 지능을 우위에 두는 경향으로 지식주입식 교육, 점수 따기식 교육, 획일주의적 경쟁교육의 병폐를 낳고 있으며, 자연과 놀이와 아이다움을 잃어버렸다. 따라서 유아교육은 이성과 감성, 정신과 육체, 지능과 감각을 동시에 강조하는 방향으로 나가 지덕체를 고루 갖춘 전인적 인간으로 기르는 것이 바람직하다.

(2) 교육 방법

생태유아교육 프로그램은 신명나는 어린이로 기르기 위한 교육으로 자연과 놀이와 아이다움을 열어주기 위해 아이의 몸, 마음, 영혼의 청결한 생명력을 보살피는 교육, 또한 생명을 담은 내용, 더불어 살아가는 내용으로 구성한다.

생태유아교육의 목표를 실현하기 위해 실행하고 있는 주된 프로그램은 세시풍속 프로그램, 산책프로그램, 텃밭 가꾸기 프로그램, 바깥놀이 프로그램, 명상 프로그램, 손끝놀이 프로그램, 몸짓놀이 프로그램, 초기적응 프로그램, 절제·절약 프로그램, 노인·아동 상호작용 프로그램, 생태미술 프로그램, 먹을거리 프로그램 등이다.

(3) 교사의 역할

생태유아교육을 실천하기 위해 교사의 역할과 자질을 강조하고 있다. 교사는 교사이기 이전에 우선 바른 인격체의 소유자이어야 하며 자연을 좋아하고 생명의 가치를 소중하게 여기고 나눔과 모심을 실천하는 사람이어야 한다. 생태유아교육에서 교사의 역할을 다음 여섯 가지로 정의하고 있다(임재택 외, 2004).

첫째, 돌봄의 삶을 사는 교사이어야 한다.
둘째, 땀을 흘리는 교사이어야 한다.
셋째, 섬김을 실천하는 교사이어야 한다.
넷째, 생명의 결대로 키우는 교사이어야 한다. .
다섯째, 지금을 준비하는 교사이어야 한다.
여섯째, 감성을 열어 미적 체험을 하는 교사이어야 한다.

>> 표 6-8 생태유아교육 프로그램 교육내용

종류	내용
세시풍속	일 년을 주기로 자연의 순환적 리듬에 따라 반복되는 연간 절기와 명절에 맞춰 계획하고 계절과 삶의 리듬에 따라 운영한다. 절기로는 삼월삼짇날, 한식, 석가탄신일 , 삼월삼짇날 세시풍속; 산책 가서 진달래꽃 따오기, 진달래 화전 부쳐 먹기 등이 있다.
산책 프로그램	매일 이루어질수록 좋으며 월별로 장소와 놀이를 계획하며 유아, 교사, 부모, 유아교육기관이 함께 어우러진 과정으로 운영한다. 천천히 걷기, 오감과 장소를 알아듣고 느끼기, 신나게 놀기, 느낀 것을 표현하기 등이다.
텃밭가꾸기	텃밭을 일구고 채소를 길러봄으로써 계절과 날씨의 변화, 식물의 생장, 수확에 대한 기쁨, 자연과 함께 삶을 이해하고, 노동의 신성함과 보람을 느끼게 한다. 텃밭 재배 계획 세우기, 땅 고르기, 퇴비 뿌리기, 이랑 만들기, 씨앗뿌리기, 솎아내기, 덧거름 주기, 김매기, 복주기, 수확하기, 병충해 예방하기 등의 활동이다.
바깥놀이 프로그램	바깥놀이를 통해 지적인 호기심과 상상력을 키우고 계절의 변화와 친구들과 더불어 살아가는 능력을 갖게 된다. 수업시간 간의 휴식이나 틈새 활동, 혹은 특별한 날만의 활동이 아니라 일상의 생활로 이루진다.
명상	어른들의 명상과는 달리 일상생활 속에서 자연스럽게 이루어진다. 명상활동은 현재 진행하고 있는 교육활동, 계절, 유아들의 상황을 고려하여 연간, 월간, 주간 계획안을 구성할 수 있다. 다도 명상, 걷기 명상, 산책 명상, 음악 명상 등을 개별 혹은 대·소집단 활동으로 계획하며 이는 날씨나 상황에 따라 융통성 있게 실행한다.
손끝놀이	손끝의 감각을 살리며 머리, 마음, 손의 조화를 이루게 한다. 이를 통해 집중력과 정서적 안정성을 키우게 되고 손끝 근육을 잘 통제하며, 미적인 감각을 키울 수 있고, 노작의 즐거움을 경험할 수 있다. 구슬 꿰기, 공 옮기기, 분류하기, 종이접기, 붙이기, 자르고 오리기, 단추 끼우기, 실뜨기, 직물 짜기, 뜨개질하기 등이다.
몸짓놀이	우리 고유의 전통 몸짓을 이용하여 유아의 몸과 마음을 건강하게 하여 행복한 삶을 살 수 있도록 하고자 함이며, 몸짓 놀이를 통해 내부 기 흐름을 원활하게 하고 마음과 영혼을 조화롭게 발달시킬 수 있다.
절제, 절약	절제 절약을 통해 생명의 물질의 나눔과 섬김의 원리, 순환과 돌림의 경제를 인식하게 되고 물질과 사람과의 관계를 바르게 이해할 수 있도록 한다. '책상 및 교구장 오래 쓰기', '원복 및 가방 돌려쓰기 등이 활동의 예이다.
노인, 아동 상호작용	노인 자원봉사자를 모집하여 유아교육기관에서 아이들과 함께 다양한 활동을 조직적이고 체계적으로 구성하여 한국 고유의 대가족 체계의 삶의 양식을 만들어 노인에게는 외로움을 아이에게는 버릇없음을 해결하고자 하는 것이다. 노인 자원봉사자는 전래동화, 이야기 나누기, 함께 산책하기, 요리, 전통놀이, 텃밭 가꾸기, 예절교육 등을 다양한 활동을 보조한다.

종류	내용
생태 미술	유아들의 풍부한 감성과 신명을 미술적으로 표현하는 것이 생태 미술프로그램이다. 유아의 미술활동은 한국 전통미술에서와 같이 재료가 자연적인 성질의 것이거나 자연환경과 조화로운 것으로 이루어지며 아이들의 모든 삶과 더불어 이루어져야 한다.
먹을거리	생태 먹거리는 주변에 텃밭을 이용하여 농약을 사용하지 않은 안전한 재료로 직접 만들어 먹는 것이 가장 좋다. 텃밭이 없는 경우는 제철 우리 농산물을 이용한다. 김치, 장과 같은 우리 전통음식을 많이 먹게 하고 가공식품이나 인스턴트, 화학조미료 등을 사용하지 않고 동물성과 식물성 식품을 균형 있게 섭취하도록 한다.

제 7 장

보육환경

1. 보육환경의 중요성

영유아가 활동하고 머무는 환경은 영유아의 성장과 발달에 있어서 매우 중요한 의미를 갖는다. 특히 종일제로 운영되는 어린이집의 환경은 오랜 시간 영유아들이 머무는 공간이므로 많은 영향을 미친다. 따라서 영유아 보육시설의 환경구성이 어떻게 이루어지느냐에 따라 영유아의 발달과 성장에 미치는 영향은 다르게 나타날 수 있다.

어린이집의 주로 사회적 환경과 물리적 환경으로 나누어 설명할 수 있다(Spod, 1991). 사회적 환경에는 또래, 보육교사, 부모, 형제 등이 있으며 물리적 환경으로는 보육시설의 설비, 비품, 교구 등이 있다.

사회적 환경은 영유아가 직접 접하게 되는 인간 관계적 환경을 의미한다. 사회적 환경이 영유아 발달에 미치는 영향은 물리적 환경만큼이나 중요하다(권영례·유안진, 1993). 왜냐하면 보육교사나 보육 종사자들은 저마다 그들의 보육관이나 아동관이 있는데 이러한 직업적인 가치관에 따라 영유아들은 각각 다른 영향을 받을 수 있기 때문이다.

영유아의 물리적 환경은 보육기관 내에서의 각종 교구나 시설 혹은 비품뿐만 아니라 보육시설이 위치한 지역사회의 조건 등도 포함된다. 예를 들어 대도시 아파트 단지 내에 위치한 보육기관과 농어촌에 위치한 보육기관의 물리적 환경은 상당히 다를 것이고 그에 따라 영유아에게 미치는 영향도 다를 것이다. 어린이집의 물리적 환경은 영유아들이 단순히 활동하는 공간적 의미에서 벗어나 영유아의 신체적, 인지적, 정서적, 사회적 발달 등 전인 발달에 영향을 주는 중요한 역할을 하므로 공간 구성에 대한 계획이 세심하게 이루어져야 한다. 그리고 영유아를 세심하게 관찰하여 그들의 발달 수준이나 각각의 개성과 연령을 고려하여 물리적 환경이 계획되고 구성되어야 한다. 또한 영유아뿐만 아니라 교사나 성인의 요구와 필요에도 적합하게 환경구성이 이루어져야 한다. 어린이집은 교사에게 있어서는 하루를 보내는 직장의 의미를 갖는다. 따라서 영유아에게 많은 영향을 미치는 교사들이 편안하고 효율적으로 활동하여 좀 더 좋은 결과를 만들 수 있도록 교사의 요구에도 부합되는 환경을 구성하는 것이 바람직하다. 그리고 무엇보다 중요한 것은 이러한 환경의 조성이 안전을 바탕으로 조성되어야 한다는 것이다.

이 밖에도 어린이집의 환경은 심리적인 측면이 고려되어야 한다. 각 어린이집마다, 교실마다 환경이 똑같이 구성될 수 없기 때문에 그에 따라 영유아에게 미치는 영향도 크다. 예를 들어 영유아의 심리적 안정을 위해 실내외 환경 구성이 너무 산만하거나 다양한 색채가 사용되면 아이들은 정서불안을 겪는다든지 집중력에 있어서도 영향을 끼칠 수 있다. 또한 교실 바닥에 마루를 깔거나 목재로 된 교구 및 교구장을 배치한다면 영유아에게 자연친화적인 정서를 전달해 줄 수 있을 것이다.

영유아기는 성장과 발달의 속도가 빠르며 환경과의 밀접한 상호작용을 통해 발달하므로 아동을 둘러싼 환경이 어떻게 바람직하게 구성되었느냐가 아동의 삶의 질을 좌우하게 된다. 그리고 이렇게 형성된 영유아의 발달 정도는 전생애에 있어서 그 바탕이 된다. 따라서 이 시기의 보육환경이 그 어느 때보다 중요한 것이다.

에릭슨은 영유아의 자아 기능과 문화적 환경의 영향을 중요시하였다. 신뢰감이 형성되는 1~2세 어린 영아에게는 일관성이 있고 심리적으로 안정된 환경을 제공해 주어야 하고, 자율성이 발달하는 영아에게는 다양한 탐색활동을 할 수 있는 환경을 제공해 주어야 하며, 3세 이상의 유아에게는 주도성의 발달을 도울 수 있는 환경을 구성해야 한다고 하였다.

교사가 영유아를 위해 구성하는 공간은 영유아의 삶의 가치를 만들어가는 공간이 된다. 따라서 보육환경은 단순한 물리적인 시설·설비로만 이해되어서는 안 된다. 이는 누구든지 영유아가 지내는 보육시설을 방문하여 둘러보는 순간 그 기관의 추구하는 것 즉, 교직원들의 철학, 생각, 마음이 어우러져 있음을 감지하기 때문이다. 그러므로 보육교사는 자신의 가치가 교실의 매체, 설비, 공간배치에 어떠한 영향을 미치는지 그리고 영유아, 부모, 기타 방문자들에게 어린이집의 전반적인 모습을 보여 줄 수 있는 것이라는 것을 생각할 필요가 있다.

영유아기는 모든 발달의 결정적 시기이므로 환경과의 친밀한 상호작용을 통해 발달을 증진시킬 수 있다. 발달에 적합한 활동을 하고 교구들을 제공하는 것은 영유아의 발달을 지원하고 촉진시켜 준다.

전문가들은 생애 초기 3~5세가 인성발달, 신뢰감, 사회성이 가장 많이 발달하는 시기라고 하였다. 아동의 건강한 발달을 위해서는 안정된 환경에서 성인들의 보살핌을 받을 때 가능하다. 보육교사와 각 프로그램도 중요하지만, 보육시설 환경은 영유아의 발달에 질적으로 영향을 미칠 수 있어 더욱 중요하다.

여성의 사회 참여가 늘어나면서 자연히 영유아를 어린이집에 맡기는 시간이 집에 있는 시간보다 길어지게 되었다. 이러한 상황에서 보육시설의 환경은 그 중요성이 더욱 강조되어야 한다. 엄마들은 보육시설을 선정할 때 나이가 어릴수록 정적인 것을 중요하게 생각하고 4세 정도가 되면 교육적인 측면을 많이 고려하게 된다. 개인적인 생각으로는 4세 이전에는 어떤 보육교사를 만나느냐가 특히나 중요한 요소이다. 부모보다도 선생님과 더 많은 시간을 보내는 아이들에게 있어서 선생님 한 사람 한 사람은 영유아의 성장에 그대로 반영된다. 따라서 보육시설에 종사하는 모든 보육교직원이 자신의 아이를 생각하는 마음으로 일에 임하는 것이 보육환경 조성에 있어서 가장 중요할 것이다.

특히 많은 시간을 어린이집에서 보내야 하는 영유아를 위해 어린이집의 실내·외 환경은 매우 중요하다. 일상생활이나 놀이를 적극 격려하도록 계획하고 구성하여 발달에 적합한 경험을 하게 하며 학습을 촉진시켜야 한다. 교사와 영유아 간의 따뜻한 대화와 긍정적인 상호작용 역시 어린이집 환경이 최적화되어 있을 때 더 원만하게 이루어진다. 이와 같이 영유아의 발달에 적합한 보육환경의 중요성에 대한 내용을 살펴보고자 한다.

① 보육환경은 심리적 안정에 중요한 역할을 한다.

영유아는 심리적 안정을 느끼는 환경에서 자발적 탐색과 새로운 도전을 시도한다. 이러한 도전은 모든 환경과의 신뢰감이 형성되어야 이루어질 수 있다. 신뢰감을 키워 주는 물리적 보육환경이란 영아가 놀고, 먹고, 자고 하는 일과에 있어 각 개인별 요구에 따라 차이를 둘 수 있어 스케줄에 따른 일관적인 보살핌보다는 개별적인 보육이 가능한 것을 의미한다. 따라서 영아의 놀이공간과 먹고 자는 공간은 분리되어 있어야 하고, 각 공간 내에서도 다른 영아에 의해 방해받지 않도록 구성하는 것이 필요하다. 신뢰감 형성이란 주변의 사물들이 항상 정해진 곳에 비치되어 있어 예측 가능한 환경이어야 함을 의미한다.

또한 영아의 신뢰감은 지속적으로 일정한 교사나 양육자에 의해 개별적인 보살핌을 받을 때 형성되므로 교사나 양육자와 영아의 비율을 낮추는 것이 질 높은 보육을 제공하기 위한 필수적인 조건으로 보고 있다.

신뢰감을 키워주는 환경이란 잠자고, 신체적 요구를 보살필 수 있고, 노는 영역이 구분되어 있어야 하며, 영아의 발달을 지원하는 잘 훈련된 보육교사가 있어야 한다.

② 보육환경은 애착관계를 증진시킨다.

애착관계를 키워주는 환경은 영아와의 일대일의 상호작용과 영아와 함께 교사 자신도 편안함을 즐길 수 있는 가구가 마련되어야 한다. 영아의 신체적 요구를 위해 보살피는 동안에는 다른 것에 방해받지 않고 영아와 상호작용을 하여야 한다.

③ 보육환경은 영유아의 이동성을 증진시킨다.

영아의 움직임을 위한 공간은 특히 안전이 우선적이어야 하므로 영아의 눈높이에 맞추어 정기적으로 안전에 대한 점검이 이루어져야 한다.

아주 어린 영아에게는 작은 공간도 자유를 허용하는 공간이 되지만 자발적인 움직임이 가능하고 운동범위가 커질 시기의 영아는 더 넓은 공간이 필요하다.

④ 영아의 탐색을 증진시키는 보육환경이 필요하다.

영아의 탐색을 위해서는 다양한 탐색할 것들을 60cm 이하의 높이에 마련하는 것이 좋다. 예를 들면, 영아의 감각적 탐색을 위해 바닥에 낮게 붙인 깨지지 않는 거울, 문이나 선반에 낮게 붙인 코팅된 커다란 천연색 사진, 물고기들의 움직임을 볼 수 있는 어항, 바람에 흔들려서 소리 내는 풍경, 부드러운 카펫이나 단단한 모노륨 또는 마루 등의 다양한 재질로 된 바닥 등 주변 환경으로부터 탐색할 것을 제공할 수 있으며, 상표화된 딸랑이, 모빌, 음악상자, 쥐는 장난감 등도 활용가능하다.

2. 보육환경의 구성 원리

영아를 위한 보육·교육프로그램이 원활하게 운영되기 위해서는 적절한 보육환경이 갖추어져 아동발달을 도울 수 있는 최적의 환경으로 구성되어야 한다. 특히 다음과 같은 사항을 고려하여 구성하여야 한다.

① 안전한 보육환경이어야 한다.

안전은 신체, 인지, 사회적, 정서적 안녕을 반영하는 총체적인 개념이다. 부서진 교구는 영아에게 신체적 해를 입힐 수 있으며, 이러한 물리적 손상은 영아에게 심리적 손상을 가져올 수 있다. 부서지거나 고장난 장난감은 수리한 후 사용하며, 콘센트는 영아가 만질 수 없는 곳에 설치하거나 안전핀을 꽂아 두고 문틈에 손가락이 끼어서 발생하는 안전사고를 예방하기 위한 안전장치를 설치하도록 한다.

② 발달에 적합한 보육환경이어야 한다.

영유아의 발달에 적합한 실제를 위해서는 교실의 환경 구성 역시 발달에 적합해야 한다. 이는 교재 및 교구를 선정하고 실내 흥미영역을 배정할 때 연령별 차이를 고려함과 동시에 동일 연령 내에서의 개인 간 차이 역시 고려해야 함을 의미한다. 즉, 연령별 적합성은 특정 연령집단의 일반적 발달 수준과 흥미를, 개별 적합성은 개별 아동의 독특한 발달 수준과 흥미에 적절하도록 고려하는 것이다. 실내 환경과 더불어 실외환경 역시 연령에 적절한 공간, 시설 및 설비를 갖추어야 한다.

③ 통합을 위한 보육환경이어야 한다.

통합을 위한 보육환경이란 발달 수준과 흥미의 차이가 다양한 모든 아동을 통합적으로 보육할 수 있는 환경을 의미한다. 다양한 능력을 가진 모든 아동의 발달 수준에 적절히 반응할 수 있는 흥미영역과 교구를 선정하기 위한 배려가 필요하다. 통합보육에서 고려해야 할 또 하나의 사항은 아동의 성별이다. 남아와 여아는 자신의 학습경험과 사회적 기술을 최대화시킬 수 있도록 모든 흥미영역에서 활동하도록 격려받을 필요가 있다.

④ 편안함과 안정감을 고려하여야 한다.

편안하고 안정적인 분위기는 영유아의 정서 발달에 매우 중요한 환경이다. 창문에 커튼이나 블라인드를 설치하거나 파스텔톤의 따뜻한 색의 벽지, 커다란 방석이나 쿠션 등으로 편안하고 안정감을 준다.

⑤ 호기심과 다양성에 대한 요구를 고려하여야 한다.

연령에 따라 흥미영역을 구성하여 영유아의 개별적 호기심과 특성에 따라 자유롭게 놀이할 수 있도록 한다.

⑥ 균형을 갖춘 보육환경이어야 한다.

교재 및 교구, 흥미영역, 일과 구성의 균형은 영아의 발달에 적합한 학습 환경을 제공해 준다. 구체적으로 균형을 갖춘 보육환경은 정적인 활동과 동적인 활동을 주기적으로 반복함으로써 아동이 자신의 에너지를 조절할 수 있도록 도울 수 있다.

⑦ 연속성과 융통성을 갖춘 보육환경이어야 한다.

균형을 갖춘 보육환경이 되기 위해서는 학습 환경에서의 연속성과 융통성이 요구된다. 영아가 너무 지치거나 무기력해지지 않도록 하나의 활동이 너무 오랫동안 지속되어서도, 그리고 활동이 너무 자주 변화되어서도 안 된다. 활동의 연속성과 융통성 간에 균형을 이루기 위해서는 보육환경에 대한 영아의 반응을 계속해서 관찰할 필요가 있다. 영아가 지루해하는 반응을 보일 경우 새로운 교구를 제시해야 하고, 영아의 탐구심을 조장하고 흥미를 지속시키기 위해서는 흥미영역의 배치를 새롭게 변경시킬 필요가 있다.

⑧ 교사의 편리성을 고려한 보육환경이어야 한다.

어린이집은 영유아를 보살피고 가르치는 보육교사의 일터이기도 하다. 놀이환경을 준비하고 활동을 계획하는 것은 물론이고 영유아의 욕구를 충족시키기 위해 육체적 노동이 많이 이루어지게 된다. 따라서 교육을 계획하고 준비하기 위한 공간, 휴식하고 자신의 물건을 보관할 수 있는 개별 공간, 함께 모여서 회의할 수 있는 공간 등이 마련되어야 한다.

⑨ 부모와의 소통을 고려하여야 한다.

어린이집은 부모와 매일 만나고 긴밀하게 소통하여야 영유아의 건강한 발달을 지원할 수 있다. 어린이집에서 부모에게 전달하는 통신문, 안내글 등을 손쉽게 전달할 수 있는 공간, 상담, 어린이집 참관 등이 자유롭게 이루어질 수 있는 체계와 환경을 마련해야 한다.

3. 어린이집 실내 환경 구성

어린이집은 많은 영유아들이 함께 생활하며 다양한 실내 환경은 밝고, 통풍이 잘 되고 넓고, 깨끗하며 아늑하고 다양한 교재교구들이 갖추어져 있으며, 적당한 조명과 온도, 색채, 교구비치 등이 적절하게 갖추어진 환경이어야 한다.

코너스(Corners)는 온도, 채광, 색채, 잡음, 환기, 설계, 설비와 교구의 배치 등도 아이들과 교사의 활동을 촉진시키기도 하고 억제하기도 한다고 했다. 한임순(1995)은 실내 환경이 갖추어야 할 요소를 다음과 같이 설명하였다.

첫째, 실내 환경은 우선 채광이 좋고 환기가 잘 되어야 하므로, 지하실 같은 곳은 좋지 않다.

둘째, 가능한 한 실내는 넓으면 좋다. 요즈음 대도시뿐 아니라 중·소도시에서도 아파트나 연립주택에 사는 어린이가 많으므로 실내는 넓을수록 좋다.

셋째, 실내 환경의 재료는 탄력성이 있는 것이 좋다.

넷째, 실내에 여기저기 기둥이 나와 있거나 벽면이 복잡하게 되어 있는 것보다는 단순한 평면벽으로 되어 있는 것이 좋으며, 가능하면 아동의 키가 닿을 만큼의 높이까지는 코르크나 하드보드 등의 연성 재료가 좋다.

다섯째, 아동에게 친근감을 주는 환경이어야 한다.

여섯째, 정적·동적 활동을 마음대로 할 수 있게 설계되어야 한다.

실내 어린이집 환경은 흥미영역으로 구성된다, 흥미영역 구성은 분리대나 칸막이, 카펫 등으로 놀이공간을 구분하여 영역별 특성이 유지되면서 다른 영역과 연계나 통합이 잘 이루어지도록 교실의 공간을 구성하여야 한다.

① 기능적으로 분리하여 배치한다.

실내활동과 실외 활동, 조용한 활동과 활동적인 활동, 물이 요구되는 활동과 건조한 활동 등으로 구분하고, 상반되는 활동영역은 서로 거리를 두어 설치하도록 한다.

예를 들면, 언어영역과 같이 조용하면서도 물이 필요 없는 활동은 미술영역과 같이 조용하지만 물이 필요한 활동, 과학영역과 같이 활동적이면서 물이 필요한 활동이 이루어지는 영역과는 서로 떨어지게 배치해야 한다.

② 활동의 관련 정도에 따라 인접해서 배치한다.

활동의 성격상 상호 보완할 수 있는 활동, 특히 물이나 전기가 필요한 활동은 흥미영역과 인접하여 설치하도록 한다. 예를 들어, 역할놀이영역과 쌓기놀이영역은 필요한 교구, 소음 정도, 활동성이 유사해 쌓기놀이영역의 구성물과 역할놀이영역의 소품을 함께 활용하여 놀이를 확대시킬 수 있도록 서로 인접하게 설치하는 것이 편리하다. 또한, 물이 필요한 모래놀이와 물놀이도 인접해 설치하도록 하고, 언어영역이나 음률영역, 컴퓨터영역은 전기 콘센트가 설치된 근처에 위치하도록 배치해야 한다. 흥미영역은 이러한 영역별 요구사항이 충족될 수 있도록 배치하는 것이 필요하다.

③ 흥미영역의 크기는 참여할 영유아의 수를 고려하여 정해야 한다.

영역별로 필요한 공간의 크기와 영유아의 수를 정해야 한다. 음률영역과 쌓기놀이영역은 반드시 개방된 공간이 있어서 영유아가 마음껏 몸을 움직여 보고, 블록을 쌓아 볼 수 있도록 배려해 주어야 한다.

흥미영역을 배치할 때 각 영역별로 고려할 점은 다음과 같다.

- 언어영역은 조용하고 밝은 곳에 배치하고 자료를 영유아들이 편안한 자세로 볼 수 있도록 비치하는 것이 좋다. 또한 보육실 공간이 협소할 경우 휴

식 공간을 겸하여 설치하여도 무방하다.

- 수·과학영역은 가능한 조용한 곳에 책상과 함께 배치하도록 한다. 특히, 과학영역은 식물이나 동물을 키울 수 있도록 볕이 잘 드는 곳에 배치하고 영유아가 관찰활동을 할 수 있도록 한다.
- 음률영역은 활동적이고 소리가 많이 나므로 조용한 영역과 떨어진 곳에 배치한다.
- 미술영역은 다양한 재료를 이용하여 표현해 보고 완성된 작품을 감상하는 기회를 제공하기 위하여 조용하고 밝은 곳에 배치하는 것이 좋다. 주변에 영유아들이 스스로 손쉽게 자료를 꺼내고 정리할 수 있는 자료 장을 구비하고 완성된 작품을 말리거나 전시할 수 있는 공간을 제공하도록 한다. 또한 미술활동과 정리를 위해서 종종 물이 필요하기 때문에 물을 사용하기 쉬운 곳에 배치하는 것이 좋다
- 역할놀이영역과 쌓기놀이영역은 놀이 확장이 가능하도록 가까이 배치하고, 소음과 움직임이 많으므로 다른 놀이를 방해하지 않도록 배치하되 다수의 영유아들이 함께 참여할 수 있도록 공간을 충분히 확보하도록 하는 것이 바람직하다.
- 신체영역은 움직임에 대한 욕구가 강하고 신체 및 운동기능의 발달이 급격하게 일어나는 영아기 특성을 고려하여 영아반 보육실 내 설치하는 것이 바람직하다. 영아의 탐색과 움직임을 위한 공간이 충분히 확보되어야 하고 시설물과 자료들의 안전에 유념하여야 한다.
- 일상생활영역은 영아반의 경우 하루 종일 먹고, 쉬고, 자고, 화장실을 가는 등의 일상생활이 이루어지므로 이러한 욕구가 충족될 수 있도록 적절한 설비를 갖추어야 하며 보육실 내에 마련하도록 한다.

1) 영아보육환경

영아들의 감각적인 경험에서 직접적으로 영향을 끼치는 요소 중 놀이 환경은 매우 중요한 부분이다. 놀이 환경 즉, 놀이를 하는 공간과 그곳에 비치된 놀이시설 및 놀잇감은 영아들이 직접적인 신체적, 감각적 경험을 하는 데 결정적인 영향을 끼치는 놀이 환경이 된다(이숙재, 1997).

보육환경의 질적 수준은 영아의 발달에 긍정적 혹은 부정적 영향을 주는 요인이 된다. 영아를 대상으로 하는 최적의 환경을 제공하는 그 자체만으로도 보육의 질을 결정하는 중요한 요인이 될 수 있다. 이러한 최적의 환경은 기본적 시설·설비뿐만 아니라 보육실의 크기, 면적, 보육실의 영역 구성, 교재교구의 적절한 제공 등 제반 여건을 포함하고 더 나아가 영아의 요구에 반응할 수 있게 적응된 환경이어야 한다. 영아 보육실의 영역 구성 시 유의점을 설명하면 다음과 같다.

- 보육실은 영아발달에 적합한 놀이 활동영역이 구별되어 제공되어야 한다. 일상생활을 위한 영역과 놀이와 교육을 위한 영역이 구별되어서 제공되어야 한다.
- 놀이영역은 개방적으로 구성되며 5~6명의 영아가 놀 수 있도록 충분한 공간이 제공되어야 한다.
- 교사가 모든 영역과 영아를 한눈에 볼 수 있도록 구성한다.
- 놀이발달에 따라 3~4개 이상의 활동영역이 제공되어야 한다.
- 놀이영역에 발달을 돕는 다양한 놀잇감이 제공되어야 하며 자유롭게 꺼내어 놀 수 있도록 개방적으로 정리되어 제공되어야 한다.
- 놀이영역은 감각과 조작활동 자료, 대근육 활동 기구, 소꿉놀이 기구 및 도구, 소리를 듣고 만들 수 있는 악기나 자료, 책, 볼 수 있는 언어 놀잇감, 다양한 탐색과 표현이 가능한 미술자료 등이 제공되어야 한다.
- 놀잇감은 동일한 것으로 여러 개 준비해 주어 놀잇감을 기다리거나, 놀잇

감으로 인한 갈등이나 다툼이 발생하지 않도록 한다.

영아의 특성을 고려한 활동영역의 구성내용을 설명하면 다음과 같다.

- 영아의 발달적 특성과 기본적 욕구를 근거로 환경을 구성하여야 한다.
- 보육실의 크기는 영아 수에 비해 충분히 넓어야 한다.
- 영아가 활동하기에 방해를 받거나, 지나치게 밀집되지 않도록 영역을 배치한다.
- 기저귀 갈이대는 입식이나 좌식으로 하되 교사나 영아가 사용하기에 편리하도록 한다.
- 기저귀 갈이대와 가까운 곳에 위생적 처리를 할 수 있는 용품들을 가까이 두어 청결한 관리가 효율적으로 이루어지도록 한다.

영아를 위한 환경의 각 영역의 구성 원칙을 설명하면 다음과 같다.

① 일상생활영역(기저귀 갈기/화장실영역)

일상생활영역은 영아반의 경우 하루종일 먹고, 쉬고, 자고, 화장실을 가는 등의 일상생활이 주로 이루어지므로 이러한 욕구들이 충족될 수 있어야 한다. 기저기 갈기는 영아에게 반복되는 중요한 일과이므로 안전한 환경에서 영아가 안정감, 즐거움, 편안함을 느끼면서 기저귀를 갈 수 있도록 배려한다. 페달을 밟으면 열리는 휴지통을 구비하고, 손을 씻을 수 있는 세면시설을 필수적으로 갖춘다. 벽면에서 영아가 볼 수 있는 거울이나 친근한 그림 자료 등을 붙여 놓는다.

영아가 쉽게 출입할 수 있는 화장실은 영아보육환경에서 중요한 부분이다. 화장실 공간이 충분해야 성인이 영아가 필요한 것을 쉽게 도울 수 있는 공간이 확보된다. 화장실은 청소하기 매우 쉬워야 한다. 타일은 표면이고 벽은 적어도 3피트 정도가 가장 청결한 환경이다.

② 일상생활영역(수유 및 식사 간식영역)

영아들이 일상생활을 하는 곳과 식사하는 곳, 그리고 음식 보관과 음식 준비하는 곳이 분리되어 있을 때 보다 위생적이고 청결할 수 있다. 신체 크기에 적합한 낮은 책상이 좋으며, 또래나 보육교사와의 사회적 상호작용이 가능하도록 식탁을 배치한다.

화장실과의 동선을 고려하고, 보육실 내에 냉장고와 전자레인지 식기소독기 등을 비치하여 수유아 식사로 인해 보육실 밖으로 나가는 일이 없도록 한다.

③ 일상생활영역(낮잠, 휴식영역)

낮잠영역은 잠자는 데 방해받지 않는 공간이어야 한다. 낮잠 등의 일과 적응을 집에서 가져온 놀잇감이나 인형, 베개 등의 소품을 사용할 수 있게 배려한다. 침대나 매트는 개별적으로 준비하고 공유하지 않도록 한다. 영아의 경우, 잠자는 동안 많은 사고가 발생하기 때문에 영아에게 위생은 가장 중요한 요건이 된다.

④ 신체 및 움직임을 위한 영역(대근육영역)

움직임에 대한 욕구가 강한 영아들은 지각과 운동발달에 있어 급속한 변화를 겪는 시기이며, 자립행동을 할 가능성이 크고, 기본적인 생활습관 훈련을 시작할 수 있으므로 대근육 활동을 많이 포함시켜야 한다. 대근육 활동을 통해 영아들은 심리적 긴장과 다양한 욕구를 해소할 수 있다. 대근육 활동을 위한 놀이 기구는 기어오르고 미끄러져 내리는 기구, 미끄럼틀, 계단, 평균대 터널, 밀고 당기는 놀잇감, 헝겊공이나 부드러운 공, 감각 놀이대, 촉감판, 밀가루 반죽 등이 포함된다. 이러한 놀잇감은 영아의 수에 맞추어 준비하고 영아의 흥미와 사용 빈도에 따라 변화를 줄 수 있어야 한다.

⑤ 감각 및 탐색을 위한 영역

영아는 오감을 통해 사물을 인식하고 지식을 발달시킨다. 직접 참여하여 보고, 듣고, 맛보고, 냄새 맡고, 만져봄으로써 세상을 이해하고 느끼게 되는 것이다. 특히 걷기와 언어행동이 발달하면서 환경에 대한 탐색활동이 보다 능동적이고 적극적으로 나타난다. 소근육 발달을 위하여 종이 자르기, 밀가루 점토, 풀칠하기, 동식물의 자연관찰과 협응능력을 길러 줄 수 있는 여러 가지 끼우기, 조각 맞추기 등의 활동을 제시할 수 있다. 이외에도 모빌, 다양한 소리가 나는 음악상자나 악기, 부드러운 봉제완구, 잡고 흔들고 밀고 누르고 두드리는 탐색이 가능한 놀잇감을 비치한다.

⑥ 역할놀이영역

영아는 오감각을 통해서 경험한 것을 기억하였다가 필요할 때 몸짓이나 언어로 재현하는 '표상능력'이 크게 발달하는 시기이다. 영아는 특히 역할놀이를 통하여 보고 들은 것을 모방하고, 일상생활에서의 경험을 재현하는 가운데 다양한 역할을 언어 및 행동으로 표현해 볼 수 있는 기회를 갖는다. 가정놀이를 위한 실물과 모형물 자료로는 식탁과 의자, 싱크대, 냉장고, 인형, 인형유모차, 사실적으로 보이는 가구, 채소 등이 있다. 이외에도 깨지지 않은 거울, 사진 붙이기, 휴식을 위한 작은 소파, 봉제완구 등을 준비할 수 있다.

⑦ 창의적 표현을 위한 영역

영아는 감각적 탐색의 기회와 함께 자신의 신체, 다양한 악기, 그리기 도구 등의 사용 등을 통해 자신의 생각과 느낌을 표현할 수 있다. 교사들은 동작, 음악, 미술 활동으로 표현할 수 있는 기회를 주어야 하며 우선은 그에 따른 자료를 제공해 주어야 한다. 동작활동을 위한 표현을 위해서는 여러 색 보자기, 리본 테이프, 한삼, 부드러운 손수건 등을 제공해 줄 수 있으며, 미술자료인 종이, 물감, 크레파스, 풀 등을 준비하므로 탐색하고 손의 움직임으로 종이에 그림이 그려지는 관계를 이해한다. 음악활동을 위해서는 딸랑이나 마라카스, 작은 북, 주변에서 소리 나는 물건 등을 제공한다.

⑧ 쌓기영역

영아는 쌓기놀이를 통하여 다양한 블록과 소품으로 구성놀이를 해 봄으로써 신체 기술을 향상시키고, 정서적 긴장을 해소하며, 부분과 전체 인식, 분류 능력의 형성을 돕는다. 다양한 구성을 할 수 있도록 공간 제공과 쌓기놀이의 다양한 자료들을 제공해 주어야 한다. 가볍고 커다란 기본형태의 블록을 충분한 수량을 마련해주고 소품으로 자동차나 동물의 모형을 같이 준비한다. 이 구성물들은 상상적 창조적 극적 놀이의 소품이 된다.

⑨ 언어영역

언어 발달이 급격히 증가하면서 영아기는 어휘력이 발달한다. 언어자극을 풍부하게 제공해 주고 적절한 표현으로 민감하게 반응해 줌으로써 영아의 언어발달을 도와주어야 한다. 휴식과 안정을 취하면서 그림책을 보거나 교사나 친구와 대화할 수 있도록 흔들의자, 쿠션 등을 준비한다. 영아를 위한 그림책의 특징으로는 반복되거나 친숙한 내용의 짧고 단순한 이야기, 선명한 색깔과 형태의 그림책, 입체적인 책 등이다. 말하기 듣기를 위한 재료로는 가족사진이나 손인형 등을 준비해 주면 좋다. 긁적이기를 좋아하는 시기이므로 커다란 종이와 다양한 쓸 것 등을 준비해 주어야 한다.

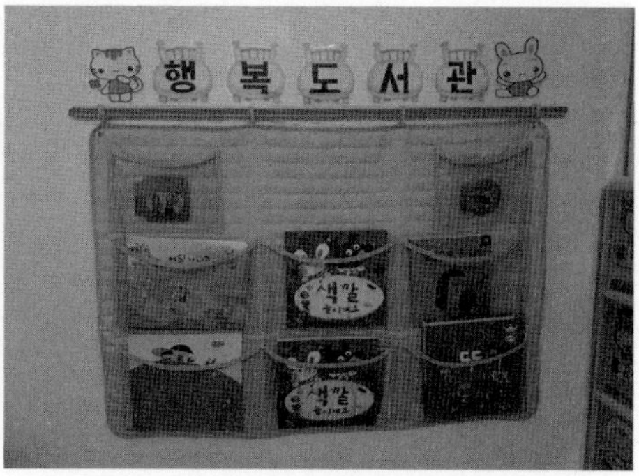

2) 유아보육환경

유아기는 인간발달 시기 중 가상놀이로 가득 찬 시기이다. 대부분의 시간을 놀이를 하고 있으며 놀이를 하는 동안 다양한 지식과 기술을 습득하게 된다. 유아 연령에 적합한 충분한 자료를 비치하여 유아 스스로 자유롭게 탐색하며 스스로 원하는 활동을 선택하고 실행하고 평가하는 기회를 주어야 한다. 유아들의 실내 환경은 고정된 것이 아니라 수시로 변경할 수 있으며, 1년을 단위로 4~5번 정도 재배치하는 것이 바람직하다. 학기 초에는 교사가 구성하여 제공할 수 있지만 점차적으로는 유아들과 함께 흥미영역 구성을 재배치할 수 있다. 유아반 환경구성의 기본원리를 설명하면 다음과 같다.

① 안전이 보장된 환경이어야 한다.
② 건강을 유지할 수 있는 환경이어야 한다.
③ 편안함을 느끼며 생활할 수 있는 공간이어야 한다.
④ 편리하게 생활할 수 있도록 고려된 환경이어야 한다.

⑤ 아동의 신체 크기가 고려된 환경이어야 한다.

⑥ 융통성 있게 변화시킬 수 있는 공간이어야 한다.

⑦ 움직임과 이동성을 고려한 환경이어야 한다.

⑧ 유아 스스로 선택이 가능한 공간이어야 한다.

⑨ 개인적 생활이 보장되는 공간이어야 한다.

유아를 위한 환경의 각 영역의 구성 원칙을 설명하면 다음과 같다.

① 언어영역/책 보기 영역

유아기는 새로운 낱말을 빠르게 습득하고 문장을 이해하며 자신의 생각을 언어로 표현할 수 있는 시기이다. 언어영역은 유아가 언어활동을 위한 교구들을 가지고 놀이할 수 있는 공간과 듣기를 위한 공간, 쓰기를 위한 공간과 말하기를 위한 인형극 틀 등이 준비되어야 한다. 책 보기(도서) 영역은 따로 구성되기도 하고 함께 제공되기도 한다. 특히 유아의 연령이 낮은 경우 쓰기를 위한 공간은 다른 공간에 통합되거나 제공되지 않을 수도 있다. 반면 높은 연령의 유아는 쓰기와 읽기를 위한 영역을 더욱 확장하여 제공할 수도 있다. 조용하고 밝은 곳에 안정된 공간으로 배치되어야 하며, 아늑한 분위기를 조성하여 유아들이 집중할 수 있도록 해야 한다.

듣기 활동을 위하여 카세트 플레이어, 다양한 주제의 이야기 테이프, 헤드폰, 여러 녹음된 자료를 제공해 주어야 한다. 말하기 활동을 위하여 인형틀과 각종 인형, 수수께끼 상자를 준비해 준다. 읽기 활동을 위하여 다양한 주제의 그림책, 사진첩, 유아가 만든 작은 책이나 그림책, 다양한 읽기 자료들을 구비해 준다. 쓰기 활동을 위하여 크기와 모양이 다양한 종이, 굵은 색연필이나 연필 등의 필기도구, 단어 카드 등을 제공한다.

언어활동에 중요한 것은 주제에 맞는 동화책을 제시해 주어야 하고, 학습지 같은 단순한 언어활동 자료 등은 제공하지 않는다.

② 쌓기놀이영역

쌓기놀이영역은 유아들이 창의적으로 블록을 구성해 보기도 하며 독창성을 발휘할 수 있는 영역이다. 또한, 유아가 다양한 구조물을 쌓아 구성해 감으로써 경험을 입체적으로 표상하고 재현해 볼 수 있는 영역이다. 다양한 모양과 크기의 블록을 쌓고, 이동하고, 추상적인 생각을 구조적으로 표현해 나가는 과정에서 물리적인 크기와 원리, 무게, 모양, 접합에 관한 개념을 형성한다(Sanoff, 1989; 이연숙, 2000, 재인용).

눈과 손의 협응이나 공간개념 등도 발달시키며, 이 영역에서 유아들은 서로의 경험에 기초하여 구성해 나가는 과정에서 상호작용하고 협동하는 것을 배운다.

쌓기놀이영역은 활동적이며 소음이 발생하는 영역이므로 활동적이며 건조한 곳에 배치한다. 공간을 넓게 확보해 주어 공간의 제한을 받지 않도록 해 주어야 한다. 다양한 종류의 블록류, 작은 자동차나 표시판 등을 제시한다.

③ 역할놀이영역

역할놀이영역에서 유아는 일상생활에서 경험한 내용부터 상상한 내용에 이르기까지 다양한 주제를 놀이로 표현한다. 이를 통하여 역할에 대한 객관적인 이해가 생기기도 하고 자신의 내면적 욕구를 표현하고 부정적 감정을 발산함으로써 정서적인 안정감을 느낄 수 있다.

유아는 일반적으로 가족의 역할을 재현해 보는 소꿉놀이와 병원놀이, 시장놀이 등을 많이 하며, 최근 들어 자신들의 경험과 관련하여 목욕탕놀이를 찜질방놀이로 변화시키거나, 식당놀이를 좀 더 세분화하여 놀이하기도 하고, 쌓기놀이와 연계하여 열차 내 식당이나, 놀이동산에서의 휴게소를 재현하기도 한다.

④ 수놀이와 조작놀이영역

유아기는 감각기능과 소근육의 사용, 논리적 사고 혹은 문제 해결과 관련된 활동을 할 수 있다. 수놀이영역은 수를 활용하는 놀잇감, 게임판 등을 비치하여 유아들이 수와 관련된 활동을 함으로써 수를 학습하고 수학적 개념을 기를 수 있도록 하는 영역이다. 나아가 수와 관련된 게임 등을 통하여 유아가 내 생각과 다른 친구들의 생각을 읽고, 객관적으로 판단하도록 요구받음으로써 문제해결력을 발달시키고 탈중심화를 돕고 전략적 사고를 키울 수 있도록 하는 영역이다. 조작놀이영역은 유아가 여러 가지 퍼즐이나 구슬 꿰기 등 주로 소근육을 사용하는 조작, 구성 및 게임 등 정적인 활동을 할 수 있는 공간이다. 이를 통하여 인지적 능력, 언어적 능력, 자립행동을 배우고 사회성을 기르며, 소근육 발달을 촉진하게 된다. 수조작영역은 유아가 활동에 몰두할 수 있도록 조용한 장소에 책상과 함께 배치한다.

⑤ 과학영역

과학영역은 유아의 호기심, 탐구하고자 하는 욕구를 충족시켜 주는 중요한 영역이다. 과학영역은 조용하고 햇빛이 잘 들며, 각종 실험기구를 사용할 수 있도록 왕래가 많지 않은 장소에 유아가 관찰하기 쉬운 낮은 탁자 등을 구비하여 배치한다. 유아가 주변에서 접할 수 있는 식물, 돌멩이, 조개껍데기 등의 자연물은 과학영역의 훌륭한 교구가 된다. 취학반 유아들의 경우 인터넷이나 도서를 활용하여 자신이 가져온 자료에 대해 검색을 할 수 있고 이를 통하여 관심 있는 사물에 대해 더 많은 지식을 얻을 수도 있다. 관련 책들을 과학영역에 비치하여 유아들이 함께 찾아보고 궁금증을 풀어나갈 수 있도록 한다.

⑥ 미술영역

미술영역은 다양한 재료를 이용하여 그리기, 만들기, 꾸미기와 같은 표현활동과 실험, 구성, 예측, 감상활동을 하는 곳이다. 미술활동을 통하여 유아는 창의력과 심미감을 기르고 자신의 감정과 생각을 표현하며 정서적 안정을 찾기도 한다. 유아는 미술영역의 활동을 통해 자신의 창의성을 표현하고 다양한 자료를 탐색해 보는 기회를 갖는다. 다양한 자료에 대한 탐색을 통하여 유아는 사물의 특성을 이해하고, 우연한 조작의 결과로 흥미 있고 아름다운 현상을 발견하게 되기도 한다. 그러므로 미술영역은 교사가 의도한 일률적인 만들기, 꾸미기를 하는 공간이 아니라 다양한 자료들을 사용하여 유아의 의도대로 표현할 수 있도록 하는 것이 중요하다.

⑦ 음률영역

음률영역은 유아가 음악을 듣고, 노래를 부르며, 여러 악기 및 소리를 탐색하고, 몸을 움직여 보는 활동이 이루어지는 곳이다. 유아가 음악을 감상하고 악기를 다루고 노래를 부르는 등의 음악활동과 율동 및 자발적 움직임을 할 수 있는 영역이다. 만 3~5세의 유아는 다양한 종류의 음률활동을 매우 좋아하므로 타악기와 리듬악기, 건반악기 및 다양한 장르의 음악테이프, 녹음기, 이어폰 등을 비치해 둔다. 또 유아들이 마음대로 움직일 수 있는 공간을 제공하고, 바닥은 소음을 줄일 수 있도록 카펫을 깔아주는 것이 좋으며, 악기를 직접 연주할 수 있는 독립된 공간을 만들어 주어 인접영역에 방해가 되지 않도록 한다. 다양한 음색을 경험하고 박자감각을 익히는 데 좋은 리듬악기들과 감상할 수 있는 음악 테이프, 동작활동 자료로는 색 보자기, 리본 테이프, 한삼 등을 준비해 두어야 한다.

3) 보육지원환경

보육시설에는 영유아가 중심이 되어 생활하는 공간으로 초점을 맞추되 영유아에게 가정과 같이 편안하고 아늑한 학습 공간을 지원하기 위해서는 다양한 공간이 필요하다. 행정관리 공간, 서비스 공간, 어린이집에서 영유아가 가장 밀접하게 교육적으로 상호작용하는 물적 자원인 교재·교구와 비품의 수납공간과 영유아 다음으로 중요한 인적 자원인 종사자들을 위한 지원공간이 필요하다.

(1) 원장실

원장실은 어린이집의 모든 운영 관리를 하는 곳으로 부모 상담이나 교사 회의가 이루어지는 공간이다. 교사들과 편안하게 상호작용할 수 있는 공간으로 구성되어야 하며 아동을 보호하기 위한 공간으로도 구성되어야 한다. 아동안전상 출입하는 사람을 잘 볼 수 있도록 출입문과 가까운 곳에 위치하여야 한다.

(2) 상담 및 회의실

모든 어린이집에 다 있는 공간은 아니지만 학부모들이 상담하러 올 때 편안하고 안정적으로 상담할 수 있는 공간을 구성하여야 한다. 원장실이나 교사실에 가깝게 위치하게 하여 학부모들을 맞이할 수 있어야 한다. 입학 문의나 상담을 하러 찾아온 사람들을 편안하게 할 수 있는 가구들을 설치해 주어 따뜻한 분위기를 느낄 수 있도록 한다.

(3) 양호실

영유아가 아플 경우나 놀이 중 다쳤을 때 간단히 치료를 받고 쉴 수 있는 공간이다. 각 교실마다 비치되어 있지만 이곳에도 응급처치를 위해 필요한 약품들과 쉴 수 있는 침대를 준비해 두어야 한다. 아픈 영유아가 편안히 쉴 수 있도록 다른 활동영역과 분리해 두어야 하며 교사가 반드시 함께 있어야 한다.

(4) 비품과 활동자료의 보관실

비품과 더불어 교재·교구는 영유아가 접하게 되는 중요한 자원이다. 교사는 영유아가 적절한 발달을 하기 위한 다양한 교재와 교구, 장난감들을 준비해 두어야 한다. 영유아의 발달단계에 맞추어 제공되어야 하는 비품과 자료들은 교육단원이나 계절에 맞추어 사용할 수 있도록 정리되어야 하며 해를 거듭할수록 쌓여가는 자료들은 일정한 장소에 일목요연하게 잘 정돈된 공간에 비치하여 필요시 언제나 사용할 수 있어야 한다. 교사의 자료실 이용을 증진시키기 위해 자료실을 중앙에 배치하여야 한다. 자료영역과 교사의 연구/학술영역을 결합시켜 계획하는 것이 바람직하다. 모든 교사들이 물품을 확인할 수 있는 곳에 위치를 정하는 것이 좋다.

다양한 시청각 기자재 정리함이 책꽂이 및 기기 수납장과 결합되어야 한다. 만일 교사의 연구/학술영역과 결합된다면 성인이 앉아서 필기할 수 있는 공간도 확보되어야 한다. 교사들이 자료를 탐색하고 검토할 수 있는 공간을 계획한다. 예를 들어, 도서관 지정열람석 형식의 책상과 의자가 제공되어야 한다.

(5) 보육교사를 위한 공간

어린이집에서는 영유아를 위한 환경의 중요성과 더불어 교사들의 보육지원 환경에도 관심을 가져야 한다. 잘 설계된 보육시설이라고 해도 교사실이 따로 있는 곳은 거의 많지 않다. 영유아를 볼 수 있는 곳에 자신만의 공간에서 수업준비와 사적인 일 처리를 할 수 있는 공간을 준비해 두어야 한다. 이 공간은 사무실, 통로, 부모 공간 및 성인 화장실로 쉽게 접근할 수 있도록 배치하는 것이 좋다. 교사가 휴식, 간식, 회의, 독서, 연구, 자료 검토 및 학습자료 만들기를 할 수 있도록 작업공간 및 수납공간, 간이부엌, 휴식용 소파 등이 있는 공간으로 계획하는 것이 바람직하다. 교사 개개인의 사무 및 수업 준비를 하기 위한 개인용 책상을 제공한다. 단체로 사용해야 하는 공간이라면 교사들이 모여서 작업을 하거나 프로그램을 계획하고 평가할 수 있는 작업 및 회의용 테이블과 의자를 제공한다.

4. 실외 놀이 환경

실외놀이는 신체 운동이 활발하고 호기심이 많은 영유아에게 대단히 의미있는 활동이다. 그리고 영유아의 호기심과 신체 운동을 자극하는 데 있어서 실외놀이의 시설설비는 중요한 요소가 된다. 일반적으로 실외놀이 공간을 구성하기 위해 갖추어야 할 놀이 시설은 미끄럼틀, 그네, 철봉, 종합놀이 기구, 모래놀이 장소 등 고정된 시설 외에 영유아의 발달 수준, 흥미, 놀이의 종류에 따라 쉽게 이동하여 구성·활용할 수 있는 유동적인 시설을 함께 비치하고 안전성 여부를 늘 점검·확인하여야 한다. 실외놀이 공간 구성에 있어 중요한 점은 통로를 분명히 구분해 놓는 일이다. 통로가 분명하게 구분되어 있지 않으면, 영유아들은 서로 부딪치게 되고 공간이 있어도 마음대로 이동할 수 없다.

어린이집 실외놀이 시설은 사고예방을 위한 안전을 최우선으로 고려한 공간으로 영유아의 다양한 욕구를 반영한 놀이가 가능하도록 놀이시설과 적합한 설비를 갖추고 있어야 한다. 실외놀이 시설과 설비의 위치는 영유아의 놀이 경험에 많은 영향을 준다. 실외놀이터가 건물 주변으로 분산된다면, 공간 활용도가 낮아지고 교사가 영유아들을 감독하고 지도하는 데 어려움이 있어서 영유아들의 놀이경험을 활성화시키지 못하므로 중요하다.

실외놀이시설을 설치하기 위해 고려할 사항은 다음과 같다.

첫째, 단순하며 한 가지 기능만 가지고 있는 놀이시설보다는 복합적인 기능을 가지고 있는 놀이시설이 더 유용하다.

둘째, 영유아들이 참여할 수 있는 모든 놀이 유형을 제공할 수 있도록 다양한 놀이시설 및 기구가 제공되어야 한다.

셋째, 놀이시설이나 기구는 다른 시설과 기구와의 통합적인 관계에 의해 구성되어지나, 인접영역들 간에 공간적으로 통합되도록 구성되어야 한다.

넷째, 놀이영역 내의 이동, 놀이영역 간의 이동 및 입구와 출구로의 이동이 용이하도록 공간이 구성되어야 한다. 또한 영아와 영유아가 함께 놀이공간을 사용해야 할 경우 영아를 위한 놀이영역은 영유아를 위한 공간과는 구분하여 제공해야 하며, 낮은 담장 등으로 경계를 지음으로써 영아의 놀이 활동을 보호할 수 있다. 또한 실외놀이시설을 설치할 때에는 무엇보다도 안전성을 고려해야 한다.

1) 실외놀이 환경의 구성원리

실외놀이는 영유아에게 반드시 필요한 활동이다. 실외공간은 실내공간의 연장으로서 영유아의 신체적, 사회적, 지적 활동이 원활하고 안전하도록 도울 수 있어야 한다. 질 높은 실외놀이 환경을 구성하기 위해서는 영유아가 실외놀이를 통해 다양한 놀이 경험을 쌓고 영유아의 성장과 발달을 촉진하며 놀이에 몰입할 수 있는 환경이어야 한다. 무어와 영(1978)은 실외놀이 공간은 영유아에게 있어서 생물체나 문화 교류가 빈번하게 일어나는 의욕적으로 학습할 수 있는 공공연한 장소라고 하였다. 실외놀이 공간은 활동실의 연장으로서 다양하고 활발한 놀이 활동을 통하여 여러 가지 경험을 쌓을 수 있는 기능을 갖추어야 한다.

실외놀이 환경을 구성할 때 중요한 것은 영유아가 어떻게 생활하고 놀이 활동을 할 것인가에 중점을 두어 영유아의 요구와 흥미, 발달 수준 등을 파악하고 고려하여 영유아에게 적합한 실외놀이 환경을 구성해야 하는데, 실외놀이를 위한 환경 구성 시 고려해야 할 사항은 다음과 같다.

첫째, 실외놀이터는 가능한 한 햇빛이 잘 들고 넓은 곳이 좋다.

둘째, 양지와 그늘이 적절하게 배치된 곳이어야 한다. 햇빛을 받으며 뛰어논 후에는 큰 나무 아래 그늘에서 정적인 활동이나 휴식을 취할 수 있도록 한다.

셋째, 실외놀이터에는 오르고 내릴 수 있는 작은 언덕, 평평하고 딱딱한 영역, 모래밭, 자갈길과 모래길, 잔디밭 등 다양한 표면으로 구성하는 것이 좋다.

넷째, 모래놀이와 물놀이영역, 목공놀이를 할 수 있는 영역, 축구를 비롯한 대근육 활동을 할 수 있는 영역 등이 골고루 갖추어져 있어야 한다.

다섯째, 여러 가지 자료를 보관할 수 있는 창고를 갖추어야 한다.

여섯째, 실외놀이터에 지붕이 있는 작은 집이나 열렸다 닫힐 수 있는 천정을 만든다면 비가 오는 날이나 햇빛이 강한 날에도 실외놀이를 즐길 수 있다.

일곱째, 실외놀이터에 다양한 동식물을 관찰할 수 있도록 나무나 잡초, 꽃을 기를 수 있는 화단과 닭, 토끼, 새 등을 위한 동물 우리를 마련한다.

여덟째, 실외놀이터에는 정글짐, 미끄럼틀, 그네, 폐타이어, 시소 등의 인공적인 놀이도구와 함께 자연이 함께해야 한다.

아홉째, 소꿉놀이와 흙놀이, 물놀이 도구가 되는 냄비, 주전자, 그릇 등의 폐품들을 준비한다.

열째, 화장실과 실외놀이 후 씻을 수 있는 세면시설도 필요하다.

실외놀이 환경을 구성할 때에도 실내놀이와 같이 영유아의 흥미를 고려한 다양한 흥미영역으로 구성해야 함을 나타내고 있다. 따라서 실외놀이가 영유아의 연령 및 발달에 맞게 실내놀이와 균형을 이루도록 실외놀이의 환경구성 방침을 충분히 검토하고 고려하여 구성해야 한다.

2) 실외 공간 구성의 원칙

실외놀이터 공간을 구성하고자 할 때 중요한 것은 이 공간에서 영유아가 어떻게 생활하고 놀이 활동을 할 것인가에 역점을 두어야 한다는 것이다. 또한 영유아의 요구와 흥미, 발달 수준 등을 파악하고 고려하여 영유아에게 적합한 놀이 환경을 구성해야 한다.

① 영유아의 놀이를 장려하도록 설계한다.
② 영유아의 감각과 호기심을 자극하도록 설계한다.
③ 여러 가지 상호작용이 빈번하게 일어나도록 설계한다.
④ 영유아의 기본적인 사회적, 신체적 욕구를 만족시킬 수 있도록 설계한다.
⑤ 영유아가 놀이를 더 발전시킬 수 있도록 설계한다.
⑥ 자연영역(자연이 보존된 놀이공간), 개방영역(운동장처럼 달리며 뛰어노는 공간), 길영역(이동과 연결이 가능한 공간), 모험영역(탐험놀이나 모험놀이 공간), 비밀영역(비밀을 공유할 수 있는 공간), 놀이기구영역(놀이기구가 설치된 공간)을 구분하여 설치한다.

실외놀이터 역시 교실 공간 구성과 마찬가지로 놀이영역을 중심으로 구성하는 것이 바람직하다. ① 신체영역, ② 역할놀이영역, ③ 탐구영역, ④ 작업영역, ⑤ 물·모래놀이영역, ⑥ 이동영역, ⑦ 편평하고 개방된 공간, ⑧ 조용한 공간 등을 제시하였다.

이러한 놀이영역을 실외놀이터에 배치할 때 반드시 고려해야 할 원칙은 다음과 같다.

첫째, 동적 활동영역과 정적 활동영역으로 구분한다.

온몸을 움직여 대근육 활동을 할 수 있는 영역과 움직임이 크지 않고 조용히 활동할 수 있는 영역으로 구분하여 서로 거리를 두어 배치하도록 한다. 동적 활동영역에는 복합놀이 기구라든지, 자전거, 그네, 정글짐 등 놀이 시설물이 있고 활동이 크므로 안전에 유의하여야 한다. 정적 활동영역에서는 책을 읽거나, 역할놀이를 하고, 동식물을 기를 수 있는 활동이 이루어질 수 있다.

둘째, 바닥은 단단한 표면과 부드러운 표면을 조화롭게 설치한다.

실외놀이터의 바닥표면은 각 놀이영역의 특성을 고려하여 흙, 모래, 잔디, 아스팔트, 시멘트 등 여러 재질로 꾸미도록 한다. 복합놀이 기구가 있는 곳의 바닥은 가는 모래를 깔도록 하며, 동·식물을 기르는 곳이나 공, 훌라후프, 고무줄, 술래잡기 놀이 등을 할 수 있는 곳의 바닥은 흙으로 까는 것이 바람직하다. 책을 읽거나 역할놀이를 하기에는 잔디가 있는 곳이 좋으며, 자전거는 아스팔트가 깔려 있는 단단하고 편평한 통로에서 타는 것이 효율적이다. 따라서 실외놀이터의 바닥은 부드러운 표면과 단단한 표면의 균형이 이루어지도록 구성하는 것이 바람직하다.

셋째, 양지영역과 함께 그늘진 영역도 마련한다.

실외놀이터의 위치는 가능하면 영유아교육기관의 건물 앞쪽, 특히 남쪽에 배치하며, 햇빛과 그늘을 적당히 제공받을 수 있게 한다. 만일 그늘진 곳이 없다면, 나무를 심거나 천막을 쳐서 그늘을 만들어 주는 것이 좋다. 예를 들어, 모래놀이터에 지붕을 만들어 주면 직사광선을 피할 수 있으며, 눈과 비가 오는 날에도 모래놀이를 할 수 있게 된다.

넷째, 통로는 시각적으로 분명히 구분하도록 한다.

여러 영유아가 함께 활동성이 큰 놀이를 하게 되는 실외놀이터에서, 통로는 서로의 왕래를 원활하게 해준다. 통로는 영유아들이 다니기에 편리하도록 충분히 넓어야 하는데 대체로 90~150cm 정도의 넓이가 적당하다.

영유아가 한 장소에서 다른 장소로 이동할 때 통로를 이용하도록 함으로써 영유아들이 서로의 놀이를 방해하거나, 놀이기구 이동 시의 안전문제 등을 줄일 수 있다. 교육기관에 따라서는 통로를 자전거 전용도로로 활용하기도 한다. 통로의 바닥은 시멘트나 아스팔트로 조성하는 것이 일반적이다.

다섯째, 빈 공간을 마련한다.

시설물이 없는 빈 공간을 마련하도록 한다. 그날의 주제나 교사의 의도, 영유아의 요구에 따라 게임, 전통놀이, 대그룹 활동 등이 융통성이 있게 이루어질 수 있는 공간이다. '우리 집에 왜 왔니?', '무궁화 꽃이 피었습니다.' 와 같은 놀이를 할 수 있으며, 공, 훌라후프, 줄넘기 등 유동적이 놀이기구를 사용한 운동놀이를 할 수 있다. 바닥은 흙으로 다져 놓은 맨바닥이 좋다.

여섯째, 실외창고를 둔다.

실외놀이 활동 시에 필요한 놀이기구나 교재, 놀잇감 등을 넣어 보관할 수 있는 창고가 필요하다, 세발자전거, 영유아용 농구대, 배드민턴 도구, 줄넘기, 훌라후프, 다양한 형태의 공 등이 보관되어 있으면 영유아들이 필요에 따라 쉽게 꺼내어 쓸 수 있으며, 놀이가 끝난 후에는 제자리에 정리 정돈해 놓도록 한다. 또한 영유아의 손이 닿지 않는 곳에 연장상자를 두어 놀이시설물이 고장나거나 파손되었을 때 필요한 연장이나 도구들을 사용할 수 있도록 한다.

3) 실외놀이 환경 영역

(1) 복합놀이 기구영역

복합놀이 기구영역에는 오르기, 내리기, 미끄럼타기, 외줄 잡고 걷기 등 다양한 운동을 경험할 수 있는 복합놀이기구를 설치한다. 따라서 다른 영역보다 공간을 많이 차지하게 되므로, 다른 영역의 놀이시설과 조화를 고려하고 조용한 영역과 떨어뜨려 배치하도록 한다. 복합놀이 기구의 놀잇감으로는 미끄럼틀, 흔들다리, 굴 사다리, 밧줄로 된 그물, 타이어 빠져나가기, 미끄러져 내려오기 파이프, 매달리기 링, 구름다리, 계단이 복합적으로 구성된 놀이기구 등이 있다.

(2) 역할놀이영역

실외 역할놀이영역은 실내 역할놀이영역에 비하여 역할놀이의 활동성이 크고 분주하게 이루어질 가능성이 많다. 즉, 모래놀이영역에서 모래를 가지고 와 과자나 케이크를 만들기도 하며, 실외놀이터에서 발견되는 나뭇잎이나 그 밖의 다른 자연물을 활용하여 사회극놀이가 이루어질 수 있다. 따라서 모래놀이영역과 인접한 곳에 배치하는 것이 좋으며, 그늘진 곳에 마련하는 것이 좋다. 또는 잔디밭에 역할놀이영역을 설치해 주는 것도 바람직하다. 작은 놀이집이나 의자, 파라솔, 가로등, 소꿉놀이용 소품 등을 마련해 주어 움직임이 크지 않으면서도 다양한 극놀이를 할 수 있도록 배려해 준다.

(3) 탐구영역

영유아들이 식물, 곤충, 새, 동물, 흙, 물 등 자연환경을 탐구하는 영역이다. 구체적으로는 크게 식물 기르기영역과 동물 기르기영역으로 구분할 수 있다.

식물 기르기영역은 흙과 습기, 햇빛과 그늘, 배수조건 등의 조건이 좋아 식물이 살기에 적당한 공간에 배치하는 것이 좋다. 영유아들이 꽃을 심고 가꿀 수 있는 화단, 배추나무와 같은 채소의 씨를 심고 배양주기를 관찰하며 직접 재배하고 수확할 수 있는 채소밭 그리고 유실수나 꽃나무 등이 있어 여러 가지 식물을 관찰할 수 있는 기회를 제공하도록 한다.

동물 기르기영역은 사육장을 설치하여 영유아들이 동물의 성장과정을 관찰할 수 있도록 한다. 동물 사육장은 지나친 햇빛이나 바람을 막아줄 수 있는 건조한 곳에 설치하여야 하며, 물이나 사료를 공급하기 편리한 곳에 설치한다.

(4) 작업영역

계절과 날씨의 변화, 또는 계절과 날씨에 따라 나타나는 주변 환경의 변화 등을 경험하면서 영유아들이 작업할 수 있는 영역이다. 대체로 물감으로 그림 그리기, 큰 블록 쌓기, 목공놀이하기, 점토놀이하기 등이 이루어질 수 있다. 영유아들이 실내에서와 달리 넓고 열린 공간에서 자연공기를 쐬면서 자유롭게 작업할 수 있도록, 놀이시설 기구가 있는 신체활동영역과는 멀리 떨어진 곳에 작업영역을 배치하는 것이 좋다. 또한 지나친 햇빛이나 바람을 막아줄 수 있는 곳에 설치하도록 하며, 천막이나 나무덩굴을 이용하여 그늘을 만들어 주는 것도 바람직하다.

(5) 물·모래놀이영역

실내 물·모래놀이영역과 같은 교육적 의의를 갖고 있으며, 놀이에 필요한 자료와 유의점도 같다. 실외에서의 물·모래놀이는 영유아들이 공간의 제약을 받지 않고 활동할 수 있다는 점에서 더 다양한 활동이 이루어질 수 있다. 모래놀이영역의 경우 직사각형 형태가 좋으며, 턱을 설치하여 모래가 유실되지 않도록 하고, 정기적인 모래의 보충과 일광소독이 필요하다.

영유아에게 실외에서 물과 모래를 제공하여 놀이활동을 경험시키는 일은 여러 가지 발달적 측면에서도 중요하다. 영유아는 물과 모래를 쏟고 담으면서 내적 갈등을 이완시켜 정서적 안정을 찾게 되고, 여러 가지 탐구활동과 구체적 실험을 하면서 물리적 지식을 형성하는 인지적 기술도 발달한다. 그리고 집단적으로 물·모래놀이를 즐기면서 영유아들끼리 의사교환과 협력하는 사회적 학습의 기회도 가질 수 있다. 또한 물로 모래를 반죽하고, 모래를 운반하면서 대근육과 소근육 발달을 촉진시킬 수 있고 동시에 자신의 신체를 어떻게 움직여야 하는지를 스스로 알고 조정하게 된다. 그러므로 교사는 안전하게 놀이를 진행할 수 있도록 환경을 풍부하게 준비해 주고 적절한 안내로서 놀이가 발전될 수 있도록 중재적인 역할을 해야 한다.

(6) 이동영역

영유아가 실내에서 실외놀이터로 나와서 탐색을 시작하고, 원하는 활동을 준비하는 영역이다. 따라서 이동영역은 실내의 현관과 인접한 곳에 배치하여, 영유아가 놀이를 계획할 때 혼잡하지 않도록 충분한 공간을 마련한다.

(7) 편평하고 개방된 공간

고정된 놀이시설이 배치되어 있지 않으며 바닥은 편평한 땅으로 되어 있어 영유아들이 게임이나 소집단 활동 등을 할 수 있는 영역이다.

교사는 영유아의 신체발달 정도, 교육활동의 주제, 계절 등을 고려하여 실외 이동기구 및 다양한 자료들을 첨가하여 줄 수 있다. 이 영역의 가까이에 창고를 두어 영유아들이 실외 이동기구들(줄넘기, 훌라후프, 농구골대, 농구공, 축구공, 널빤지, 타이어, 고무줄, 흔들 보트 등)을 꺼낼 수 있으며, 사용 후에는 제자리에 보관할 수 있도록 하는 것이 바람직하다. 영유아들은 이 영역에서 소집단으로 '우리 집에 왜 왔니', '고양이 쥐잡기', '무궁화꽃이 피었습니다' 등 전통놀이를 할 수 있으며, 다양한 신체놀이 게임도 할 수 있다.

(8) 조용한 공간

영유아에게 능동적으로 활동할 수 있는 영역만큼 조용히 휴식을 취하면서 놀이를 할 수 있는 정적 영역도 필요하다. 영유아는 실내의 조용한 영역과는 다른 분위기에서 자신의 독창적인 사고를 더욱 발전시켜 나갈 수 있고 능동적인 놀이와 함께 조용한 놀이를 하면서 자신의 신체균형도 이룰 수 있다. 정적 영역에서는 동화책 보기, 동화 듣기, 동시 짓기, 휴식 취하기 및 조작놀이 등을 할 수 있다. 따라서 이 영역은 커다란 나무 밑이나 그늘진 곳에 벤치나 정자를 배치하는 것이 좋다.

(9) 창고

실외놀이 환경에서는 놀이기구 및 놀이용품을 보관할 수 있는 창고나 보관함 통로가 있어야 한다. 영유아들이 직접 놀잇감을 꺼내서 사용하기도 하고 놀이 후에는 직접 정리를 할 수 있어야 한다.

제 8 장

건강·영양·안전 관리

1. 건강관리

1) 건강관리의 개념과 중요성

건강은 일반적으로 좋은 체격, 적절한 영양 상태, 질병이 없는 신체적 요소만을 고려하기 쉬우나 건강은 복합적인 현상이므로 단순하게 정의되기 어렵다. 세계보건기구(WHO)에서는 "건강하다는 것은 신체적, 정신적, 사회적으로 안전하고 양호한 상태로 정의되며, 단순히 질병이 없거나 허약하지 않은 것만을 의미하는 것만은 아니다."라고 정의하고 있다.

미국 보건사회복지부(2010)는 '건강한 인간(Healthy People)'이라는 플랜을 통해 영유아의 건강한 성장을 위해 국가와 사회가 개선해야 할 지표를 신체활동과 체력, 부상 여부, 면역성, 구강위생, 건강한 모자관계, 의료체계, 폭력과 학대경험, 정신건강, 약물남용, 영양 등으로 선정하였다(이영환, 2014). 특히 영유아기 건강은 아동기, 청소년기, 장년기, 노년기에 이르기까지 전생애 걸쳐 건강한 성장 가능성도 예견되므로 매우 중요하다(조혜경, 2016).

영유아기에 건강을 돌보는 일차 책임은 영유아 양육을 담당하는 부모(주 양육자)에게 있으며(기순신, 2016), 최근에는 영아기부터 어린이집에 오는 영유아가 많아져 부모뿐만 아니라 어린이집 보육교직원도 영유아의 건강을 책임지고 관리해야 한다.

영유아기 건강은 성장과 발달에 큰 영향을 미치며, 심신 양면에서 좋은 건강을 유지함으로써 생활의 만족도가 높고 즐겁게 되고, 신체 면역기능이 높아지며 내분비계 기능도 활성화된다. 영유아의 건강상태를 유지, 증진시키기 위해 적절한 영양공급과 질병을 예방하고 개인의 위생과 안전을 보장하여야 한다(구재옥 외, 2016). 보육교사는 보육 일과 중 영유아의 건강상태를 주의 깊게 살펴보아야 하고 적절하게 대처해야 하며(윤매자, 2012), 보육과정 중에 영유아 건강관리와 건강교육을 계획할 수 있어야 한다.

2) 영유아 건강관리 내용

(1) 건강 관찰

영유아가 등원할 때 보육교사는 보호자와 영유아의 건강상태에 대해 이야기를 나누고 관찰하고 질병의 증상에 대해 확인하여야 한다. 보육교사는 일과 중에도 수시로 영유아의 행동을 관찰하여 질병의 징후를 조기에 파악할 수 있도록 질병에 대한 지식과 정보를 알아두어야 한다. 영유아의 얼굴과 몸을 살펴봄으로써 표정, 체온, 행동 등을 살피고 이상징후가 발견되면 부모에게 영유아 상태에 대한 정보를 들어 정확하게 파악하고, 일과 생활 중에 영유아를 주의 깊게 관찰하고 세심하게 보살핀다. 놀이 중에도 영유아의 건강 상태를 관찰하여 이상이 발견되면 즉시 병원을 방문하여 의사의 처방에 따라 조치한다.

또한 건강 관찰 일지를 활용하여 시간별로 증상의 정도를 체크하여 보호자에게 전달될 수 있도록 한다(이기숙, 2002).

(2) 영유아 건강검진 및 관리

어린이집은 입학할 때 영유아의 건강상태 파악을 위해 영유아의 건강검진 결과를 제출하도록 되어 있으며, 영유아의 개별적인 건강문제와 적절한 관리를 위해 필수적이다. 또한 어린이집에서는 영유아기에 발생할 수 있는 법정 전염병을 숙지해야 하며 병명, 발생상황, 증상 등을 알아두고 전염병에 감염되지 않도록 예방방법을 교육하고, 전염병에 감염되었을 때는 신속하게 조치를 하는 것이 바람직하다.

「영유아보육법」 제31조에 영유아 건강검진 및 관리에 관한 사항에 따라 어린이집 원장은 보건복지부령이 정하는바 영유아에 대한 건강검진은 연 1회 실시하여야 한다. 실시한 결과, 치료를 요하는 영유아는 보호자에게 알려 필요한 조치를 하도록 한다.

표 8-1 영유아 건강검진 실시기준

검진항목		생후 4~6개월	생후 9~12개월	생후 18~24개월	생후 30~36개월	생후 42~46개월	생후 54~60개월
문진 및 진찰		○	○	○	○	○	○
신체계측		○	○	○	○	○	○
발달평가 및 상담			○	○	○	○	○
건강교육	안전사고 예방	○	○	○	○	○	○
	영양	○	○	○	○	○	○
	수면	○					
	대소변 가리기			○			
	정서 및 사회성 교육				○		
	개인위생					○	
	구강		○				
	취학 준비						
구강검진				○		○	

출처: 어린이집 평가인증(2016). 영유아 건강검진 실시기준(건강검진 실시기준 제5조 제4항 및 별표 4)

〈표 8-1〉은 어린이집 평가인증, 영유아 건강검진 실시기준으로 영유아 발달 검진뿐 아니라 월령별 건강교육 내용을 점진 항목으로 수면, 대소변 가리기, 정서 및 사회성 교육, 개인위생, 구강에 검진과 발달 정도를 검사항목으로 내용을 제시하였다.

또한 「영유아보육법 시행규칙」 제23조에 의하면 영유아 영양, 건강, 안전에 관한 보육내용을 "건강에서는 영유아의 신체적, 정서적 건강을 위하여 예방적 서비스를 제공하고 현재 건강문제를 발견하고 치료함으로써 영유아 건강증진을 돕고, 영유아의 영양을 위해 규칙적인 식사와 간식을 제공하여 균형 잡힌 영양공급과 바른 식습관을 가질 수 있도록 해야 한다."고 명시하였다.

3) 건강교육

영유아의 정상 발달을 위해 건강을 지원하는 환경과 교육은 어떤 교육적 노력보다 우선되어야 한다. 영유아에게 올바른 건강 습관을 길러주는 것은 현재의 건강상태를 좋게 유지하는 것뿐 아니라 미래의 건강까지도 보장해주기 때문에 특히 중요하다고 할 수 있다(기순신, 2012). 건강교육이란(health education) 인간이 건강을 유지하도록 행동을 변화시키는 것을 의미한다. 영유아기부터 올바른 건강습관을 계획적으로 교육을 실시하며 일상생활에서 건강을 증진하는 방향으로 행동하고, 일생동안 건강을 유지하고 행복한 삶을 영위하도록 하는 것이 건강교육의 목적이다.

2013년 보건복지부는 「제3차 표준보육과정」에서 "영유아 건강교육의 목표를 영유아 심신의 건강과 전인적 발달을 돕고, 안전하게 대처하는 능력을 길러 타인과 더불어 생활하는 능력과 태도를 갖는다."라고 명시하였다. 교육부 2013년 개정 「누리과정」에서도 건강교육은 기본운동능력과 건강하고 안전한 생활습관을 기르며 유아의 심신을 조화롭게 발달시키기 위한 것으로 규정하였다(구재옥 외, 2016).

그러므로 영유아 건강교육은 영유아 개인의 건강에 관련된 다양한 종류의 경험과 학습활동으로 구성되어야 하며, 이러한 경험과 학습활동은 반드시 영유아 발달단계에 적합한 내용이어야 한다.

4) 질병 관리

(1) 질병관리

영유아 질병관리는 질병을 예방하고 발병 후 조기에 발견하고 적절한 치료가 중요하다. 이는 전염성 질환뿐 아니라 비전염성 질환의 경우에도 동일하다, 특히 어린이집에서 전염성 질환이 발견되면 즉시 격리하여 전염을 최소화하는 것이 중요하다. 그러므로 보육교직원은 영유아에게 발생할 수 있는 여러 가지 질병의 원인과 증상을 알고 있어야 하며 조기 발견, 부모 통보, 신속하고 적절한 조치가 필수적이다.

전염성 질환을 앓고 있거나 의심되는 영유아는 다른 영유아의 감염 우려를 막기 위해 일정기간 격리 조치해야 한다. 보육교사는 전염성 질환에 대한 정보, 즉 질병의 증상, 예방 대책, 치료법 등을 수시로 부모님께 전달하고 전염성 질환의 예방을 위해 예방접종과 건강검진 정보, 어린이집의 방침에 대해서는 지속적으로 안내한다(구재옥, 2016).

영유아를 격리해야 하는 전염성 질환은 〈표 8-2〉와 같다.

(2) 예방접종

예방접종은 특정 질병에 대해 신체가 면역이 생기도록 하는 방법으로 영유아 인체에 주사하여 질병에 대한 면역을 갖도록 하는 것이다. 영유아기에 발병하는 전염성 질환은 1차 예방접종 및 추가접종으로 대부분 예방 가능하기 때문에 적절한 시기에 필요한 접종을 해야 한다. 따라서 어린이집에서는 가정통신문을 통해 필요한 예방접종을 할 수 있도록 알려주고 확인하여 전염병 예방에 노력한다. 예방 접종 시 주의 사항으로는 전문가의 검진을 통해서 다음 사항을 점검한다.

① 영유아가 건강상태 확인: 열이 있는지 확인
② 다른 질병에 감염 유무 확인
③ 이전 예방접종 시 이상반응의 여부
④ 접종 후 2~3일 정도는 목욕을 자제
⑤ 접종 후 이상징후 유무를 보호자, 교사가 관찰

표 8-2 영유아 격리가 필요한 질병

병명	증상	격리 기간
수두	• 미열과 함께 발진이 가슴과 배부터 시작해서 얼굴, 팔, 다리에 반점이던 것이 수포로 되고, 수포가 딱지가 됨 • 폐렴의 합병증이 있음	• 유행 시 딱지가 떨어질 때까지 격리(약 6일간)
수족구병	• 입 안이나 목에 작은 물집이 생기고, 손바닥이나 발바닥에 작은 돌기(구진)가 나며, 그 끝에 물집이 맺힘	• 전염력이 매우 강함
유행성 눈병	• 눈이 쓰리거나 아프며 잠을 자고 나면 눈곱이 생겨 눈썹끼리 달라붙음 • 눈물이 자주 나고 눈이 충혈되며, 손으로 눈을 자주 비빔	• 주요 증상이 사라질 때까지 격리
유행성 독감	• 두통, 오한, 열, 구토, 기침이 발생 • 증상 후 5일까지 전염성이 높으므로 주의해야 함	• 주요 증상이 사라질 때까지 격리
돌발성 발진	• 갑작스러운 고열과 경련, 눈 주위가 부음 • 발진은 주로 몸통, 목, 귀 뒤에 나타나며, 얼굴이나 다리에 발생함	• 주요 증상이 사라질 때까지 격리
전염성 농가진	• 발진 주위에 수포나 농포를 형성하고, 이것이 터져서 누런 딱지를 형성함(불에 데인 것과 같은 모습)	• 항생제로 치료가 되며 부스럼 딱지가 모두 떨어질 때까지 격리
디프테리아	• 발열, 전신에 힘이 없고 목이 아픔 • 인후가 충혈되고 편도선에 위막이 형성됨 • 심하면 숨쉬기가 곤란하며 쉰 목소리가 남	• 법정전염병, 예방접종 • 격리하며 유행 시 보건소에 보고
백일해	• 감기처럼 시작하여 기침이 점점 심해지고 경련성 해소발작을 일으킴	• 법정전염병 예방접종 • 환자는 격리하며 유행 시 보건소에 보고
유행성 이하선염 (볼거리)	• 오한, 두통, 미열이 1~2일간 지속 • 한쪽 또는 양쪽 볼이 커지며 붓고, 입을 벌리거나 음식을 삼킬 때 아픔	• 법정전염병 예방접종 • 환자는 격리하며 유행 시 보건소에 보고

병명	증상	격리 기간
홍역	• 열, 두통, 근육통, 결막염 증상, 콧물, 재채기 • 귀의 뒤쪽, 목, 앞이마에 발진이 나타나 점차 아래로 퍼지며 마지막에는 팔, 다리에 생김 • 39~40℃의 고열, 기침 • 발진이 사라지면 열이 내리고 증상이 사라짐	• 법정전염병 예방접종 • 발진이 일어난 후 일주일 동안 격리
풍진	• 두통, 근육통, 열이 나며 임파선이 커지며 발진 생김 • 특히 목 뒤, 귀 뒤, 머리 뒤쪽이 부어서 만지면 아픔 • 발진이 첫날은 얼굴과 목에, 다음 날은 가슴, 등, 팔 등에 새롭게 나타남	• 예방접종 • 감염된 환자는 격리시킴
일본 뇌염	• 초기에 두통, 팔다리 쑤심, 구토, 설사를 동반함 • 증상이 심할 때 고열, 경련, 팔, 다리 마비	• 예방접종 • 매개충인 모기에 물리지 않도록 주의
세균성 이질	• 설사, 심한 복통, 오한, 열이 나고 심하면 탈수와 허탈 상태에 빠짐	• 유용한 백신이 없으며 환자는 격리 • 유행 시 보건소에 신고

(3) 아픈 영유아 관리

보육교직원은 아픈 영유아가 있는지 세심하게 관찰하고 아픈 영유아는 개별적으로 보살피고 충분히 휴식하도록 한다. 아픈 영유아가 등원하면 부모에게 상태와 투약에 대해 안내를 받고 적절하게 보살펴 준다. 투약이 필요한 경우는 부모는 투약의뢰서에 약의 종류, 용량, 횟수 및 시간, 의뢰자를 기록하고 사인하여 교사에게 약과 함께 전달한다. 교사는 임의로 투약하지 않으며 투약의뢰서에 따라 투약하고 투약 결과를 투약 보고서에 기록하여 부모에게 전달한다. 어린이집 내에서 생활하다가 다치거나 아픈 경우가 있다. 갑자기 아프거나 병의 증세가 심해진 경우, 또는 사고로 다친 경우 등을 대비하여 응급처치 절차를 마련하고 부모의 비상연락망과 응급처치 동의서의 기재 사항에 따라 부모에게 즉시 연락하고 조처한다.

① 응급처치 동의서 양식

응급처치 동의서

반 이름		생년월일	
성 별	남 여	성 명	

ㅇㅇㅇ에게 응급상황 발생 시 다음의 절차에 따라 응급처치를 하는 것에 동의합니다.

20 . .

부모: ㅇ ㅇ ㅇ (서명 또는 인)

〈응급처치 절차〉

1. 사고 발생 시 가장 먼저 부모님께 연락합니다.
   (시간/기간) (전화번호)
   어머니와는 ________ 동안에 ______________로 연락됩니다.
   ________ 동안에 ______________로 연락됩니다.
   아버지와는 ________ 동안에 ______________로 연락됩니다.
   ________ 동안에 ______________로 연락됩니다.

2. 부모님과 신속하게 연락되지 않을 경우, 부모님이 정해주신 다음의 연락처로 연락드립니다.
   (이름) (전화번호)
   ______________는______________로 연락할 수 있습니다.
   영유아와의 관계는 ______________ 입니다.
   ______________는______________로 연락할 수 있습니다.
   영유아와의 관계는 ______________ 입니다.

3. 필요한 경우 119구조대에 연락할 것이며 기관에서 지정하는 의료기관이나, 부모님이 정하신 __________의료기관으로 응급 수송할 것입니다.

4. 의료기관 수송 후에는 다음의 의료보험 관련 정보를 주어 신속하게 치료받을 수 있도록 합니다.
   건강보험종류: ______________
   번 호: ______________
   기 관: ______________

② 투약의뢰서, 투약보고서 양식

<table>
<tr><td colspan="2">투약의뢰서

금일 자녀의 투약에 대해 어린이집 선생님께 의뢰합니다.</td></tr>
<tr><td>반 명</td><td></td></tr>
<tr><td>원아 이름</td><td></td></tr>
<tr><td>증 상</td><td></td></tr>
<tr><td>약의 종류</td><td></td></tr>
<tr><td>약의 용량</td><td></td></tr>
<tr><td>투약 시간</td><td></td></tr>
<tr><td colspan="2">년 월 일 요일

의뢰자 (사인)

*투약에 대한 책임은 의뢰자가 집니다.</td></tr>
<tr><td colspan="2">투약보고서

금일 본원의 ○○○어린이에 대해 의뢰하신 내용대로 투약하였음을 알려 드립니다.

년 월 일 요일

담당교사 (사인)</td></tr>
<tr><td>기타 특이 사항</td><td></td></tr>
<tr><td colspan="2">○○○어린이집</td></tr>
</table>

(4) 보육교직원 건강관리

보육교직원의 건강은 영유아에게 직접적으로 영향을 미치게 된다. 특히 전염성 질환을 앓고 있는 경우는 영유아에게 전염될 우려가 있으므로 완치될 때까지 영유아 보육은 물론 어린이집 직무를 할 수 없다. 보육교직원을 비롯하여 어린이집에 종사하는 모든 성인은 연 1회 이상 건강검진을 실시하여야 한다. 또한 보육교사의 정서적 건강은 영유아를 보살핌에 있어 질적인 영향을 주게 되므로 피곤하거나 심한 스트레스 상태인 경우는 휴식 공간에서 적절히 휴식을 취하여 건강을 관리하는 것이 필요하다.

2. 영양관리

1) 영유아기 영양관리

영유아기의 균형 잡힌 영양 섭취는 영유아 성장과 발달에 필수적 요인이며, 성장 후 학동기, 청소년기, 장년기, 노년기 등의 생의 주기 전반에 걸쳐 건강 상태를 좌우하는 기초가 되고 있다. 특히 영유아기는 신체의 성장과 뇌발달로 인해 인지능력이 급속히 발달하고 유아의 음식에 대한 감각(미각, 후각, 청각, 시각, 촉각 등)과 식습관이 형성되는 시기이다.

이때 형성된 감각과 식습관은 유아의 전생애에 걸쳐 영향을 미치게 된다. 따라서 영양이 풍부한 음식을 균형 있게 제공하고 건강한 식습관을 유도하는 것은 영유아 교육의 중요한 목표 중 하나인 정상 성장과 발달이라는 과제에 속한다. 또한 유아는 성인에 비해 불완전한 신체 기능으로 소화흡수 기능이 미숙하므로 섭취해야 할 영양소의 절대량은 성인에 비해 적으나, 체중 1kg당 필요량은 성인에 비해 훨씬 높다. 뿐만 아니라 인지 능력의 발달과 함께 사회성이 발달하며 식품에 대한 기호도, 영양 상태 및 건강 상태의 개념도 이 시기부터 올바르게 정립할 수 있도록 해야 한다. 그러므로 올바른 식사 지도가 반드시 뒤따라야 한다.

(1) 영아기 영양관리

영아의 성장속도는 유아기에 비해 빠르다. 그러므로 영양공급이 매우 중요한 시기이다. 5~6개월까지는 모유와 조제유로 에너지와 영양소를 얻을 수 있지만, 그 후에는 이유식으로 영양공급의 변화가 필요하다. 영아기에 공급되는 에너지와 단백질 등 각종 양양소의 양은 적절한 성장발육을 촉진하기 위하여 충분하게 공급하되, 영아의 소화와 배설 능력을 초과하지 않도록 한다(보건복지부, 2016).

① 모유 수유

모유는 신생아와 영아에게 유일한 음식이며 가장 이상적인 영양 공급원으로 정상적인 성장발달을 위해 필요한 모든 영양소를 함유하고 있다. 그러므로 생후 6개월까지는 모유 수유를 하는 것이 바람직하다. 세계보건기구(WHO)와 유니세프(UNICEF)에서도 생후 6개월까지 모유를 수유하고, 약 2세(24개월)까지는 이유식과 병행할 것을 제안하고 있다. 영아기의 수유는 모유나 조제유를 섭취하게 되고 여성의 사회 진출로 모유보다 조제유의 섭취율이 높게 나타났으나, 모유 수유의 장점이 연구·보고됨에 따라 모유 수유에 대한 욕구가 향상되었고, 직장과 어린이집에서도 모유 수유를 권장하고 적극적 참여가 요구되고 있다. 모유 수유 실태로는 최근 WHO, UNICEF 등의 국제기구와 여러 NGO 조직에서는 모유 권장 운동을 세계적으로 확대하여 모유를 제공받을 영아들의 권리를 지적하고 있다. 선진국의 수유실태 조사를 보면 모유 수유율이 70%

이상인 것에 비해 우리나라 수유율은 현저히 낮은 상태로 모유 수유 홍보, 교육, 정책적인 활동을 다각도로 펼쳐야 한다(구재옥, 2016).

모유 수유의 장점은 다음과 같다.

첫째, 영양성분 조성이 아기 성장발달에 최상의 영양공급원이다.

둘째, 모유는 영아의 급격한 뇌발달에 적합하다.

셋째, 모유에는 영아를 보호하는 면역성분이 있어 질병에 대한 감염률이 낮다. 특히 모유 중 초유에는 락토페린, 라이소자임, 매크로파지, 비피더스 인자 등 각종 면역체가 존재하기 때문이다.

넷째, 알레르기를 일으키는 인자가 비교적 적고 아토피성 피부염도 비교적 적다.

다섯째, 모체의 혈액순환을 촉진하고 신진대사가 원활하여 자궁수축과 원상회복을 돕는다.

여섯째, 모유 수유는 인공 수유에 비해 경제적이며, 편리하다.

일곱째, 수유할 때 모자간의 신체적 접촉으로 정서적 교감을 할 수 있다.

② 인공 수유

모유 수유가 어려운 경우에는 영아용 조제유로 대치하여 공급한다. 조제유의 표준 수유 농도는 13~14%이고, 제품에 따라 스푼의 크기 및 농축 정도가 다를 수 있으므로 제품에 표시된 지침에 따라 조제하면 된다. 조제유 보관은 반드시 유효기간을 확인해야 하고, 개봉한 조제유는 가능한 한 빨리 사용하고 제품에 표시된 보관방법을 준수해야 한다. 수유 횟수는 영아의 요구에 맞추고 수유의 간격 및 수유량은 개인차가 크고, 이유식이 차지하는 양에 따라 변화될 수 있다.

조제유 수유하는 방법은 다음과 같다.

첫째, 조유 전 조유에 사용되는 모든 기구들은 살균해 놓는다.

둘째, 조유할 때 끓여서 식힌 물을 사용한다.

셋째, 조유와 수유할 때 손을 깨끗이 씻는다

넷째, 수유 전 조제유 온도를 확인한다.

다섯째, 심리적 만족감을 주기 위해 모유를 먹이듯 안고 수유한다.

여섯째, 수유시간은 영아의 연령과 습관에 따라 다르나 10~20분 정도가 바람직하다.

일곱째, 수유 후 아기를 똑바로 세운 후 가볍게 두드려 주어 트림을 시킨다.

③ 이유식

영아의 성장과 발달이 모유와 조제유로 부족할 시기, 즉 4~6개월 정도면 이유(離乳, Weaning)를 시작하고 성인 식사로 이양되는 이유식을 제공하게 된다.

이유식은 유즙 이외 처음 먹는 식품 섭취로 점진적으로 진행해야 하고, 이유식을 시작하면 젖병 떼기를 서서히 병행할 수 있으며, 영아기는 다른 시기보다 급격한 섭식의 변화를 겪게 된다. 생후 4~5개월이 되면 출생 시 체내 저장해 두었던 철분, 구리 등의 영양소가 소모되고 모유와 조제유 만으로는 성장에 필요한 열량 및 영양 소요량을 충분히 공급하지 못하므로 이유식으로 부족한 부분을 보충해 주어야 한다. 6개월을 이유준비기로 하여 천천히 이유를 진행하게 되고, 세계보건기구(WHO)에서도 약 6개월을 권장하고 있다.

이유 시기가 너무 빨라 4개월 이전이면 질식, 알레르기, 감염률 증가 등의 문제가 나타날 수 있고, 이유 시기가 6개월 이후로 늦어지면 모유 수유아의 경우 빈혈이나 성장지연이 나타날 수 있다. 또한 섭식훈련이 늦게 이루어져 식 행동에 문제가 될 수 있다.

이유식은 아래와 같이 영아의 개별적 섭식운동의 발달에 따라 적절한 형태로 만들어 주어야 한다.

- 유동식: 이유 초기 4~5개월에는 과일 채소 즙과 미음으로 시작
- 반고형식: 이유 중기 6~8개월의 영아에게 적절한 형태이며 대표적인 음식은 부드러운 죽
- 고형식: 이유 후기 9~12개월에는 진밥 등 고형식(식품의약품안전청, 2014).

(2) 유아기 영양관리

유아기 영양의 특징은 성장속도는 영아기에 비해 비교적 완만하나 성장발육이 왕성하므로 단백질, 무기질, 비타민 요구량이 증가한다. 유아의 건강과 직접적으로 연관되며 장기적으로 평생의 식습관 형성에 영향을 준다. 특히 유아기는 집단생활의 시작으로 급식제공과 또래집단의 식습관이 유아에게 크게 영향을 준다.

유아기는 발달상 신체 조절이 부족하고 활동량이 많아 일시적으로 식욕이 감퇴하고 놀이에 몰두하는 경우가 빈번하다. 음식에 대한 흥미가 떨어지면 영양 불균형으로 진행될 수 있으므로 영양소 함량이 풍부한 다양한 종류의 음식을 제공해야 한다.

음식 선택과 섭취를 지나치게 강요하면 안 되고, 다양한 식품의 종류와 색, 모양 등을 고려하면 유아의 창의력과 정서발달에도 도움을 줄 수 있다.

유아기 영양의 문제점은 식품에 대한 수용과 거부가 급속히 변화되는 시기이므로 체계적인 식생활교육이 필요하다(보건복지부, 2009).

2) 급식관리

(1) 급식의 중요성

가족체계의 변화, 여성의 취업률 증가와 보편적 무상지원의 실현으로 보육기관 이용률이 증가하고, 또한 어린이집 이용 시간 증가로 인해, 많은 영유아들이 어린이집에서 1일 1회의 급식과 2회의 간식을 섭취하고 있어 어린이집 운영에서 급·간식은 중요한 영역이다.

영유아기는 신체적인 성장과 발달이 급속도로 진행되며 영유아기 식습관과 영양은 이후의 신체적 건강과 식습관 형성에 지속적인 영향을 미치게 된다는 점에서 보육기관에서 급·간식은 매우 중요하다(교육부, 보건복지부, 2014).

(2) 급식 및 간식지도

영양적으로 균형 잡힌 식사는 영유아의 건강과 신체 발달에 중요한 역할을 한다. 그러므로 어린이집에서는 성장기 영유아의 발달단계와 영양 요구를 고려하여 체계적으로 수립된 급·간식 계획에 따라 양질의 식사를 제공하여야 한다. 영유아의 편식을 방지하고, 변화 있는 다양한 식단으로 식욕을 돋우며, 균형 잡힌 식사를 할 수 있도록 도와줌으로써 영유아의 정상적인 신체발달에 중요한 영향을 미친다.

어린이집 점심급식은 하루 필요량에서 간식을 제외한 1/3 수준으로 제공하여야 하고, 밥, 국을 포함하여 3~4개의 기본 찬으로 구성되며 에너지 적정배율을 고려하고 단백질, 칼슘, 철분의 영양소를 필수적으로 고려해야 한다(표 8-4).

또한 간식도 영유아의 성장에 필요한 열량보충과 영양의 균형 차원에서 중요한 일과로 다루어져야 한다. 간식은 영유아의 신체적 요구와 연령별 특성을 고려하여 오전, 오후에 나누어 제공되어야 하며, 비타민과 무기질이 풍부한 과일과 채소를 제공하는 것이 바람직하다(보건복지부, 2016).

간식은 점심식사에 영향을 주지 않는 양으로 1일 총열량의 약 5~10%(3~5세 기준 1,400kcal에 10%, 140kcal) 수준으로 제공한다. 아침을 먹지 않은 유아들을 고려하여 제공량을 증가하고, 점심식사 섭취량에 영향을 주지 않을 정도의 양을 제공한다. 점심 메뉴와 중복되지 않도록 오전 간식과 오후 간식 식단을 작성하고 간식시간은 일반적으로 오전 10시 1회, 오후 3시 2회가 바람직하다(보건복지부, 2010).

〈표 8-3〉은 어린이집에 제공되는 일주일 식단표의 예이다.

오전, 오후 간식 2회와 점심급식의 메뉴를 제시하였고 열량과 단백질량이 표기되고, 주요 식품의 원산지도 의무 표기사항이다.

표 8-3 급식정보 제공을 위한 식단표의 예

	일(요일)	4(월)	5(화)	6(수)	7(목)	8(금)	9(토)
둘째 주	오전 간식	카스텔라 우유	버섯크림수프	단감우유	애호박 조갯살죽	포도우유	치즈오이 스틱
	점심	쌀밥 들깨배추국 고등어조림 참나물 깍두기	보리밥 두부새우젓국 쇠고기청경채볶음 양배추쌈/쌈장 배추김치	중국식 볶음밥 짬뽕국 컬리플라워/ 참깨잣소스 배추김치	기장밥 김칫국 시금치달걀말이 진미채볶음 무초절임	밤콩밥 열무된장국 치킨커틀렛/ 소스 양상추샐러드 배추김치	해물오므라이스 팽이버섯장국 배추김치 방울토마토
	오후 간식	볶음우동	비빔만두 옥수수차	녹두전 매실주스	무지개떡 우유	호박죽	
	열량(kca) 단백질(g)	510.69/ 17.19	421.68/ 13.79	424.18/ 15.73	569.34/ 19.91	535.79/ 16.91	328.27/ 10.06
	원산지 표시 사항	쌀 국내산 김치 국내산	쌀 국내산 쇠고기 호주산 김치 국내산	쌀 국내산 돼지고기 국내산 김치 국내산	쌀 국내산 김치 국내산	쌀 국내산 닭고기 국내산 김치 국내산	쌀 국내산 김치 국내산

출처: 보건복지부(2016). 어린이 급식 관리 지침서

영유아 100인 이상을 보육하는 어린이집의 경우에는 전담영양사(또는 5개 이내 어린이집 공동채용 영양사)가 작성한 식단을 공급하고 영유아 100인 미만을 보육하는 시설의 경우에는 관할 육아종합 지원센터, 보건소 및 「어린이 식생활 안전관리 특별법」에 따른 어린이 급식관리 지원센터 등의 영양사 지도를 받아 식단을 작성하여야 한다.

집단급식소로 신고 운영되는 어린이집(50명 이상)은 식단표 작성 시 「농산물의 원산지 표시에 관한 법률」에 의해 대상품목의 원산지를 기재하여 공개하여야 하며, 집단급식소로 신고되지 않은 어린이집도 그에 준하는 원산지 표시를 하여야 한다.

최근 정부 기관에서는 보육기관의 바람직한 급식관리 방향 제시 및 급식환경의 질적 향상을 위해 제공되는 보육시설 급식운영 관리 매뉴얼과 어린이 급식관리 지침서를 활용하여 급·간식 관리·운영을 지도하고 있다. 2011년부터는 지역별 어린이 급식관리 지원센터를 개설하여 급식지도에 대한 운영체계 및 조직구성, 관리감독을 실시하고 있다(보건복지부, 한국보육진흥원, 2016).

① 식단구성

영유아 급식의 식단은 다음 내용을 고려하여 구성되어야 한다.

첫째, 급식의 횟수와 영양 분량의 배분 : 영유아 급식은 점심 1회의 식사와 2회의 간식으로 제공하고 점심 급식은 1일 섭취 기준에서 25~30% 정도를 섭취하도록 구성한다.

둘째, 음식의 품목 수 결정 : 일반적으로 주식, 국 또는 찌개류, 주 반찬, 부반찬, 김치류로 구성되는 것이 보편적이다. 주 반찬은 육류, 가금류, 어류 및 난류 등 동물성 식품을 재료로 한 구이, 조림, 볶음, 튀김으로 조리하고, 부반찬은 채소를 재료로 나물, 무침, 샐러드류가 구성된다.

셋째, 음식구성 : 음식구성 시에는 영양적 요구, 식습관 및 기호도, 음식의 기호도, 예산, 위생, 급식시설 및 기기, 조리인력의 숙련도 등을 고려해야 한다.

넷째, 음식별 식재료 종류 및 분량결정 : 급식 대상의 연령 및 발달 수준 등을 고려하여 식재료를 선택하고 자연식품 특히 제철식품과 지역식품을 구매하여 식재료의 신선도를 유지하도록 해야 한다.

다섯째, 영양제공량 확인 : 영유아 급식의 특성상 적절한 영양공급이 무엇보다 중요하므로 영양제공량 확인이 필요하다. 따라서 영양가 분석을 통해 식단 계획 시의 영양제공 기준량을 충족하는지 비교하여 과부족 양은 식품의 종류나 조리법을 조정할 수 있다.

>> 표 8-4 영유아 영양소 섭취기준의 에너지 적정비율

영양소		1~2세	3~18세
탄수화물		55~65%	55~65%
단백질		7~20%	7~20%
지질	총 지방	20~35%	15~30%
	n-6계 지방산	4~10%	4~10%
	n-3계 지방산	1% 내외	1% 내외

출처: 보건복지부, 한국영양학회. 한국인 영양섭취기준(2015)

〈표 8-4〉는 영양소 섭취기준의 에너지 적정비율로 탄수화물, 단백질, 지질의 비율을 연령별로 구분하였고, 연령에 적절한 균형 잡힌 영양소 배분을 위해 급식 식단을 작성할 때 고려해야 한다.

어린이집에서 영유아 급식을 위한 영양섭취기준은 열량과 단백질, 칼슘, 철분을 고려하여 작성한다. 성장 발달이 왕성한 영유아기에 가장 중요한 기준이기 때문이다. 기준체중과 기준키를 고려하고 연령, 성별을 고려하여 설정하였다(표 8-5).

>> 표 8-5 영유아 급식계획을 위한 영양섭취기준

연령 (세)	성별	기준 체중 (kg)	기준 키 (cm)	열량 (kcal)	단백질 (g)	칼슘 (mg)	철분 (mg)
1~2		12.5	86.4	1,000	15	500	6
3~5		17.4	105.4	1,400	20	600	6
6~8	남아	26.5	126.4	1,700	30	700	9
	여아	25.0	125.0	1,500	25	700	8

출처: 보건복지부, 한국영양학회, 한국인 영양섭취기준(2015)

2015년도 한국인 영양섭취기준 개정된 내용은 유지 및 당류가 삭제되어 5개 식품군으로 제시하였다(그림 8-2).

성인 기준 식품구성안에 제시한 하루 분량이다. 곡류 2~4회, 고기, 생선, 달걀, 콩류 3~4회, 채소류 6회, 과일류 1~2회, 우유 및 유제품 1~2회.

[그림 8-2] 식품구성 자전거

② 조리

영유아 보육시설에서 조리과정은 어린이집에서 직접조리를 원칙으로 하고 있으며, 영유아 발달단계에 따라 조리방법에 차이가 있어야 한다. 영아기는 소화되기 쉽고 자극적이지 않고, 작은 크기로 조리하여 제공되어야 하고, 유아기는 다양한 조리방법으로 식욕에 대한 요구를 충족하도록 조림, 구이, 튀김까지 제공이 가능하다.

어린이집에서 상시 급식하는 영유아가 50인 이상인 경우는 단체급식법 기준을 준수해야 하며, 조리 종사자는 『식품위생법』에 따라 건강진단을 통해 질병과 건강상태를 점검하여 안전하고 위생적인 조리하여 제공하여야 한다.

영유아 식사관련 조리 주의사항으로는 생선가시, 질긴 고기, 음식의 크기, 나물의 냄새와 질감 등이 고려되어야 한다. 또한 식품 알레르기 반응에 민감한 재료들은 개개인 영유아의 특성에 따라 유의하도록 한다.

③ 배식

영유아 급식 배식은 대면배식과 자율배식의 방법이 있으며 대부분의 어린이집에서는 대면배식을 실시하고 있다. 배식 장소로는 별도의 급식실이 보편적이나 보육실에서 급식을 하게 되는 경우 조리실에서 보육실로 이동 시 안전에 주의해야 한다. 조리완료 후 2시간 이내에 배식되어야 하고 적온에서 소독된 용기에 덮개를 덮어 2차 오염을 방지한다. 배식용 도구는 깨끗이 세척 및 소독해서 사용한다.

배식용 앞치마는 보육용과 구분해야 하고, 배식 전 영유아들은 손 씻기가 필수적으로 선행되어야 한다. 식사 후 남은 반찬은 전량 폐기하는 것이 원칙이며, 배식 시 각각의 집게나 일회용 장갑을 이용하여 배식한다(식품의약품안전처, 2017).

(3) 식사습관 지도

영유아기는 식사 기호, 식사 습관, 식사량, 식사태도 등이 형성되는 시기이며 영유아의 식습관은 신체발달 그리고 정서 발달과도 관련이 있으며 이는 평생의 식습관과 건강에 영향을 미치게 된다. 어린이집의 식습관 지도는 식습관 형성뿐 아니라 식습관 지도 과정에서 정서 발달에 미치는 영향도 고려해야 한다. 따라서 바람직한 식습관 지도는 자연스럽고 긍정적인 방법, 가정과 연계하여 이루어질 때 효과적으로 이루어질 수 있다. 음식을 골고루 먹는 것이 중요하다 하여 강제적으로 모든 음식을 먹도록 강요하는 것은 그 과정에서 교사와 애착 형성에 부정적 영향을 미치며 영유아의 음식에 대한 자세와 영유아 자신의 자존감에도 영향을 미치게 된다(조유나, 최윤이, 2011). 보육교사는 식사습관 지도를 위해 발달에 따라 식사습관 지도내용, 지도 방법과 상호작용을 개발하고 적용하여야 한다.

예를 들어 균형잡힌 식습관 지도를 위해 다음을 고려할 수 있다(양옥승 외 2011).

- 충분한 수면시간과 적절한 운동을 하도록 하여 식욕을 증진시킨다.
- 시각적으로 만족할 수 있도록 조리 방법을 다양화한다.
- 식사하는 장소를 쾌적하고 아름답게 꾸미고 식기나 도구를 영유아들이 선호하는 것으로 구비한다.
- 잘 먹지 않는 재료를 이용하여 요리활동을 계획한다.
- 교사나 또래가 맛있게 먹는 모습을 보여준다.
- 텃밭 활동을 통해 직접 식물을 재배할 기회를 제공한다.

3. 안전관리

1) 안전 관리 중요성

영유아의 생명과 안전을 확보하는 일은 모든 보육 및 교육 활동의 최우선 조건이다. 영유아의 발달적 특성으로 인해 사고 위험에 많이 노출되고 위험을 판단하는 능력이 미숙하며, 대담하고 호기심이 많다(Aronson, 1991).

영유아의 특성도 있지만 영유아의 사고는 무엇보다 성인의 책임이 크다. 영유아의 안전사고는 영유아를 돌보는 성인의 철저한 사전 대책이나 감독에 의해 관리될 수 있으며, 영유아의 안전에 일차적인 책임인식이 필요하고 부모와 교사를 위한 안전교육을 강화해야 한다.

영유아가 가진 특성 외에 사고를 일으키는 원인은 크게 3가지로 요약될 수 있다.

첫째, 환경이 지닌 문제
둘째, 유아의 능력과 활동 사이의 부조화
셋째, 성인의 관리와 감독 소홀이다.

영유아에게 일어나는 모든 사고를 예방하는 것은 불가능하다. 그러나 영유아에게 일어나는 사고 중 많은 부분이 충분히 예방할 수 있는 것이다(Aronson, 1991). 기본적인 안전 조치 즉, ① 안전한 환경 구성, ② 규칙 세우기, ③ 주의 깊게 지켜보기, ④ 안전교육 프로그램 작성 등이 사고를 예방하는데 기여한다.

안전교육은 최대한 노력을 기울여 희생을 줄이기 위한 예방적인 목적을 갖는다. 예방적인 의미를 강조하는 관점에서 일상생활을 통해 신체적 부상 또는 생명을 위협할 수 있는 요인을 알려 주어 사전에 예방할 수 있도록 한다. 이러한 안전 행동에 대처하는 습관, 기능, 태도 및 지식에 긍정적인 영향을 미치는 경험의 총체이다(이기숙, 2006).

또한 어린이집 내에서의 안전 점검이나 대피 훈련 외에도 등원 시 유아들이 거주 지역 내 위험 장소를 알아 두는 등의 세심한 관심을 가지고 사고 예방을 도모해야 한다. 유아의 안전사고는 가정이나 보육시설 내에서 빈번하게 발생하는데, 이러한 사고는 유아의 성장과 발육 및 발달에 지대한 영향을 미칠 뿐 아니라 성인이 된 후에도 치유될 수 없는 결과를 초래하게 된다.

2) 영유아 안전사고 현황

영유아 보육법에 명시되어 있는 보육의 기본목표 중 가장 우선시되고 있는 부분이 안전문제이다. 영유아의 안전을 위협하는 위험요인을 미리 점검하고 제거하기 위해서는 영유아의 연령 및 성별에 따른 안전사고의 특징, 그리고 사고 발생장소 및 빈도에 따른 안전사고의 특징을 이해하는 것이 필요하다.

(1) 연령 및 발달특성에 따른 안전사고

영유아의 발달특성은 안전사고의 원인과 연관성을 가지고 있으므로 각 연령별 발달단계에서 보이는 행동과 잠재적인 위험요소를 이해하는 것이 사고를 미연에 방지하고 대책을 강구함에 있어 중요하다.

① 만 0~1세 영아 발달특성과 안전사고

- 성장이 가장 급격하게 이루어지는 시기이다.
- 머리가 다른 신체부위보다 먼저 발달하며 팔과 다리에 비해 몸체가 먼저

발달하므로 몸의 균형을 잡기 어려워 자주 넘어지고 부딪힌다.

- 무엇이든 입으로 가져가 탐색하므로, 작은 물체를 삼키거나 입에 넣는 경우가 빈번히 발생한다.
- 추락, 흡입, 질식, 영아돌연사증후군 사고가 많이 발생하는 것이 특징이다.

② 만 1~2세 영아 발달특성과 안전사고

- 걸을 수 있게 되면서 걷기, 빨리 걷기, 달리기 등을 하다가 자주 넘어지고 부딪힌다.
- 외부의 위험한 상황에 대처하거나 반응하는 지각운동능력이 미성숙한 상태이다.
- 모방과 탐색하고자 하는 의욕이 어느 시기보다 왕성하여 끊임없이 움직이므로 칼, 가위 등 위험한 도구에 상해를 입는 경우가 자주 발생한다.
- 교통사고, 화상, 추락, 충돌사고 등이 많이 발생한다.

③ 만 3~5세 유아 발달특성과 안전사고

- 이동 중에 물건을 밟거나 걸려서 잘 넘어지고 부딪힌다.
- 대근육의 발달과 함께 신체의 움직임이 활발해지면서 충돌 사고, 놀이사고, 스포츠 사고(자전거 등 바퀴 달린 놀이기구 이용 시) 및 교통사고 등이 증가한다.
- 자기중심적인 사고로 자신의 관점에서 상황을 파악하며, 성인과 같은 논리적인 사고가 부족하므로 위험을 정확히 인지하는 것이 쉽지 않다(보건복지부, 2017).

(2) 영유아 안전사고 실태

어린이집 안전공제회로 2015년도에 보고된 19,483건의 사고 통계 내용 결과이며, 이를 토대로 어린이집 영유아 안전사고와의 연관성을 파악하고 대비할 수 있다.

① 사고 연령 및 성별

유아(54.5%)가 영아(37.9%)보다 사고 발생률이 1.4배 높다. 특히 어린이집에서는 만 2~3세가 전체 어린이집 사고의 49.5%를 차지하며, 가장 사고가 많이 발생하는 연령대이고, 남아(62.0%)가 여아(38.0%)보다 사고 발생비율이 높다.

② 사고 발생 장소별

어린이집에서 안전사고는 어린이집 내 실내 공간에서의 사고가 75.8%, 어린이집 외 사고가 24.2%로 실내 사고발생이 실외에서 보다 3배 이상 많았다.

③ 교육 활동별

사고 당시 활동으로는 실내 자유선택활동, 현장학습(실외활동, 견학, 나들이 등) 순으로 나타났고, 특히, 만 0세의 경우 실내 자유선택활동 이외에 타 연령보다 식사 및 간식(12.9%), 낮잠(10.5%) 중에 사고발생 비율이 높게 나타났다.

④ 사고 유형별

어린이집에서 발생한 사고 유형은 '넘어짐'과 '부딪힘'이 가장 많았고, 영아의 경우 유아보다 끼임, 할큄, 사람에게 물림, 화상에 대한 사고의 유형이 두드러지는 것으로 나타났으며, 특히 0세의 경우 화상으로 인한 사고가 0세 사고 전체의 15%를 차지하는 것으로 나타났다.

〈표 8-6〉은 안전사고의 유형으로 연령별 사고의 유형을 제시하였다.

표 8-6 안전사고의 유형

사고 유형	건(%)		
	영아(0~2세)	유아(3~5세)	6세 이상~
넘어짐	2,392(32.4)	3,423(32.2)	436(29.4)
부딪힘	2,058(27.9)	3,627(34.2)	556(37.5)
꼬집음, 할퀌	588(8.0)	478(4.5)	33(2.2)
긁힘	265(3.6)	408(3.8)	57(3.8)
당김	31(4.2)	337(3.2)	17(1.1)
끼임	22(3.1)	249(2.3)	30(2.0)
떨어짐	178(2.4)	260(2.4)	34(2.3)
찔림	88(1.2)	313(2.9)	63(4.2)
미끄러짐	161(2.2)	227(2.1)	42(2.8)
화상	221(3.0)	175(1.6)	31(2.1)
물림-사람	320(4.3)	88(0.8)	4(0.3)
눌림(압박)	128(1.7)	240(2.3)	39(2.6)
이물질 삼킴(삽입) 및 흡입	65(0.9)	273(2.3)	30(2.0)
물림-벌레, 동물	52(0.7)	134(1.3)	29(2.0)
베임	65(0.9)	105(1.0)	23(1.6)
음식물 섭취	27(0.4)	87(0.8)	23(1.6)
기타	234(3.2)	226(2.1)	36(2.4)
계	7,380(100)	12,103(100)	1,483(100.0)

출처: 보건복지부(2017). 어린이집 보육교사 안전교육

3) 안전사고의 예방

(1) 안전사고 예방의 구성요소

영유아의 안전사고는 신체적, 인지적 발달 특성상 사고 발생 시에 큰 사고로 이어져 생명과 직결될 수 있으며, 후유장애 발생 등 심각한 결과를 초래할 수 있다. 그러므로 발달특성 및 연령에 따른 안전사고의 특징에 대한 이해와 어린이집 안전사고 실태 분석 내용을 토대로 영유아를 안전하게 보육하기 위한 다양한 노력을 해야 한다.

① 영유아의 성장과 발달을 위한 안전한 환경구성

- 실내외 위험요소를 최소화하도록 노력하여야 한다.
- 실내외 모든 비품과 교재교구의 위험요소를 최소화하여야 한다.
- 보육실과 놀잇감의 위생문제도 관심을 가져야 한다.
- 물리적 환경 구성뿐 아니라 영유아 발달과 흥미에 적합한 보육과정을 제공하는 것도 안전사고 예방에 도움이 된다.

② 영유아 사고 예방을 위한 인식과 실천

- 영유아의 발달 특성상 성인의 행동을 모방하는 특성을 갖고 있기 때문에 평소 안전한 생활의 실천을 통한 모델링이 필요하다.
- 사물, 사건상황에 대한 안전관련 정보와 사건을 지각할 수 있는 지식이 필요하다.
- 주의 깊은 관찰과 민감성을 가지고 위험한 상황에서 즉각적으로 상황을 통제하는 예방적 행동이 필요하다.
- 사고 발생 시 2차 피해를 줄이기 위한 적절한 대처방법에 대한 지식과 신속한 안전조치가 필요하다.

③ 다양한 대상(영유아, 학부모, 보육교직원)과 방법으로 안전교육을 실천

- 영유아 발달에 적합한 안전교육을 계획하고, 효과적인 교수방법을 통해 영유아가 사고 위험으로부터 자신을 보호하고 대처할 수 있는 지식, 기술, 태도를 형성하도록 한다.
- 영유아기는 미성숙한 발달단계로 주변의 도움이 요구되는 시기로 보육교직원, 학부모까지 교육대상에 포함하여 안전교육을 실시한다.
- 영유아의 안전한 생활습관 형성을 위하여 가정과 정보 공유와 소통을 통한 지속적인 연계가 필요하다(보건복지부, 2017).

(2) 어린이집 안전관리

어린이집에 영유아를 보내는 부모나 보호자가 우선적으로 바라는 것은 영유아가 안전하게 보호되는 것이다. 사고나 위험으로부터 영유아를 보호할 수 있는 안전한 보육환경은 영유아로 하여금 보육활동에 마음을 놓고 참여하도록 하여 건강한 신체와 심리적 안정감을 발달시킬 수 있도록 도와준다. 그러므로 영유아가 생활하는 어린이집에서는 실내외 시설 및 설비를 안전하게 설치, 관리하여 영유아가 위험에 노출되지 않고 안전하게 지낼 수 있도록 해야 한다.

안전한 보육환경에는 시설 및 설비와 같은 물리적 환경뿐 아니라 원장과 보육교사가 어린이집에서 생활하는 영유아의 일과 전반에 걸쳐 안전하게 지낼 수 있도록 보호하는 것까지도 포함된다. 따라서 원장과 보육교사는 영유아가 놀잇감을 안전하게 사용하며, 또래와 안전하게 놀이를 할 수 있도록 지도하고, 항상 성인의 보호하에 있도록 하며, 영유아를 안전하게 부모에게 인계하여야 한다. 또한 다양한 안전교육과 정기적인 소방훈련을 통해 영유아와 보육교직원 모두 위험 상황에 적절히 대처하는 방법과 사고를 예방하는 지식과 태도를 기를 수 있도록 해야 한다.

① 보육실의 안전관리

어린이집에서는 모든 보육실의 시설 및 설비에는 위험요인이 없이 영유아가 안전하게 활동할 수 있도록 관리해야 한다. 보육교사는 시설과 설비를 매일 점검하여 위험 요인이 발견되거나 파손된 곳이 있을 경우 즉시 수리·보완하도록 해야 한다.

② 실내 시설에 대한 안전관리

보육실을 제외한 실내시설의 안전관리는 현관, 복도, 계단, 화장실, 유희실(실내놀이터 포함), 조리실 등의 실내시설이 있고 이러한 실내시설 및 설비는 안전하게 설치·관리되어야 한다. 다음 사진은 보육실 내 안전장치 사진들이다.

보육실 손끼임방지

2층 계단 안전문

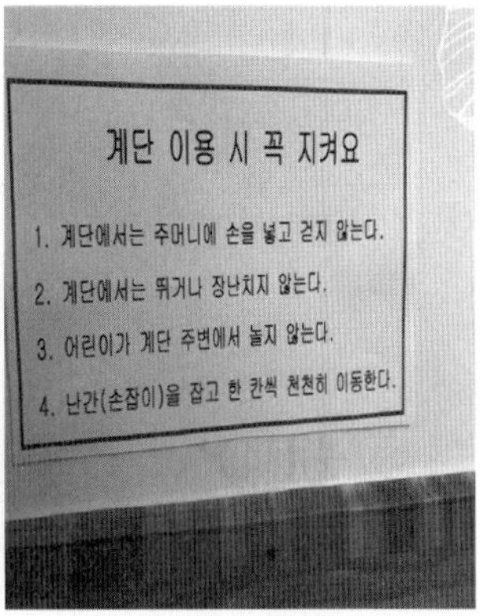

계단 사용 안전수칙

영유아용화장실

정수기 온수차단

조리실 출입금지

③ 실외시설의 안전관리

실외시설 및 설비란 어린이집 건물 외부에 있는 모든 시설과 설비를 의미하는 것으로 대문, 울타리, 옥외놀이터(옥상, 옥외 중간 놀이터)와 놀이터에 설치된 고정식 놀이기구(예: 그네, 미끄럼틀, 매달리기 기구 등) 및 기타 실외의 부대시설을 말한다. 실외시설 및 설비는 영유아의 안전과 밀접하므로 관련 규정(「영유아보육법」, 보육사업안내 등)에 따라 안전하게 설치하여야 한다. 원장과 보육교사는 실외시설과 설비가 안전한지 정기적으로 점검하고, 수리가 필요할 때는 사용불가 표시를 하여 영유아가 접근을 차단한 후 즉시 수리하여 영유아를 사고로부터 보호해야 한다.

출입문 안전장치

실외 고정식 놀이기구

④ 실내외 놀잇감의 안전관리

실내외 놀잇감이란 모든 보육실, 유희실(실내놀이터 포함), 다목적 활동실, 옥외놀이터 등에 있는 '이동 가능한 놀잇감'을 의미한다(미끄럼틀, 볼풀장 등과 같은 고정놀이기구는 실내외시설 및 설비에 해당). 실내외 놀잇감은 위험요인이 없어 영유아가 안전하게 활동할 수 있도록 관리해야 하며, 어린이집에서는 놀잇감을 영유아발달 특성에 맞도록 안전한 것으로 구입하여 배치하여야 한다. 또한 보육교사는 보육실을 포함한 실내외 놀잇감을 매일 점검하여 위험

요인을 점검해야 한다.

보육실 손 끼임 방지

놀이실 미끄럼 방지 매트

⑤ 실내외 위험한 물건의 보관

영유아 발달의 특성상 호기심이 강한 영유아를 고려하여 보육교직원은 영유아가 위험한 물건에 접근 가능성을 염두에 두어야 한다. 어린이집에서는 보육교직원이 어린이집의 실내외를 철저히 살펴 위험 요인이 될 수 있는 물건이 영유아 손에 닿지 않도록 철저히 관리해야 한다(보건복지부, 2016).

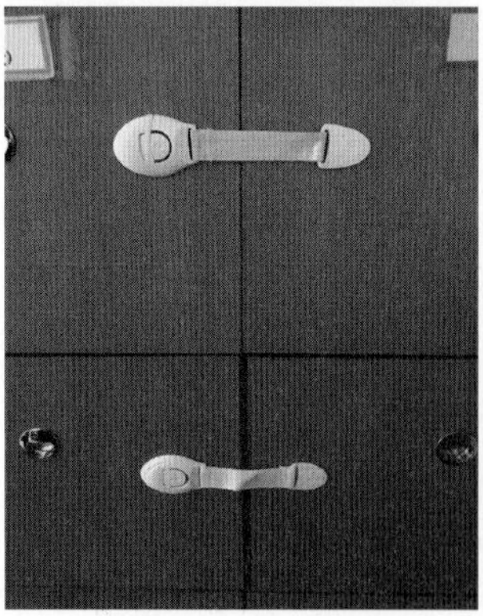
위험한 물건 차단장치

화상 금지

(3) 어린이집 안전 점검 및 관리

① 보육시설의 안전점검 및 관리의 중요성

안전한 보육환경이란 시설과 설비 및 교구와 그 사용에 있어서 위험요소가 나타나지 않는 것을 말한다. 영유아는 스스로를 보호하는 능력이 부족하기 때문에 보육시설 종사자가 책임감을 가지는 것이 중요하다. 안전에 대한 위험요소가 파악되면 제거하거나 수리·보완해야 한다.

안전점검을 할 때는 영유아의 발달단계를 고려하고 안전점검을 한 후에는 개선해야 할 사항은 계획을 세워 고치도록 한다. 고치는 순서는 가장 위험하다고 생각되는 부분을 우선순위로 정한다. 또한 점검은 정기적으로 실시하여 새로운 변화에 대처하고 위험한 곳을 수시로 확인하도록 해야 한다(보건복지부, 한국생활 안전연합, 2014).

② 보육시설의 안전관리 계획

보육환경의 안전점검 및 안전관리와 관련하여, 매년 초에 보육시설의 안전관리를 위한 연간계획을 세워야 한다. 연간계획은 3월부터 다음 해 2월까지 기준으로 하며, 점검시기에 따라 매일, 매월, 분기별, 연간점검사항을 정하도록 한다.

어린이집 원장은「어린이집 통합안전점검표」에 따라 매일, 매월 시설안전점검을 실시하여 화재·상해 등 위험발생요인을 사전에 제거하여야 한다. 어린이집 통합 안전검검표 양식은 표준안이며 어린이집 상황에 따라 적절하게 수정하여 활용 가능하다. 차량 내부에 안전수칙을 부탁하고「어린이집 통합안전점검표」(③ 차량분야)에 의한 차량안전점검을 실시한다.

4) 안전교육

안전교육이란 영유아에게 안전을 위해 필요한 사항을 이해시키고 위험요소를 예측하고 예방하며 안전하게 행동할 수 있는 습관을 갖도록 하는 교육을 의미한다. 안전교육을 통해 안전에 대한 의식을 높이고 안전과 관련되는 각종 지식과 기술을 배우며 안전에 대한 올바른 태도 육성이 필요하다(이경화, 김정원, 2012).

영유아 안전교육은 「아동복지법」, 「아동복지법시행령」, 「영유아보육법」, 「유아교육법」에서 법적 근거한다. 「아동복지법」 제31조 1항 「영유아보육법」에 따른 어린이집 원장, 「유아교육법」에 따른 유치원 원장은 아동 연령을 고려하여 대통령에 정하는바 매년 교통안전교육, 실종·유괴의 예방 방지교육, 약물오용, 남용 예방교육, 재난 대비 안전교육, 성폭력 아동학대 예방교육을 수립하여 교육을 실시하도록 하고 교육계획과 결과를 보고해야 한다. 보육교직원에 대한 안전교육도 실시하고 안전교육에 대한 내용을 숙지하여, 계획을 수립하는 데 필수적으로 수행하고 정기적인 점검 및 훈련을 실시해야 한다(이영환, 2014).

안전교육 계획은 영유아의 연령을 고려하여 실행 후, 보육일지 및 운영일지에 기록을 작성할 수 있다. 어린이집 원장은 영유아의 연령을 고려하여 아동복지법령의 안전교육기준에 따라 매년 안전교육을 수립하고 교육을 실시하고, 계획 및 교육실시 결과를 관할 시장, 군수, 구청장에게 매년 1회 보고해야 한다. 보고할 때 시행일자의 보육일지 또는 운영일지의 안전교육 실시결과를 함께 제출할 수 있다. 계획서와 보고서는 별도로 작성할 수 있으며 보고서는 별도 서류 없이 보육일지, 운영일지에 기록할 수 있다(보건복지부, 2016).

표 8-7 아동안전교육기준(아동복지 시행령 제28조 제1항관련)

구분	교통안전교육	실종·유괴의 예방·방지교육	약물 오용·남용 예방교육	재난대비 안전교육	성폭력·아동학대 예방교육
실시 주기 (총시간)	2개월 1회 이상 (연간 10시간 이상)	3개월 1회 이상 (연간 10시간 이상)	3개월 1회 이상 (연간 10시간 이상)	6개월 1회 이상 (연간 6시간 이상)	6개월 1회 이상 (연간 8시간 이상)
교육 내용	1. 차도, 보도 및 신호등의 의미 알기 2. 안전한 도로 횡단법 3. 안전한 통학버스 이용법 4. 날씨와 보행안전 5. 어른과 손잡고 걷기	1. 길을 잃을 수 있는 상황 이해하기 2. 미아 및 유괴 발생 시 대처방법 3. 유괴범에 대한 개념 4. 유인 · 유괴 행동에 대한 이해 및 유괴 예방법	1. 몸에 해로운 약물 위험성 알기 2. 생활주변의 해로운 약물 · 화학제품 그림으로 구별하기 3. 모르면 먼저 어른에게 물어보기 4. 가정용 화학제품 만지거나 먹지 않기 5. 어린이 약도 함부로 많이 먹지 않기	1. 화재의 원인과 예방법 2. 뜨거운 물건 이해하기 3. 옷에 불이 붙었을 때 대처법 4. 화재 시 대처법 5. 자연재난의 개념과 안전한 행동 알기	1. 내 몸의 소중함 2. 내 몸의 정확한 명칭 3. 좋은 느낌과 싫은 느낌 4. 성폭력 예방법과 대처법
교육 방법	1. 전문가 또는 담당자 강의 2. 시청각 교육 3. 실습교육 또는 현장학습 4. 일상생활을 통한 반복 지도 및 부모교육	1. 전문가 또는 담당자 강의 2. 장소 · 상황별 역할극 실시 3. 시청각 교육 4. 사례 분석	1. 전문가 또는 담당자 강의 2. 시청각 교육 3. 사례 분석	1. 전문가 또는 담당자 강의 2. 시청각 교육 3. 실습교육 또는 현장 학습 4. 사례 분석	1. 전문가 또는 담당자 강의 2. 장소 · 상황별 역할극 실시 3. 시청각 교육 4. 사례 분석

출처: 보건복지부, 보육사업 안내(2016)

5) 아동학대

(1) 아동권리의 이해

① 아동권리의 개념

인간의 권리란 출생과 동시에 소유하게 되는 자연법적 권리이다. 따라서 아동권리란, 아동이 인간으로서 누려야 할 기본적 제 권리를 총칭하는 것으로 그 주체인 아동이 태어나면서부터 성, 언어, 종교, 인종, 피부색, 능력에 관계없이 인간으로서 가지는 기본적인 권리이며, 생애 시기적 특수성에 입각해 특별한 보호와 배려를 받을 권리를 말한다.

[그림 8-13] 유엔 아동권리 협약

출처: 보건복지부, 유엔아동권리협약(2015)

[그림 8-14] 아동학대 조기발견 및 관리대응 매뉴얼

출처: 교육부, 보건복지부, 유치원, 어린이집 아동학대 조기발견 관리대응 매뉴얼(2016)

아동의 기본 권리는 다음 4개의 기본원칙을 바탕으로 하고 있다.

아래 내용은 UN에서 정한 아동권리협약의 내용으로, 생존권, 발달권, 보호권, 참여권 등 아동이 누려야 할 4가지 권리이다.

■ **UN 아동권리협약**

- 아동은 한 인간으로서 고유한 존재이며, 스스로가 권리의 주체자임을 인식하고 적극적인 참여를 통해 자신의 권리를 향유하고 자신의 권리를 온전하게 보장받을 수 있어야 함을 담고 있는 국제적 약속

※ 국제연합(UN)에서 만장일치로 채택(1989. 11. 20 우리나라 1991. 11. 가입)

■ **아동의 4가지 권리**

- 생존권 : 기본적인 삶을 누리는 데 필요한 권리
- 발달권 : 잠재능력을 최대한 발휘하는 데 필요한 권리
- 보호권 : 유해한 것으로부터 보호받을 권리
- 참여권 : 자신의 나라와 지역사회 활동에 적극적으로 참여할 수 있는 권리

(2) 아동학대 이해

최근 아동학대 사건이 사회적 문제로 크게 부각되고 있어 교육부, 보건복지부는 유치원, 어린이집 아동학대 조기발견 및 관리대응 매뉴얼을 발표하여 해당기관에 배부하여 대응하도록 하였다.

① 아동학대의 정의

아동학대란 보호자를 포함한 성인이 아동의 건강 또는 복지를 해치거나 정상적 발달을 저해할 수 있는 신체적, 정신적, 성적 폭력이나 가혹행위를 하는 것과 아동의 보호자가 아동을 유기하거나 방임하는 것을 말한다(「아동복지법」 제3조 제7호).

② 아동학대의 유형

「아동복지법」 제17조(개정 2014. 1. 28.)에 따르면 아동학대 유형은 신체학대, 정서학대, 성학대, 방임으로 구분된다.

아동학대는 아동이 건강하게 성장하며 발달하는 과정에서 '하지 말아야 하는 것'에 의도적으로 해를 가하는 행동(신체학대, 정서학대, 성학대, 유기)'을 하는 것과 '해야 함에도 불구하고 아동의 기본욕구를 만족시키지 않는 행동(방임)'이 모두 포함된다(중앙 아동보호 전문기관 아동학대 신고 의무자 교육, 2011).

③ 아동학대의 원인

아동학대를 예방하기 위해서 아동학대 발생의 근본적인 원인을 찾아보고 문제를 해결하기 위한 실천이 있어야 한다. 각 요인별로 원인을 살펴보면 다음과 같다(표 8-8). 아동학대의 원인으로 가정과 어린이집으로 구분하여 가정에서는 부모의 요인과 지역사회의 원인도 있고, 어린이집에서는 보육교사의 원인과 어린이집의 원인으로 나타났다.

④ 아동학대의 현황

2016년 아동보호전문기관에서 발간한 「2015년 전국 아동학대 현황보고서」에서 연도별 아동학대 사례 건수를 살펴보면 2001년 2,105건에 불과하던 아동학대사례가 2015년에는 11,715건으로 약 5배 이상 늘어났다. 이는 「아동학대처벌법」 시행(2014. 09. 29.)으로 아동학대 신고전화가 112로 통합되고 신고의무가 강화되는 등 아동학대 신고가 활성화되고 아동보호 전문기관이 증설됨에 따라 피해아동 발견 비율 및 아동학대 사례 건수가 증가한 것으로 보인다.

표 8-8 아동학대의 원인

<table>
<tr><th colspan="2">가 정</th><th colspan="2">어린이집</th></tr>
<tr><td>부모요인</td><td>• 양육에 대한 지식 부족
• 부모의 그릇된 아동관 및 양육관
(아동존중에 대한 인식 부족)
• 영유아에게 지나친 기대
• 어릴 적 학대받은 경험
• 불안, 우울증, 기타 정신질환
• 미성숙 또는 자아존중감이 낮은 경우
• 알코올중독, 약물중독
• 정서적 욕구불만 또는 사회적 고립
• 부모의 분노, 좌절 혹은 성적 욕구와 같은 충동과 감정조절의 무능력</td><td>보육교사요인</td><td>• 과도한 업무와 스트레스
• 아동발달과 보육에 대한 지식 부족
• 그릇된 아동관 및 보육관
(아동존중에 대한 인식부족)
• 영유아에게 지나친 기대
• 어릴 적 학대받은 경험
• 불안, 우울, 기타 정신질환
• 미성숙 또는 자아존중감이 낮은 경우</td></tr>
<tr><td>가정, 지역사회요인</td><td>• 가족관계 문제
• 신체적 체벌에 허용적인 문화
• 아동을 존중하지 않는 문화
• 자녀에 대한 소유 의식
• 사회적 고립 및 사회적 지지체계 결여</td><td>어린이집요인</td><td>• 영유아발달에 부적합한 환경
• 교사교육 부족
• 영유아 문제 지도방안에 대한 어린이집 내 논의 부족
• 영유아 문제 해결을 위한 전문기관과의 연계 부족</td></tr>
</table>

아동학대 사례 유형 중 정서학대가 전체 40.7%에 해당하는 7,197건으로 가장 많았고, 다음으로 신체학대가 6,661건(37.7%), 방임이 3,175건(18.0%)이었다.

아동학대 발생 장소를 살펴보면 가정 내에서 발생한 사례가 총 9,641건(82.3%)으로 가장 높게 나타났다. 어린이집에서 일어난 학대는 총 432건(3.7%)이었다.

아동학대가 장기화될 경우 일회성의 학대보다 아동의 생애 전반에 심각하고 부정적인 영향을 끼칠 수 있다. 선행연구에서 논의된 내용으로 아동은 학대로 인해 지속적인 정신적·신체적 손상을 입게 될 뿐만 아니라 사회적으로 심각한 문제를 겪게 되고 성인이 된 후에도 학대의 후유증에 시달리게 되어 이를 후대에 전승하게 되는 문제까지 발생할 수 있다. 따라서 반복적이고 만성적으로 발생하는 학대를 방지하기 위하여 학대의 근본적인 원인을 파악하여 아동의 학대 후유증 최소화를 위한 전문적인 의료·심리치료 지원이 필요하다. 또한 사례 개입종결 이후에도 재학대 방지를 위해 지역사회 내 아동보호 서비스 연계를 통해 사후관리가 지속적으로 이루어지도록 관리·감독해야 한다(보건복지부, 2016).

⑤ 어린이집 아동학대 관리 및 의무신고

최근 일부, 어린이집 보육교직원은 '교육'이라는 명목하에 영유아의 행동을 제한하고 죄책감을 갖게 하거나 일방적 지시를 하게 되는 경우를 대중매체를 통해 사고로 볼 수 있다. 책임 전가하기, 비웃기, 창피 주기, 위협하기, 애정이나 정서적 지지 주지 않기, 무시하거나 함께 시간을 보내지 않기, 웃어주지 않기, 쉽게 핀잔주기, 필요 이상으로 비난하기, 따끔하게 야단치는 강압적 훈육 등이 그 예이다. 이런 행동은 양육자가 영유아를 수평적 관계로 대하는 것이 아니라 일방적으로 가르침을 당하는 수직적 관계로 보기 때문이다. 이와 같이 영유아 정상적 발달을 저해할 수 있는 정신적 폭력이나 가혹행위가 모두 아동학대다. 아이에게 언어 혹은 정서적 위협을 가하거나 인격이나 감정을 심하게 무시, 모욕하는 행위도 포함된다.

최근 매스컴을 통해 보고되는 어린이집 내에서 아동학대의 빈도가 점차 많아져 부모들이 어린이집에 보내는 것을 두려워하고 어린이집의 신뢰도 낮아지고 있다.

아동학대 중 보호자에 의한 아동학대를 아동학대 범죄로 규정한다(「아동학대범죄의 처벌 등에 관한 특례법」 제2조 제4호). 따라서 영유아가 어린이집에서 보육을 받는 시간 동안 학대를 당한다면 보육교직원도 보호자에 해당되는 것이다. 아동학대 신고는 2014. 9. 29일부터 아동학대 신고전화가 112로 통합되었다.

어린이집 보육교직원은 「아동학대범죄의 처벌 등에 관한 특례법」 제10조의 규정에 의한 신고의무자로서 직무상 아동학대를 알게 된 경우 및 의심되는 경우 즉시 112 등에 신고하여야 하고, 신고의무를 이행하지 않을 경우 과태료를 부과하며, 신고인의 신분은 보호되며 그 의사에 반하여 신원이 노출되지 않는다. 보육교사 자격 취득 과정이나 보수교육 과정에 아동학대 예방 및 신고의무와 관련된 교육내용을 1시간 이상 포함하도록 하여야 한다(보건복지부, 2016).

제 9 장

어린이집 운영관리

1. 어린이집 운영관리

1) 어린이집 운영관리의 개념

운영관리란 '시설의 목적과 목표를 효과적으로 달성하기 위한 인적, 물적, 재정적, 그리고 운영방법적인 조건을 정비하고 운영하는 것'을 말한다(김옥련, 1993). 유아교육기관의 운영관리는 본질적으로 교육행정의 틀 속에서 이해할 수 있으며, 학교 행정이 하나의 교육기관 단위로 나누어질 경우 학교 운영 또는 학교 관리라는 말로 표현된다(문락진, 1995). 어린이집은 작은 학교로서 운영을 합리적으로 관리하기 위해 체계적인 수립이 요구된다. 어린이집의 합리적 정책수립은 중앙정부나 지방자치단체와 원장의 노력으로 바람직한 정책방향 수립 및 현장의 요구를 전달하고 반영하는 관계를 통해 운영관리에서 발생하는 문제를 최소화할 수 있으며, 보다 질적인 보육계획을 수립하도록 돕는다. 그러므로 합리적인 운영관리를 위해 어린이집이 추구하는 목적을 구체화하고 이를 달성하고자 하는 인적·물적 자원을 적절히 배치하여 효율적인 운영을 해야 한다. 효율적인 운영관리활동은 교수-학습활동을 영유아들이 바람직하게 성장·발달하도록 직접 지도하는 것을 말하며, 운영관리활동은 교수-학습활동의 목표를 효율적으로 달성하는 데 필요한 여러 조건의 정비를 능률적으로 조성하는 것을 말한다. 어린이집이 보육목표를 계획하고 그 목표를 효과적으로 달성하기 위해 필요한 인적, 물적, 재정적 그리고 운영방법적 조건을 정비하고 운용할 수 있도록 지도하는 협동적 봉사활동이다(김옥련, 1999).

2) 운영관리의 원리

어린이집은 법규에 의해 설립, 운영되는 법정 교육시설이라는 점에 기본적으로 학교 경영과 그 방향을 같이 한다. 어린이집 특성상 조직에 비해 조직 운영과 책임에 대한 권한이 각 어린이집에 주어진다. 따라서 각 어린이집의 특성에 따른 원리가 필요할 것이다. 그러나 모든 어린이집 운영의 궁극적 목적은 각 어린이집의 목표를 얼마나 효율적으로 달성했는가를 판단하는 데 있다. 기관의 운영자 또는 원장의 입장에서 좋은 어린이집을 운영하기 위해서는 계획을 해야 하고 자신들이 운영하는 어린이집만의 좋은 지침과 준거를 마련하고 있어야 한다. 그 준거가 될 수 있는 기본 원리가 있어야 일관성을 유지할 수 있다. 어린이집을 운영하는 가운데 직면하게 되는 다양한 상황에서의 문제 해결을 위한 지침과 준거가 필요한 이유는 좋은 어린이집을 운영하기 위함이다.

어린이집 운영관리는 어린이집 운영과정에서 그 효과성과 효율성을 높일 수 있는 운영상의 기준이다. 어린이집 운영관리가 추구하고자 하는 방향과 내용을 바탕으로 실행상의 원리를 구현한다면 보다 완성도 높은 어린이집 운영관리를 실천할 수 있을 것이다. 일반적인 운영원리의 기본 원리는 다음과 같다.

(1) 합목적성의 원리

바람직한 보육의 목표를 설정하고 거기에 적절한 경영활동을 전개하는 것으로 어린이집의 보육 목표를 효율적으로 달성하기 위해 필요한 조건을 정비해 주는 봉사활동이며 수단인 것이다. 따라서 어린이집 운영은 영유아와 보육 내용, 그리고 교사가 만나는 교수-학습의 장을 지원하고 효율적인 보육의 효과를 유도하는 데 그 본질이 있다는 것이다.

(2) 합법성의 원리

어린이집 운영은 법에 의해, 법이 정하는 범위 내에서 이루어지는 것을 원칙으로 한다는 것을 의미한다. 어린이집 운영은 「헌법」 제31조, 「영유아보육법」 규정을 비롯하여 그것을 기초로 하는 교육·보육 관계의 법률과 명령, 조례, 규칙 등에 의거하여 집행되어야 한다.

(3) 민주성의 원리

어린이집은 구성원 간의 관계와 그 운영과정이 민주적일 때 창의적이고 바람직한 운영관리가 이루어질 수 있다. 민주성의 원리는 어린이집 운영과정에서 모든 구성원의 광범위한 참여를 통하여 구성원의 의사를 반영하고 실천과정에서 그들의 공정한 의사가 반영되어야 한다. 어린이집의 모든 구성원들 간의 관계와 그 운영과정이 민주적이어야 함을 의미한다. 어린이집의 운영과정에서 독단적인 편견을 배제하고 보육계획에 있어서 모든 구성원의 광범위한 참여를 통하여 구성원의 의사를 반영하고, 결정된 내용을 집행하는 과정에서 개인에게 권한이 집중되어 독단적으로 운영되는 것을 막는다는 의미를 포함하고 있다. 즉, 어린이집 구성원의 참여를 통해 결정된 내용을 실행하는 것을 의미한다.

(4) 자율성의 원리

각 단위 어린이집의 효율적인 보육활동을 위하여 상부, 또는 외부 조직의 지시나 명령, 불필요한 간섭 없이 자주적으로 의사를 결정하며 어린이집을 운영해 나가는 것이다.

(5) 효율성의 원리

효율성이란 최소한의 노력과 경비로 최대한의 효과를 얻어야 한다는 경제적의 원리이다. 그러나 기관 운영에서 능률성의 원리를 주장할 때 단기적인 평가보다는 장기적인 평가에 의한 능률과 단순한 경제적 능률보다는 구성원 전체의 욕구 충족을 높이는 사회적 능률을 강조해야 한다.

(6) 안정성의 원리

어린이집이 보육활동의 안정성을 유지하기 위해 전통을 계승하고 유지, 보존해 나가는 것이 필요하다는 것이다. 어린이집은 변화를 수용하여 현재에 적응해 나가는 한편, 어린이집의 전통적인 가치나 철학 등을 고수하여 긴 안목으로 장기적인 계획을 수립하여야 한다. 어린이집의 현실적인 상황을 충분히 고려하기 위해 변화를 수용하고 현실을 적용하는 것과 동시에 어린이집의 특색과 중점내용을 중심으로 작은 변화에 쉽게 대응하지 않는 확고한 철학으로 균형을 이루는 안정성이 유지될 수 있어야 한다.

(7) 지역성의 원리

어린이집이 위차하고 있는 지역사회의 특성과 학부모의 요구에 맞추어 기관을 운영함으로써 지역사회의 보육 자원을 활용하고 사회 개선에도 공헌할 수 있어야 한다.

3) 효과적인 운영관리를 위한 요소

어린이집은 합리적인 기준을 바탕으로 실천되며 운영되어야 한다. 실제 어린이집을 운영하는 원장들은 무엇보다 교직원들 간의 인간적인 관계도 중요한 사항이 되므로 다음 사항을 강조할 필요가 있다.

이대균(2010)은 어린이집의 효율적인 운영관리를 위한 사항을 다음과 같이 설명하고 있다.

① 원장은 효율적인 리더십을 발휘하기 위하여 부단히 노력하여야 한다.

어린이집 운영은 최종 책임자이자 의사결정의 권한을 가진 원장의 리더십에 영향을 가장 많이 받는다. 따라서 원장의 부단한 자기연수가 필요하다.

② 교직원 간의 인간관계가 배려되어야 한다.

어린이집 운영의 주체는 그 기관에 근무하는 교직원이므로 다양한 갈등상황을 슬기롭게 극복하고 협력을 통해 기관의 역량을 극대화시킬 수 있는 상호협조적인 분위기를 조성할 수 있도록 노력해야 한다.

③ 민주적 의사결정 과정이 정착되어야 할 것이다.

어린이집을 운영함에 있어 주요 정책 결정에 대해 교직원과 전체회의를 통한 집단토의와 실무 당사자를 중심으로 개별토의를 거쳐 다른 의견에 대한 절충의 과정을 거치면서 집단의 응집력을 높여줘야 할 것이다.

④ 재정운영에 있어 절약하는 습관이 정착되어야 할 것이다.

어린이집은 대부분 재정적 어려움을 겪고 있으므로 효율적인 재정운영을 위해 소비를 절제할 수 있는 절약정신이 습관화되어야 한다.

⑤ 교직원의 자질향상을 위해 재교육에 관심을 가져야 할 것이다.

교직원의 자질함양을 위한 재교육에 관심을 기울이는 것은 무엇보다 필수불가결의 사항일 것이다. 특히 원장을 중심으로 어린이집 원내 장학을 통해 교직원의 부족한 점을 파악하고 이를 보완해야 한다.

⑥ 교직원의 처우개선에 노력해야 한다.

교직원의 처우개선에 노력함으로써 이들의 이직을 예방하고 사기진작을 통해 자율적으로 최선을 다하는 분위기를 조성해야 할 것이다.

⑦ 학부모의 의견을 적극적으로 검토하여 수렴하는 데 있어 그 의견이 타당하다면 반영해야 한다.

학부모의 어린이집에 대한 건의사항이나 요구사항을 최대한 진지하게 검토하여 보육의 질을 높이는 데 활용하도록 한다.

⑧ 영유아들의 개인차를 존중하여야 한다.

영유아들의 다양한 개인차를 파악하고 이에 대한 보육적 대응과 조치를 하여 영유아들이 각자의 소질과 선호에 따라 자신감을 갖고 생활할 수 있도록 세심한 배려가 강조되어야 한다.

⑨ 어린이집의 운영관리는 일관성 있는 정책이 필요하다.

어린이집의 목적을 설정하고 이 목적을 달성하기 위한 장·단기 운영계획을 수립하여 모든 정책이 일관성 있게 시행될 수 있도록 노력해야 할 것이다.

⑩ 어린이집의 질적 수준을 위해 자체 평가를 실시해야 한다.

질 관리를 위해 어린이집 운영관리상의 문제점을 파악하고 이를 개선하며 보완하는 노력을 통해 끊임없는 발전을 모색하여야 한다.

2. 어린이집 운영관리의 영역

어린이집 운영관리영역이란 어린이집 운영관리의 과업 또는 활동 내용, 대상, 범위, 한계 등을 포괄적으로 나타내는 것이다. 어린이집 운영관리의 영역은 원아관리, 교직원 관리, 보육과정 운영관리, 보육환경 관리, 시설 설비관리, 교재교구 관리, 재정관리, 사무관리, 학부모 관리, 대외관계 등으로 나눌 수 있다.

영역	주요내용
원아 관리	영유아의 입 · 퇴원, 출 · 결석, 가정환경 조사서, 관찰기록, 생활습관 지도 등
교직원 관리	교사 채용, 담임 배정, 업무 분담, 교사연수, 근무평가, 장학지도 등
보육과정 관리	보육과정 운영, 연간 · 월간 · 주간 · 일일 보육계획안 수립 및 작성, 행사 계획 및 운영, 현장견학, 건강, 영양, 급식, 안전, 청결, 절약 관리
학부모 관리	가정통신문, 부모교육 및 부모회 조직과 운영, 상담, 부모참여 등
보육환경 관리	환경 구성 및 관리, 흥미영역 구성 및 관리건물, 보육실, 놀이터, 주변 환경 관리, 안전관리, 시설 · 설비의 구입, 수리, 유지 관리, 교재 · 교구의 구입 및 관리, 시청각 교재의 구입 및 관리
사무 관리	서류 관리, 공문서 및 각종 문서 관리, 각종 대장 관리
재정 관리	예산편성, 결산서 작성, 보육비 수납, 운영비의 지출, 회계장부 기록, 감사 등
대외관계	지역사회기관과의 협력, 관련 행정기관과의 협력, 견학기관과의 협력, 자원봉사자 모집 운영

1) 원아 관리

원아를 모집하고 원아의 특성, 가정환경 등을 파악하여 반을 배정하고 관리한다. 입퇴소 관리, 교사 대 영유아 비율, 출결관리, 수입일 수, 원아의 건강검진, 예방접종 및 생활 기록 등에 대해 관리한다.

우리나라의 어린이집 반편성 기준은 동년도 출생아(동년도 1.1~동년도 12.31

출생아)를 함께 반편성하는 것을 원칙으로 하고 있다.

반편성	출생일 기준
만 0세반	'16. 1. 1일 이후 출생
만 1세반	'15. 1. 1 ~ '15. 12. 31
만 2세반	'14. 1. 1 ~ '14. 12. 31
만 3세반	'13. 1. 1 ~ '13. 12. 31
만 4세반	'12. 1. 1 ~ '12. 12. 31
만 5세반	'11. 1. 1 ~ '11. 12. 31

어린이집은 가능한 한 만 2세 미만 영아반, 만 2세 영아반과 만 3세 이상의 유아반을 동시에 운영하여야 한다. 다만, 장애아가 있는 경우에는 장애아만으로 구성된 반을 운영할 수 있다(「시행규칙」 제23조 별표 8의 규정).

연령별 반편성 시 반별 정원기준(「영유아보육법 시행규칙」 제10조 별표 2)

반별 정원기준	만 0세	만 1세	만 2세	만 3세	만 4세 이상
원 칙	3명	5명	7명	15명	20명

※ 교사 대 아동비율을 준수하는 범위에서 보육과정 및 아동 1인당 보육실 면적 등을 감안하여 1개의 보육실에서 2개 이상의 반을 함께 보육하는 것이 가능

2) 교직원 관리

교직원 채용, 적합한 곳에 배치하고, 공평하게 업무 분장을 하여 어린이집 운영이 원활하게 이루어지도록 한다. 교사의 복리후생과 사기를 높이고 스트레스를 줄일 수 있는 정책을 마련하여 교직원의 직무만족도와 몰입도를 높인다. 또한 모든 교직원이 고르게 교육받을 수 있는 기회를 제공하여 각자의 맡은 바에서 전문성을 높일 수 있도록 한다.

3) 보육과정 관리

어린이집에서 영유아에게 제공하는 교육과 보육 서비스를 양질의 수준으로 제공하기 위한 기본 정책을 마련하고 이에 따라 연간, 월간, 주간, 일일 보육계획을 수립하고 실행·평가의 관정으로 운영해 나간다.

4) 어린이집 환경 관리

어린이집의 시설 설비, 건물 관리뿐만 아니라 영유아의 생활 및 교육을 위한 실내외 환경 구성 및 관리, 비품 및 교재교구 등의 관리이다. 구입 계획 및 유지 관리, 하자나 파손이 일어났을 때 수리 및 폐기 관리 등이 이루어진다. 어린이집은 관리를 전담하는 인력이 부족하여 교직원들이 역할 분담하여 어린이집 환경 관리를 운영하는 경우가 대부분이다.

5) 학부모 관리

부모 및 가정의 요구를 듣고 이를 반영하여 어린이집을 운영함으로써 부모의 만족도를 높이고 어린이집에 대한 신뢰감을 갖고 영유아를 맡기게 되므로 보육의 질에 선순환적 작용을 하게 된다. 원활한 부모와의 의사소통 채널을 마련하고 부모 교육, 부모 상담, 부모 참여 등 다양한 유형의 부모와의 연계 프로그램과 정책을 마련한다. 1년에 2회 정기적으로 부모 만족도 조사를 실시하여 반영하고 운영위원회에 학부모가 운영위원의 1/2 이상 포함되도록 하여 학부모의 요구와 의견이 원활하게 반영되도록 한다.

6) 사무관리

어린이집의 운영이 원활하게 이루어지도록 하고 어린이집의 여러 기록들을 보존하기 위해 문서관리를 하도록 한다. 「영유아보육법 시행규칙」 제23조 별표 8에 따라 장부 등을 비치하여야 한다. 장부 등의 보존기간은 「공공기록물 관리에 관한 법률 시행령」 제26조 제1항에 준하여 정하되, 전자적 문서로 보존할 수 있다. 또한 어린이집 재무회계를 처리하기 위해 컴퓨터 회계프로그램 또는 정보시스템에 의하여 전자 장부를 사용하는 경우에는 회계장부를 둔 것으로 본다(「사회복지법인 및 사회복지시설 재무·회계규칙」 제6조의 2 및 제24조), 그 외 회계 관련 지출결의서, 세금계산서, 현금영수증 등 회계 서류 및 증빙서류는 비치하여야 한다.

어린이집 작성 · 비치 서류(시행규칙 별표 8)

1) 재산목록과 그 소유를 증명하는 서류(부동산을 임차하는 경우에는 임대차 계약서를 포함한다.)
2) 어린이집 운영일지 및 출석부
3) 보육교직원의 인사기록카드(채용구비서류, 이력서 및 사진을 포함한다.)
4) 예산서 및 결산서
5) 총계정원장 및 수입 · 지출 보조부
6) 금전 및 물품출납부와 그 증명서류
7) 소속 법인의 정관 및 관계 서류
8) 어린이집 이용신청자 명부
9) 생활기록부, 영유아보육일지
10) 보육교직원의 인사 · 복무 및 어린이집 운영에 관한 규정 등
11) 통합안전점검표
12) 영상정보 열람대장
13) 그 밖에 어린이집 운영에 필요한 서류

※ 상시 영유아 20명 이하인 어린이집으로서 어린이집의 원장이 보육교사를 겸임하는 어린이집의 경우에는 1) · 3) · 4) · 5) · 6) · 8) · 9) · 11) 및 12) 외의 장부 및 서류(전자문서를 포함한다)는 갖춰 두지 아니할 수 있다.

7) 재정 관리

어린이집의 안정적인 운영과 양질의 보육서비스를 제공하기 위해서는 건전한 재정관리가 이루어져야 한다. 어린이집의 예산 편성과 집행, 결산 등에 관련하여 지침을 마련하고 이에 따라 재정이 효과적으로 운영되도록 한다. 어린이집의 재무회계에 관한 사항은 '사회복지법인 및 사회복지시설 재무·회계규칙'에 따라 실시하여야 하며, 주요 항목별 기준 등을 준수하여야 한다.

어린이집의 모든 수입 및 지출관리는 통장을 통해서 하여야 하고, 수입과 지출 행위 시에는 수입·지출 결의를 한 후 현금출납부, 총계정원장에 기록하고 청구서, 영수증, 지급내역서 등 관련근거 서류를 반드시 첨부한다. 어린이집의 지출은 어린이집 전용신용(체크)카드, 계좌입금으로 하고, 지출할 때에는 세금계산서, 카드결제영수증, 현금영수증(현금결제) 등 관련 서류를 첨부해야 한다.

〈보육료 현금 수납 시 절차 및 준수사항〉

• 어린이집의 원장은 보육료 수납 시 무통장입금 또는 통장자동이체, 계좌이체 지로 등을 통하여 납부하도록 하여야 하나, 불가피하게 현금을 수납하는 경우에는 다음 절차를 따라야 함

⇩

보육료 납부 (보호자 → 어린이집 원장)	• 보호자는 어린이집의 원장에게 보육료를 현금으로 납부하고 어린이집의 원장은 보호자에게 보육료 납부 영수증을 발행
⇩ (7일 이내)	
금융기관에 무통장 입금 (어린이집 원장 → 금융기관)	• 어린이집 원장은 보호자로부터 수납한 보육료를 수납한 날로부터 7일 이내에 어린이집 관리 통장에 보육아동 명의로 무통장 입금(일괄 입금 불가) • 어린이집 원장은 무통장 입금증 원본 보관
⇩	
수입결의서 작성 비치 및 관련장부 정비 (어린이집 원장)	• 보육료 수납영수증 및 무통장입금증 원본을 첨부하여 수입결의서를 작성, 수입처리하고 관련장부 정비(수입처리 시점은 무통장입금일 기준)
⇩	
수입결의서 작성 비치 및 관련장부 정비 (어린이집 원장)	• 보육료 수납영수증 및 무통장입금증 원본을 첨부하여 수입결의서를 작성, 수입처리하고 관련장부 정비(수입처리 시점은 무통장입금일 기준)

8) 대외관계

어린이집은 지역사회의 공공기관 및 영유아 관련 단체. 기관과 원활하게 교류하고 협력하여야 한다. 지역사회의 기관 및 단체 방문, 자원봉사자 활용, 어린이집 보육과정 개방 등 다양한 방법으로 지역 사회와 협력적 관계를 구축하여 가정과 영유아에게 보다 포괄적인 서비스를 제공할 수 있도록 한다.

3. 부모와의 연계

1) 부모와의 연계의 중요성

현대 사회에서 교육기관과 적극적인 부모와의 연계에 대한 관심이 늘어가는 실정이다. 우리 사회가 급속한 산업화 도시화의 과정을 거치면서 여성의 사회참여 증가 및 가족 구조의 핵가족화, 특히 젊은 어머니들을 중심으로 한 아동의 조기교육에 대한 인식의 확산으로 날로 늘어가고 있는 보육수요에 대응하기 위하여 그 필요성이 절실해지고 있는 실정이다. 유아를 대상으로 하는 교육은 교육의 대상, 교육받는 장소, 교육형식, 교육의 방향이나 목적 등에 의해 어떻게 규정하느냐에 따라 달라진다. 유아교육은 발달적 특성에 근거하며 출생에서 8세까지의 유아를 대상으로 유아들이 잠재적인 능력을 스스로 발휘할 수 있도록 최적의 인적, 물적 자원을 조성해 주어 바람직한 성인으로 성장, 발달할 수 있도록 제도적이며 형식적인 교육기관에서 이루어지는 교육과 가정이라는 비제도적인 장소에서 이루어지는 교육이 상호 보충적으로 이루어지는 것이라 정의할 수 있다.

어린이집에서의 부모와의 연계는 다양한 경로를 통한 정보제공, 부모 교육,

부모 상담, 부모 참여 등의 형태로 이루어진다.

(1) 다양한 경로를 통한 정보제공

부모에게 어린이집에 대한 정보를 제공해 줌으로써 어린이집 운영 전반에 대해 이해를 돕고 동시에 어린이집과 가정이 협력함으로써 영유아의 건강한 양육을 돕는다.

어린이집의 정보를 제공하는 방법에는 다음과 같은 것들이 있다.

① 운영 안내 책자

어린이집의 보육목표 및 철학, 보육프로그램, 학습 구성, 하루 일과, 보육환경, 부모 대상 활동 및 행사, 보육 교직원 등을 소개하는 내용으로 구성한다. 일반적으로 작은 브로슈어나 소책자로 마련하고 기관을 홍보하거나 재원 상담 시 활용할 수 있으며, 부모 오리엔테이션의 자료로도 이용할 수 있다.

② 부모오리엔테이션

신입 원아 부모에게 어린이집 운영 전반에 관한 사항을 안내하여 부모가 어린이집을 이해하고 영유아의 어린이집 적응을 도울 수 있다. 오리엔테이션의 내용에는 어린이집 운영 철학, 보육목표 및 운영 내용, 신입 원아 적응프로그램, 보육프로그램 및 보육과정, 보육시간, 안전사고 시 어린이집의 책임 한계, 응급처치 시 처리 절차, 보육실 개방 원칙, 등·하원 절차 등을 포함한다.

③ 가정 통신문

어린이집에서 다음 일주일 동안 실행될 보육 활동을 부모에게 안내함으로써 가정에서 자녀의 학습활동을 강화하고 연계할 수 있도록 돕는다. 또한 자녀의 어린이집 생활을 예측하도록 하고 부모와 자녀의 긍정적인 상호작용이 일어나도록 돕는다.

④ 전화 통화

가장 접근성이 좋은 의사소통의 방법이다. 부모와 교사가 만날 시간이 없는 경우는 전화 통화를 통해 자녀에 대한 정보를 쉽게 전달할 수 있어 가장 빈번하게 편리하게 사용할 수 있다. 결석하는 경우, 가정에서 특별한 상황이 있는 경우에 교사에게 전화를 통해 전달하고 교사는 하루 일과 중 특별히 전달할 사항이나 준비물 등을 전화로 전달할 수 있다. 다만 전화로 정보를 전달하거나 상담한 경우에는 반드시 내용을 기록하여 내용을 남긴다.

⑤ 일일보고서 및 개별 알림장

영유아 어린이집에서 하루 일과를 어떻게 보냈는지를 구체적으로 기록하여 부모와 교사가 서로 소통하는 방법이다. 어린이집에서 특정 양식을 마련하고 교사는 어린이집에서 있었던 일을, 부모는 가정에서 있었던 일을 기록하여 전달함으로써 영유아에 대한 정보를 공유하고 일관성 있고 효과적인 보육과 교육이 이루어지도록 한다.

⑥ 홈페이지

어린이집 홈페이지를 개설하여 어린이집 운영 전반에 대한 내용을 안내하고 게시판을 통해 자녀양육이나 어린이집 운영에 대해 궁금한 사항을 질의하고 응답을 받을 수 있다. 홈페이지 개설이 아니더라도 블로그나 카페를 활용하는 것도 하나의 방법이다.

2) 어린이집 부모교육

부모교육은 유아들은 세상에 태어난 이후 유아기 동안 자신들이 앞으로 살아가게 될 세상을 처음 접하기 시작함과 동시에 일생을 통하여 가장 빠르게 발달하고 성장해 나간다. 바람직한 자녀양육을 위하여 부모의 자녀에 대한 이해를 증진시키고, 필요한 지식을 부모에게 제공할 뿐만 아니라, 부모 자신의 개발을 위해 교육을 받고, 보다 효과적이고 바람직한 자녀양육 기술을 습득하여 이를 수행하는 것을 목적으로 하는 일련의 교육적 활동과정을 말한다. 어린이집에서 활용하고 있는 부모교육이란 부모의 역할 수행이 유아기 자녀에게 미치는 효과에 대한 강조가 더욱 높아짐에 따라서 부모의 양육 태도와 방법 등을 개선하고 향상시키는 부모교육 및 참여 프로그램이 반드시 수행되어야 할 것으로 인식되고 있다. 이러한 부모교육 및 참여의 개념은 부모가 전문가로부터 교육을 받는다는 소극적이고 수동적인 부모교육의 개념을 포함하고 있다. 이는 부모와 교사가 유아교육의 동반자로서 적극 협력한다는 능동적인 부모참여의 개념까지 포함하는 보다 포괄적인 개념으로 발전한다. 어린이집과 부모들이 영유아의 양육과 교육에서의 공통점과 차이점을 이해하고 상호존중하는 가운데 영유아는 안정감을 느끼고 부모는 어린이집과 영유아를 돌보는 교사를 신뢰하게 된다. 어린이집에서는 시간을 정해 개방하고, 영유아의 생활에 대해 부모와 의견을 교환하며, 부모 간 교류, 부모교육과 부모참여의 기회를 제공해 주어야 한다(이순형 외, 2010).

과거에는 주로 부모를 가르쳐야 할 대상으로 생각하여 양육방법에 대한 이해나 지식을 증진시키는 소극적이고 수동적인 부모교육이었다면 현대에서는 세대의 변화에 따른 부모의 올바른 부모역할을 통해 부모-자녀 관계를 강화시키도록 돕는 데에 있다. 이소희(2005)는 부모교육의 필요성을 다음과 같이 설명하고 있다.

(1) 영유아의 측면

- 부모가 영유아의 성장, 발육에 관한 원리를 이해함으로써 영유아의 신체 발달을 증진시킬 수 있다.
- 영유아의 요구를 이해하고 배울 수 있는 기회를 갖게 됨으로써 영유아의 사회적, 정서적, 인지적 발달에 긍정적인 영향을 줄 수 있다.
- 교사와 부모 간에 영유아보육의 지도방향이 일치되어 일관성 있는 양육을 하게 되므로 영유아가 안정감을 가질 수 있다.

(2) 부모의 측면

- 자녀양육에 대한 신념과 안정감을 가질 수 있다.
- 부모교육을 통해 실제적으로 가족 간의 유대관계 향상에 도움이 된다.
- 자녀양육 문제에 대한 조언이나 도움을 받을 수 있다.
- 부모 자신의 성장과 함께 삶에 대한 자신감을 가질 수 있다.

(3) 어린이집의 측면

- 영유아의 보육 차원에서 효과성을 기대할 수 있다. 직·간접적인 방법을 통해 교육된 내용을 바탕으로 영유아, 부모, 교사, 어린이집과의 양적 및 질적 차원에서 상호작용을 높일 수 있기 때문이다.
- 부모교육을 통해 자녀양육에 대한 자신감과 어린이집에 대한 신뢰감이 형성되어 안정적인 어린이집 운영을 기대할 수 있다.

(4) 사회적인 측면

- 교육의 경제성이 높아진다. 어릴수록 가소성이 높기 때문에 교육의 효과가 높다.

- 교육적 효과가 높은 발달 초기의 영유아를 효과적으로 지도할 수 있는 부모역량을 배양함으로써 국가의 인적 자원 육성에 기여할 수 있다.
- 저소득층 가정의 영유아를 위한 보상교육의 효과를 기대할 수 있다.
- 부모의 양육보충을 담당하는 어린이집의 안정적 운영을 통해 사회적 비용을 절감할 수 있다.
- 현대사회의 다양한 가족형태에 따른 적절한 부모역할 수행을 위해 부모교육이 필요하다.

3) 부모 상담

(1) 부모 상담의 개념

부모는 자녀들이 하루종일 어린이집에서 어떻게 생활하고 있는지에 대한 관심이 높을 수밖에 없다. 교사는 영유아를 돌보고 지도하면서 부모에게 도움을 요구하기도 하고 가정과의 연계를 위해 부모와의 만남을 필요로 한다. 영유아들의 건강한 성장을 위해 부모들과 긍정적인 협조관계를 형성해야 하며, 이를 원활하게 수행할 수 있는 부분의 한 영역이 부모상담이다. 부모상담은 부모와 영유아 그리고 이들을 포함한 가족이 바람직한 인간관계를 가지며 행복하게 생활하도록 지지·강화해 주는 역할을 한다. 교사와 부모가 서로 만나 가정생활이나 어린이집 생활 전반에 대한 의견을 교환하므로 영유아의 발달에 대한 조언을 서로 나누는 것이 상담이다. 보육시설에 대해 부모들은 좋은 시설, 좋은 프로그램, 좋은 교사를 원하기 마련이다. 좋은 시설은 보육시설을 방문하여 건물, 설비, 교실 환경, 교육 기자재를 보면서 확인하지만 좋은 프로그램이나 좋은 교사는 보육시설 종사자와의 만남을 통해서 인상을 형성하게 된다. 따라서 부모와의 상담을 원만하고 성공적으로 수행할 수 있다면 보육시설과 부모와의 대화가 활성화되고, 아동 교육과 보육에 필요한 협조를 쉽게 구할 수 있으며, 부모들에게는 만족감과 기관에 대한 신뢰감을 제공할 수 있다.

특히 부모는 첫 상담에서의 기억을 오래 갖게 되는데, 이는 아이를 기관에 보내는 내내 부모가 기관을 신뢰하고 무엇이든 긍정적으로 이해하게 하거나 반대로 작은 일에도 부정적이거나 교육활동에 대해 의심을 하게 만드는 결과를 만들게 하기 때문에 좋은 상담 환경을 준비할 필요가 있다.

(2) 부모상담의 형태

① 학기 초·학기 말 상담

어린이집에서 교사가 영유아를 잘 파악하기 위해서는 부모들과 첫 상담이 중요하다. 이때에는 교사가 영유아에 대한 파악이 안 되어 있으므로 교사가 많은 이야기를 하는 것이 아니라 부모로부터 이야기를 많이 들어주는 것이 좋다. 입학식이나 등·하원 시간에 부모들과 짧게 대화를 한 경우라도 어린이집에 입학 후 처음으로 하는 정식 상담이므로 아동에 대한 여러 자료들을 수집할 수 있기 때문에 좋은 시간이다. 부모와 좋은 만남을 위해서는 책상 위에 예쁜 책상보도 깔고 잔잔한 음악을 틀어 놓고 시작해도 좋은 방법이다. 부모들과 만날 시간을 미리 정하여 상담하되 한 부모가 너무 많은 시간을 할애하지 않도록 시간별로 정하는 것이 좋다.

조용하고 깨끗한 교실이 상담하기 편안한 상태를 유지 시켜 주므로 미리 정돈하고 자리는 반원이나 원형으로 배열하는 것이 좋다. 먼저 자녀에 대해 칭찬을 해주고 아직 학기 초라 영유아에 대한 사항을 잘 파악하지 못했으므로 함부로 영유아에 대해 이야기를 하는 것은 좋지 않으며 부모로부터 많은 이야기를 듣는 것이 앞으로 영유아의 생활에 도움이 될 것이라고 이야기하며 시작한다.

학기 말 상담에는 그동안 영유아에 대한 자료들을 준비해 두고 교사가 영유아를 교육하면서 느꼈던 사항이나 관찰한 내용, 활동 결과물들에 따른 발달

상태 등을 이야기해 주는 것이 좋다. 학기 초에 비해 좀 더 부모들과의 관계가 부드러운 상황이므로 많은 이야기를 할 수 있으나 학기 말도 시간을 정해 두어 다음 부모님이 너무 많은 시간을 기다리게 해서는 안 된다.

② 개별상담

개별상담은 학급의 교사와 한 명의 영유아의 부모가 일대일의 관계에서 상담하는 방법이다. 정해진 날짜를 정하여 상담을 하는 방법이나 특별한 일이 있을 때 개별 유아 부모에게 연락하여 상담할 수 있다. 개별상담은 부모가 자녀에 대하여 생각하고 있는 내용과 교사의 관찰 자료를 근거로 하여 영유아에 대해 도움을 줄 수 있는 의견을 서로 교환할 수 있다. 교사는 상담을 하기 위해서는 한 명 한 명에 대한 자료들을 준비하여야 한다.

어린이집에 개별상담은 교사가 영유아의 부모와 그 자녀에 대하여 이야기하는 시간이므로 영유아와 충분히 상호작용하고 관찰한 후에 실시하여야 한다. 무엇보다 교사의 영유아에 대한 정확한 관찰이 선행되어야 하기 때문에 매일의 일과 속에서 영유아를 잘 관찰하여 상세히 기록해 놓아야 한다.

③ 집단상담

집단상담은 교사와 여러 영유아의 부모가 함께 영유아의 지도에 관하여 의견을 나누고 이야기하는 것이다. 여러 부모들과 이야기하는 시간이므로 교사뿐 아니라 부모들끼리도 의견과 경험을 나눌 수 있어 유익한 시간이다. 서로의 같은 고민으로 상담하는 과정 속에서 자신만의 고민이 아니라는 것을 이해하게 되고 서로 공감할 수 있는 시간이 된다. 공개된 자리이므로 경우에 따라서는 솔직한 문제의 제기와 각 영유아에 대한 깊이 있는 대화가 이루어지기 어려운 단점이 있다. 교사들은 미리 상담의 목적과 시간 및 장소를 알리는 안내문을 가정으로 전달하도록 한다. 상담장소의 환경을 정리하고 준비된 자세로 부모들을 맞이하는 것이 좋다.

조부모와 텃밭가꾸기

부모들의 급식참여부모와

함께하는 프리마켓

4) 부모 참여

부모참여는 부모가 어린이집의 다양한 활동에 직접 참여하는 것으로 부모교육 외에, 참여 수업, 자원봉사, 일일교사, 기관 운영관련 활동 등 다양한 형태로 이루어진다. 부모참여를 통해 어린이집과 부모 간의 상호 이해와 신뢰도를 높임으로써 보다 협조적인 공동양육자로 역할을 할 수 있게 돕는다. 부모참여의 종류에는 부모 자원봉사, 수업참관, 참여수업, 부모만족도 조사 등이 있으며 부모 참여프로그램의 효과적인 운영을 위해서는 사전에 구체적으로 계획하고 참여의 폭을 확대할 수 있는 방안을 강구하여 실행하여야 한다.

- 부모 자원봉사
- 수업참관
- 부모 참여수업
- 부모 만족도 조사

표 9-1 연간 부모 교육 계획안 예시

시기	유형	내용	방법
3월	• 학기 초 학부모 면담	• 영유아 적응프로그램에 대한 부모와의 의견 교환	개별면담
4월	• 어린이집 운영위원회 구성 • 부모교육 '자녀교육의 올바른 태도와 방법'	• 운영위원 소개 및 어린이집 운영위원회에 대한 오리엔테이션 • 부모의 양육태도가 자녀에게 미치는 영향에 대한 이해	강연회 (지역공개)
5월	• 운영위원회 회의	• 어린이집에 대한 운영현황 및 개선방안 토의 • 지역연계프로그램의 개발 및 정보교환	회의
6월	• 부모참여 수업	• 아이와 함께하는 다양한 놀이체험	부모참여
7월	• 부모 면담 • 발달상황 관찰기록서 발송	• 영유아에 대한 정보 제공 • 한 학기를 마무리하며 관찰과 발달 상황을 기록하여 각 가정에 전달	개별면담 가정통신문
8월	• 2학기 운영위원회 회의	• 어린이집에 대한 개선방안과 지역연계 프로그램의 개발 및 정보교환	회의
9월	• 부모교육 '7세-초등학교에 입학하기 전 준비과정'	• 7세 아이들을 대상으로 초등학교에 입학하기 전 필요한 정보 제공	강연회
10월	• 가족운동회	• 아이들과 함께하는 시간을 통해 자녀와 친밀감을 가짐	가족참여
11월	• 부모면담 • 발달상황 관찰기록서 발송	• 영, 유아에 대한 정보제공 • 학기를 마무리하며 관찰과 발달 상황을 기록하여 각 가정에 전달	개별면담 가정통신문
12월	• 가족 송년음악회	• 1년간의 활동 내용을 중심으로 아이들의 발전된 모습과 가족의 소중함을 느끼는 음악회	가족참여
1월	• 학부모 반별 간담회	• 어린이집에 대한 학부모들의 건의사항과 함께 의견 교환	간담회
2월	• 신입아동 부모 오리엔테이션 및 운영안내	• 전반적인 어린이집 운영방침 및 보육프로그램 소개	강연회

4. 지역사회 연계

현대사회에서는 아동을 둘러싼 환경의 영향을 강조하고 있다. 보육의 측면에서 보는 다양한 교육요소들이 있는데 그중 하나로 아동이 살고 있는 지역사회환경을 들 수 있다. 아동발달의 특성이나 보육욕구는 아동들이 거주하는 지역이나 그들의 사회적, 경제적, 문화적 배경의 차이에 따라 달라질 수 있다. 어린이집의 활동내용에 있어 지역의 특성인 지역주민의 실제 요구와 무관할 경우, 아동의 발달에 적절한 보육경험이 제공되지 않을 수 있다. 어린이집은 자신의 원에 다니는 영유아만을 대상으로 하는 소극적 기능에서 벗어나 지역사회의 모든 영유아를 대상으로 하는 지역사회의 공공보육센터 역할을 적극적으로 수행하여야 한다.

어린이집은 영유아에게 제공하는 교육의 내용이 영유아의 실생활에 얼마나 의미를 가지는지, 또한 그 지역사회 안에서 사회적으로나, 문화적으로 가치가 있는 것인지 고려해야 한다. 특히 영유아는 영유아 교육기관에서 교육을 받는다기보다는 생활을 한다는 의미가 더 강하기 때문에 자신을 둘러싼 지역사회 환경과 괴리가 발생해서는 안 된다. 자신이 살고 있는 지역의 문화적, 자연적 특성에 대한 이해를 높임으로써 어떤 의미에서는 발달적으로 적합한 교육 실제가 이루어질 수 있다.

1) 지역사회와 연계의 필요성

어린이집에서 보다 효율적인 영유아 교육을 위해서는 가정뿐만 아니라 지역사회의 요소를 기관 운영에 개입시켜 상호 연계 및 조화를 이루는 것이 필요하다. 영유아 교육기관이 지역사회와 상호연계의 관계를 구축하는 것은 결국 영유아의 발달에 적절한 실제를 제공하여 양질의 교육을 확보하는 데 있다. 이를 구체적으로 살펴보면 다음과 같다.

첫째, 어린이집은 지역사회 특성과 요구를 파악해서 이를 기관 운영에 반영한다. 어린이집의 모든 서비스들이 지역사회와 연결되기 위해서는 지역사회의 이해와 요구를 명확히 분석하여 시설운영에 참고함으로써 지역사회와 관계를 유지하는 데 주의를 기울여야 한다. 영유아 교육기관을 운영하기 위해서는 교육대상, 교육료, 교육시간, 반편성, 교사 구성, 교육기관 위치 선정 등 실질적으로 결정해야 할 문제가 많다. 이러한 문제를 결정하는 데 있어서 교육기관은 반드시 지역주민의 요구라든가 그 지역의 생활 패턴을 파악해서 운영해야 한다.

둘째, 어린이집은 지역사회의 자원을 충분히 활용하여 교육활동의 효율성을 높인다. 교육기관은 보육과정 중에 지역사회의 인적·물적 자원을 이용하여 아동을 교육함으로써 활동의 효과를 극대화할 수 있다. 또한 아동에게 지역사회에 대해 인식할 수 있는 기회와 자신을 지역사회의 성원으로 인식할 수 있는 기회도 제공해준다. 구체적으로 지역사회 내 있는 각종 기관이나 단체를 활용하고 공공건물이나 시설을 현장학습에 이용한다. 인근에 있는 박물관이나 학교를 방문하거나 원아의 건강관리를 위해 지역사회의 보건소 또는 병원과 연계를 맺기도 한다. 지역사회의 물적 자원뿐만 아니라 인적 자원도 양질의 보육서비스를 제공하기 위해 이용될 수 있다. 지역사회의 주민을 자원봉사자로 활용할 수 있다. 영유아의 특별활동을 위해 지역에 있는 대학교와 연계를 하기도 하고, 경찰서, 소방서, 병원에 근무하는 전문가를 초빙하여 관련 활동을 하기도 한다. 특히 핵가족 생활에 있는 도시의 영유아에게 지역의 노인들이 자원봉사자로 참여하여 전통적인 가족 가치관을 가르치는 데 도움을 줄 수 있다.

셋째, 어린이집은 지역주민에게 보육프로그램을 개방함으로써 지역사회의 발전과 복지에 기여할 수 있다. 교사는 지역 아동을 위한 프로그램 구성이나 실천에 자문으로 참여하여 아동복지를 증진시킬 수 있을 뿐만 아니라 교육기관에서 계획한 지역사회를 위한 프로그램에 주도적으로 참여함으로써 지역사회복지 향상에 기여할 수 있다. 지역사회와의 관계를 유지하기 위해서 교육기관의 프로그램을 홍보, 개방하고 지역주민의 의식과 실생활 개선을 위해 교육을 제공하는 등 교육기관이 지역사회를 위해 서비스를 제공한다. 구체적으로 교육기관은 지역사회 기관으로서 지역주민이 언제든지 방문할 수 있는 편안한 분위기를 조성하여 자녀 교육상담, 친목도모 등 지역주민과의 친밀감 형성에 노력한다. 교육기관에서 자녀교육에 대한 강연과 상담을 해주고 지역 내의 다른 아동들에게 여러 가지 프로그램을 제공할 수 있다.

어린이집은 지역사회의 부모와 아동에게 평생교육의 장으로 활용될 수 있다. 특히 저소득층 지역에 위치한 영유아 교육기관에서 부모들에게 영유아기 경험의 중요성과 바람직한 양육태도에 대해 알려주는 강연회를 개최하거나 지역 영유아를 위해 책과 장난감 도서관을 운영하고 초등학생을 위한 방과 후 교실을 함께 운영한다면 일종의 보상교육으로서 가치를 가질 수 있다. 이 외에 영유아 교육기관의 영유아들이 지역에 위치한 양로원이나 고아원을 방문하는 등 직접 지역사회를 위한 봉사활동에 참여할 경우 영유아에게 타인을 생각하고 타인을 위해 봉사할 수 있는 자질을 길러줄 수 있다.

2) 지역사회 자원 활용 유형

(1) 자연적 자원(natural resources)

어린이집에서 이루어지는 주제별 교육프로그램에 활용할 수 있는 동네 근처에 있는 각종 가게들, 쇼핑센터, 지하철이나 버스, 혹은 택시 등의 운송 수단 체계, 건설 현장, 소방서, 공원과 휴식 공간, 종교시설, 동물원, 박물관 등이 있는데 이런 모든 자원들은 영유아들에게 무한한 교육적 경험들을 제고해 주는 중요한 자원이다. 그러므로 이 자원들이 가치 있는 교육적 경험을 제공해

줄 수 있음을 인식하고 이를 적극적으로 활용할 수 있어야 한다.

(2) 인적 자원(people resources)

어린이집이 위치한 지역사회에는 다양한 사회문화적 특징을 가진 사람들이 살고 있는데, 교사들은 보육 프로그램을 진행하는 과정 중에 보육시설에 자녀를 보내고 있는 가족들의 다양한 특성을 적극적으로 활용함으로써 영유아에게 제공되는 활동을 보다 풍부히 할 수 있다. 또한 영유아에게 나무를 자르고, 대패질을 하는 방법에 관하여 알려줄 수 있는 가구 제조업에 종사하는 사람이나 의사와 간호사, 치과의사 등 보육시설에서 영유아의 진료활동에 참여하거나 위생에 관한 교육활동을 직접 진행시켜줄 수 있는 사람들, 그 밖에 경찰관이나 소방관 등이 있다.

(3) 물적 자원(material resources)

영유아 보육시설에서는 보육 프로그램을 진행하는 데 활용할 수 있는 다양한 자료를 지역사회의 여러 기관들로부터 지원받아 활용할 수 있다. 보육시설과 가까운 곳에 위치한 상가의 가게로부터 영유아가 프로그램을 진행하면서 활용할 수 있는 종이 상자 등을 지원받을 수 있고, 패스트푸드 레스토랑에서는 종이, 냅킨, 포장 용기 등을 지원받아서 역할놀이를 할 수 있을 것이다. 가구 제조업체에서는 다양한 크기와 질감의 나무 조각과 톱밥 등을 지원받아 목공놀이나 미술활동을 하는 데 사용할 수 있다. 이렇게 지역사회의 기관으로부터 영유아의 다양한 활동에 유용하게 활용할 수 있는 자료들을 지원받을 수 있다면 재정적으로 여유롭지 않은 보육시설에서의 활동은 보다 풍부해질 수 있다.

3) 성공적인 어린이집, 가족, 지역사회 연계 프로그램의 특징

① 포괄적이고 융통성이 있으며 반응적이고 지속적이어야 한다.

② 영유아를 가족의 맥락 내에서 이해해야 한다.

③ 영유아의 가족을 이웃과 지역사회의 한 부분으로 이해해야 한다.

④ 장기적이고 예방적인 차원에서 접근해야 하며, 나아갈 방향에 관한 명확한 목표를 가지고 있어야 하고, 오랜 기간에 걸쳐 서서히 지속적으로 발전되어야 한다.

⑤ 유용하게 활용할 수 있는 기술을 소지하고 있는 유능하고 헌신적인 교사(전문가)에 의하여 기술적으로 관리되어야 한다.

⑥ 성공적인 프로그램에 참여하는 교직원은 질 높고 반응적인 서비스를 제공하기 위하여 훈련과 지원을 받아야 한다.

⑦ 성공적인 프로그램은 보육시설의 교사를 비롯한 현장 실천가들 간에 상호신뢰와 존경에 기반을 둔 강력한 관계를 형성할 수 있도록 격려하는 시설에서 운영되어야 한다.

4) 지역사회 연계의 실제

(1) 어린이집 운영위원회

어린이집, 부모, 지역사회가 긴밀한 협력관계를 유지하기 위해서는 상호 존중과 이해가 있어야 하며, 그들의 의견과 요구를 청취할 수 있는 창구가 마련되어야 한다. 이를 위해 어린이집에서는 당해 어린이집의 원장, 보육교사 대표, 학부모대표 및 지역사회 인사(직장어린이집의 경우에는 당해 직장의 어린이집 업무담당자)를 포함한 5인 이상 10인 이내로 어린이집 운영위원회를 구성한다.

어린이집 운영위원회는 어린이집 운영규정의 제·개정에 관한 사항, 어린이집의 예산 및 결산(보고사항), 영유아의 건강·영양 및 안전에 관한 사항, 보육시간·보육과정의 운영방법 등 어린이집의 운영에 관한 사항, 제안 및 건의사항 등을 심의한다. 이 기구는 어린이집과 가정의 사이를 원활하게 만들고 어린이집의 정책 수립 시 부모나 지역사회의 의견이 수렴된다.

① 설치 및 운영

어린이집의 장은 어린이집 운영의 자율성과 투명성을 높이고 지역사회와의 연계를 강화하여 지역실정과 특성에 맞는 보육을 실시할 수 있도록 하기 위하여 부모협동어린이집을 제외한 모든 어린이집에서는 어린이집 운영위원회를 설치·운영하여야 한다. 어린이집 운영위원회는 당해 어린이집의 장, 보육교사 대표, 학부모 대표 및 지역사회 인사(직장어린이집의 경우에는 당해 직장의 어린이집 업무담당자)를 포함한 5인 이상 10인 이내로 구성하되, 학부모 대표가 2분의 1 이상이 되어야 한다. 운영위원회의 회의는 분기별 1회 이상 개최하고 전체 학부모를 대상으로 공개를 원칙으로 하며, 회의록을 작성·보관하여야 한다. 아동학대 예방 등의 사유로 학부모 대표, 지역사회 인사 등의 요구 시 수시로 개최할 수 있다.

② 기능

어린이집 운영위원회는 다음 각 호의 사항을 심의하여야 한다.

① 어린이집 운영규정 제·개정에 관한 사항을 심의한다.

② 어린이집의 예산 및 결산의 보고에 관한 사항을 심의한다.

③ 영유아의 건강·영양, 안전 및 학대예방에 관한 사항을 심의한다.

④ 보육시간·보육과정의 운영방법 등 어린이집의 운영에 관한 사항을 심의한다.

⑤ 보육교직원의 근무환경 개선에 관한 사항을 심의한다.

⑥ 영유아의 보육환경 개선에 관한 사항을 심의한다.
⑦ 어린이집과 지역사회의 협력에 관한 사항을 심의한다.
⑧ 보육료 외의 필요경비를 받는 경우, 「영유아보육법」 제38조에 따른 범위에서 그 수납액 결정에 관한 사항을 심의한다.
⑨ 그 밖에 부모 모니터링단의 모니터링 결과 등 어린이집 운영에 대한 제안 및 건의사항을 심의한다.

(2) 부모 모니터링단 운영

① 운영 목적 및 기능

부모와 보육·보건 전문가가 직접 어린이집의 급식, 위생, 건강 및 안전관리 등 운영상황을 모니터링하여 수요자인 부모의 어린이집 운영 참여를 도모하고, 어린이집에 대해서는 컨설팅을 제공하여 보육서비스의 질을 향상함으로써 부모가 믿고 맡길 수 있는 보육환경을 조성할 수 있다.

② 구성 및 운영

① 운영 주체: 시·도지사 또는 시장·군수·구청장(전국 230개 시·군·구) 육아종합지원센터 등에 교육 및 운영 위탁 가능하다.
② 구성: 시·군·구별 10명(부모 및 보육·보건전문가 1:1로 구성) 이내로 하되, 어린이집 수 등 지역실정에 따라 조정이 가능하다.

사업구분	선정요건
보육전문가	• 보육교사 1급 자격 소지자로서 보육현장 근무경력 3년 이상인 자 • 전직 육아종합지원센터 전문요원 또는 컨설턴트로서 경력 1년 이상인 자 ※현직 어린이집 및 육아종합지원센터 근무자 제외 • 영유아보육 관련학과 대학(교) 전임강사 이상 등
보건전문가	• 근무경력 3년 이상인 영양사(임상영양사 포함), 간호사, 의사(한의사, 치과의사 포함) • 보건 관련학과 대학(교) 전임강사 이상 등
부모	• 다음의 요건 중 한 가지 이상을 충족하고 있는 자 – 현재 어린이집을 이용하는 영유아를 둔 부모
컨설턴트	• 전·현직 육아종합지원센터장 및 평가인증 담당 보육전문요원 • 전직 육아종합지원센터 영양사, 컨설턴트 • 전직 보육교사·원장으로 평가인증 1회 이상 수행자로 인증점수 90점 이상인 자 (보육교사 1급, 보육업무경력 5년 이상인 자)

③ 모니터링 대상: 관할 지역 내 모든 어린이집이 해당된다. 지역 내 어린이집 중 모니터링을 신청한 어린이집에 대해 우선 실시한다[단, 평가인증(재인증)일로부터 1년 이내의 어린이집은 제외].

③ 모니터링 결과 활용: 모니터링 결과를 해당 어린이집 운영위원회 심의사항에 포함, 아동학대 등 법 위반 행위가 의심될 경우 즉시 지자체 및 경찰에 통보, 그 외의 경우 컨설팅을 위한 기초자료로 활용한다.

④ 모니터링단 평가: 시·도지사 또는 시·군·구청장은 모니터링 사업 완료 후 모니터링단을 대상으로 평가 실시, 다음 연도 모니터링단 선정에 반영한다.

[주요 모니터링 분야]

- (건강관리) 영유아 예방접종, 응급조치 체계, 건강 검진 등
- (급식관리) 식단 및 영양, 조리, 식재료 관리 등
- (위생관리) 급식 위생, 조리실 청결, 시설·비품 위생 관리 등
- (안전관리) 환경 안전, 차량 안전, 아동학대 예방 등

(3) 지역사회 자원봉사자의 활용

어린이집에서는 영유아와 어린이집에 다양한 욕구를 충족시켜 줄 수 있는 인적 자원들이 많이 있는데 이를 자원봉사자로 활용할 수 있다. 인근 대학 및 중·고등학교의 학생들, 양육의 경험이 많은 어른들, 지역사회 내 공공단체 및 협회의 강사 등을 어린이집의 자원봉사자로 활용할 수 있다. 자원봉사자들은 어린 아이들을 사랑하는 마음을 가지고 계속적으로 봉사할 수 있어야 하며 다음과 같은 자세를 갖고 있어야 한다(여성가족부, 2007).

- 책임감을 가져야 한다.
- 약속된 시간을 잘 지켜야 한다.
- 비밀을 지켜야 한다.
- 자원봉사자는 항상 모든 일에 교사들과 충분한 협의를 하여야 한다.
- 기관의 철학 및 보육방침을 잘 숙지하여 다른 교직원의 자세와 일관성을 유지할 수 있어야 한다.
- 항상 명랑하고 밝은 표정으로 임해야 한다.
- 모든 영유아에게 공평하고 일관성 있게 대한다.
- 항상 단정한 옷차림을 한다.

(4) 지역대학 및 연구소와의 유대 강화

각종 프로그램의 모양 개발 및 운영과 지역단위의 어린이집과의 연결을 맺어 각 대학 및 관련 연구소별로 연구를 하게 하여 이에 따른 결과에 따라 정책을 재정하거나 개발한 모형을 보급하는 활발한 정책이 이루어질 수 있다. 가장 많이 활용되는 것은 어린이집에서 지역에 소재하고 있는 대학의 예비 보육교사에게 현장 관찰 및 실습의 기회를 제공해 주므로 질 높은 교사 양성에 도움을 줄 수 있다. 어린이집에서는 대학과 산학협동을 체결할 수 있으며, 실습생을 지도할 수 있다.

(5) 지역시설의 활용

지역사회의 각종 공공기관, 사회단체, 공원, 박물관 등의 시설은 영유아가 지역사회 환경을 이해하고 사회구성원으로 살아가는 데 필요한 지식, 가치, 태도를 형성할 수 있는 경험을 제공한다. 특히 도서관, 초등학교, 대학, 공원, 농장, 과수원, 여러 기관들은 영유아가 나들이를 통해 각 활동의 기회를 마련할 수 있다. 지역사회의 도서관과 연계하여 책이나 놀잇감을 주기적으로 빌려다 보거나 정기적으로 방문하여 활용할 수도 있다. 주변의 초등학교의 답사를 할 수 있다.

(6) 지역의 자연환경 이용

우리 동네 공통 텃밭 가꾸기 프로그램에 참여함으로써 계절의 변화와 모종의 성장, 농사짓는 사람들에 대한 고마움을 알고 환경보호와 공동 작업의 즐거움 등을 느낄 수 있다. 지역의 숲을 돌아보며 나무를 관찰하기도 하고 생태 프로그램을 실시할 수 있다.

제 10 장

보육평가

보육평가는 영유아를 중심으로 보육활동과 관련 요인들에 대한 평가로 보육내용 및 프로그램, 교사와의 상호작용, 보육시설 환경 등 영유아발달 특성에 적합한 보육이 제공되고 있는지 알아보는 과정이라 할 수 있다.

본 장에서는 보육평가의 중요성과 목적, 보육평가의 대상과 내용을 살펴보고 현재 시행되고 있는 어린이집 평가인증제도에 대해 알아보고자 한다.

1. 보육평가의 중요성과 목적

보육평가는 영유아와 교사의 상호작용, 보육내용, 교수-학습방법, 보육환경 등 보육목표 및 영유아 발달 특성에 적절한지 알아보고 보육활동을 계획하는 데 기초자료로 중요한 요소이다. 보육평가를 통해 영유아의 발달 상황을 이해할 수 있고 부모와 함께 협력 관계를 유지하는 데 도움이 되며, 보육활동의 근본적 보육목표가 실현되었는지 등 보육활동 전반에 관한 정보를 수집하여 분석하고 판단하는 체계적인 과정이므로 보육평가는 반드시 필요한 활동이다(황해익, 2004). 보육평가의 궁극적인 목적은 영유아의 발달특성에 적합한 보육을 제공하여 전인발달을 돕고 보육의 질을 향상시키기 위한 것이다.

보육평가의 중요성과 목적을 살펴보면 다음과 같다

첫째, 지속적인 평가를 통해 영유아의 현행 발달수준에 대한 정확한 정보를 획득함으로써 영유아에 대한 전인적인 성장 및 발달에 대한 이해를 도울 수 있다.

둘째, 계획된 보육목표, 보육내용 및 실시방법, 교사와 영유아의 상호작용 등, 적절한 성과가 있는지 알아보고 보육프로그램 내용과 과정을 개선하고 발전시키는 데 필요한 정보를 제공한다.

셋째, 어린이집과 가정의 유기적인 협력을 통해 보육의 효과를 증대시키기 위하여 부모에게 자녀에 대한 객관적인 정보를 제공해 줄 수 있다.

넷째, 평가 과정 중에 기관 스스로 자발적으로 보육의 질을 향상시키고 전문성을 증대시키는 촉매제 역할을 할 수 있다(조성연 외, 2008).

양질의 보육을 제공하기 위해 보육환경과 보육프로그램에 대한 질적 개선이 당연하며, 보육활동에 영향을 주는 다양한 요인의 분석과 함께 실제 운영되고 있는 보육환경과 프로그램에 대한 객관적인 평가가 이루어져야 한다(이기숙, 2002).

최근 보육의 국가적 책임이 더욱 확대되어 보육서비스의 질적 수준의 향상을 위해 다각도로 노력하고 있으며, 표준보육과정의 개발, 누리과정의 개발 등 프로그램에 대한 질적 향상을 실시하고, 체계적 보육자격증제도는 교육기관별 등급을 나누어 경력과 보수교육을 통하여 진행하여 교사의 평가에 영향을 주고 있다. 또한 보육시설의 평가인증제를 도입하여 어린이집 평가를 적극적으로 추진하고 있다. 평가인증 결과를 통해 전반적으로 인증시설의 질적 수준이 양호한 것으로 나타났고, 특히 보육환경과 보육과정영역에서 개선된 것으로 평가되고 있다. 즉 평가인증제도를 통해 질적으로 향상되었다. 따라서 보육에서의 평가는 보육정책의 효율성 측면에서도 반드시 실시되어야 할 필수적인 활동이다(김경희, 2016).

2. 보육평가의 대상과 내용

보육평가는 평가대상에 따라 영유아평가, 교사평가, 보육프로그램 평가, 어린이집 평가로 구분된다. 각각의 내용을 살펴보면 다음과 같다.

1) 영유아평가

영유아 평가는 영유아의 행동을 관찰하고 기록하는 과정으로 영유아의 발달수준 및 단계를 파악할 수 있고, 다음 수준별 보육과정에 반영함으로써 영유아의 전인발달에 도움을 줄 수 있다. 영유아를 평가하는 방법에는 주로 관찰법과 표준화 검사, 포트폴리오 등이 사용된다.

영유아 평가가 필요한 이유는 다음과 같다.

첫째, 영유아가 어린이집에 입소하기 전과 비교하여 영유아 발달의 특성과 상황을 비교진단평가할 수 있다.

둘째, 어린이집에서 또래, 교사와 상호작용을 통해 계획적 또는 수시로 관찰된 자료를 통해 개인적 특성을 이해하고, 영유아의 생활지도, 학습지도에 기초자료가 된다.

셋째, 영유아 평가를 통해 수집된 자료들은 부모와 개별 면담에 유용하여 자녀의 발달과정을 이해하는 데 도움이 되고, 가정과의 연계교육을 통해 보육의 효과를 높일 수 있다(김경희, 2016).

(1) 관찰법

관찰은 일상생활 속에서 영유아들의 자연스러운 행동을 관찰하여 기록하는 방법으로 영유아의 발달수준 및 정도에 대한 정보를 제공하고 객관적으로 수집하여 종합적으로 평가할 수 있다(보건복지부, 2012).

관찰은 영유아 행동연구에 기본적이며 필수적인 방법이다. 관찰법에는 현장에서 영유아 활동에 참여하면서 관찰하는 참여관찰과 영유아 활동에 참여하지 않고 관찰만 하는 비참여관찰이 있다(박찬옥, 2015).

관찰은 영유아 행동에 대한 상세한 정보를 제공해주고, 영유아가 왜 그런

행동을 하는지 이유를 이해할 수 있게 도와준다. 그러나 관찰 평가가 겉으로 표현되는 행동만 측정할 수 있기 때문에 내면의 속성을 알아내기가 어렵고 관찰의 신뢰도를 높이기 어렵다는 단점이 있다. 따라서 교사는 반드시 객관적으로 충분한 관찰기록에 근거하여 영유아를 평가해야 한다(보건복지부, 보육사업 안내, 2012).

관찰법은 일화기록법, 시간표집법, 사건표지법, 체크리스트(행동목록법), 평정척도 등이 있으며, 영유아를 관찰할 때는 그 목적에 따라 교사가 적합한 시간이나 방법을 선택하고 실시하면 된다(박찬옥, 2015)

① 일화기록 법

일화기록(anecdotal records)은 영유아 행동이나 사건을 직접 관찰하여 기록하는 절차로 의도적인 상황에서 이루어지는 형식적 검사와 달리 영유아를 자연스러운 상황에서 관찰할 수 있다. 일화기록은 사전 준비나 별도의 계획 없이 실시할 수 있기 때문에 다른 방법에 비해 간편하고, 어떤 한순간에 발생한 영유아의 행동을 순서대로 사실적이고 객관적으로 관찰하여 기록하는 방법이다(김경희, 2016). 그러나 관찰자의 주관적 판단이나 감정적 내용이 포함될 경우 영유아에 대한 잘못된 인상을 심어줄 수 있다는 단점이 있다(이은해 외, 2006).

일화기록법 시 유의해야 할 점은 다음과 같다.

첫째, 활동 진행이나 일어난 사건은 즉시 기록한다.

둘째, 영유아 행동과 말을 구별해서 기록한다.

셋째, 장면, 진행 중인 활동 등 상황적인 자료를 반드시 기록에 포함시킨다.

넷째, 대상 영유아 행동과 언어를 기록함과 동시에 그 상황에 있는 다른 영유아나 교사의 반응도 함께 기록한다.

다섯째, 상황의 정확한 의미를 파악하기 위해 영유아가 사용한 말을 그대로 기록하고 영유아가 한 행동은 해석하지 말고 있는 그대로를 기록한다.

여섯째, 활동 진행과정이나 사건을 일어난 순서대로 기록한다.

일곱째, 객관적이고 사실적으로 기록한다(이은해 외, 2006).

표 10-1 일화기록 관찰 예시

<table>
<tr><td colspan="2" align="center">일화기록 관찰양식(사례)</td></tr>
<tr><td colspan="2">관찰유아 : 공진우 생년월일 : 2014. 11. 5. 성 별: 여
관 찰 자 : 김정임 관찰일자 : 2017. 9. 9. 관찰시간 : AM 10 : 10 ~ 10 : 15
관찰일 현재 유아연령 : 3년 10월
관찰장면 : 자유선택놀이시간 중 블록영역</td></tr>
<tr><td colspan="2" align="center">기 록</td></tr>
<tr><td colspan="2">진우가 블록영역에서 소방차를 가지고 이리저리 굴리며 10초간 놀고 있다. 상운이가 옆에서 공룡을 가지고 노는 것을 보더니 소방차 사다리를 길게 펴서 “얏얏얏”하며 공룡을 6회 정도 때린다. 상운이가 공룡의 입을 벌려 보이자 진우는 빙빙 블록을 하나 들더니 “티라노사우르스다”하며 빙빙 블록으로 상운이가 가지고 있던 공룡을 8회 때린다. 상운이가 공룡을 놓고 다른 곳으로 간다. 진우는 상운이가 놓고 간 공룡을 들고 소방차 위에 올려놓고 “아~”하고 소리를 지르며 소방차를 4초 동안 끌고 다닌다. 다시 공룡을 내려서 입을 벌려보고 배를 벌려보더니 공룡 배가 찢어져 있는 것을 보고 “공룡이 아픈데 병원가야 돼!” 두 번 말하고는 소방차에 올려놓는다.
소방차가 움직이자 공룡이 떨어진다. 공룡을 다시 올려서 소방차를 끌고 가자 공룡이 또 떨어진다. 진우는 공룡을 들어 옆으로 던져버린다. 그리고는 옆에 있는 코뿔소를 들어 소방차에 올려놓고 끌고 간다.</td></tr>
<tr><td>해석</td><td>• 진우는 사물을 대치하여 이름을 붙일 수 있다.
• 상징놀이를 할 수 있다.
• 진우는 공룡에게 공격적인 행동을 보인다.</td></tr>
</table>

출처: 전남련, 김재환, 이혜배(2007)

② 시간표집법

시간표집법은 영유아 행동을 정해진 시간 내에 자주 나타나는 행동의 빈도를 측정하여 출현 빈도를 수집하는 방법이다. 시간표집법은 일정 시간 동안 특정행동이 얼마나 자주 발생하였는지 수량적으로 알아볼 수 있기 때문에 통계처리가 간편하고 기록의 객관성을 유지하기 쉽다(전남련, 김재환, 이혜배, 2007). 비교적 짧은 시간 내에 많은 관찰대상자를 관찰할 수 있어 현장에서 널리 활용되고 있다. 그러나 외부로 나타나는 행동의 연구와 비교적 높은 빈도로 나타나는 행동에만 적합하다는 단점을 가지고 있다(김경희, 2016).

표 10-2 쌓기놀이 발달단계 시간표집법의 예시

관찰유아 : ________ 생년월일 : ________ 관찰일 현재 유아연령 : ____년 ____ 월
관 찰 자 : ________ 성 별 : ________ 관찰시간 : ________
관찰일자 : ________

놀이 / 시간	1단계 나르기	2단계 쌓기	3단계 다리 구성	4단계 울타리 만들기	5단계 설계	6단계 이름 붙이기	7단계 구성물 만들기	메모 (Memo)
15초								
15초								
15초(1분)								
15초								
15초								
15초(2분)								
15초								
15초								
15초(3분)								
합 계								
요 약								

출처: 전남련, 김재환, 이혜배(2007)

시간표집법을 활용하는 데 유의해야 할 사항은 다음과 같다.

첫째, 관찰 목적을 정확하게 밝혀야 한다-개인 또는 단체, 관찰횟수, 시간 등.

둘째, 관찰자는 관찰하는 행동/사건을 설명하는 데 쓰이는 용어를 분명히 정의해야 한다.

셋째, 관찰 전 미리 시간 단위를 정한다. 시간의 길이는 5초에서 20분까지 다양하다.

넷째, 관찰횟수는 연구대상별로 총 몇 회에 걸쳐서 관찰할 것인지 결정하여야 한다.

다섯째, 관찰 결과의 기록을 위해 관찰범주에 대한 부호체계는 논리적이고 일정한 규칙에 의해 정해야 한다.

여섯째, 관찰기록 용지에는 예기치 않게 생긴 사건이나 현상과 무관한 일이라도 후에 참고가 될 수 있도록 기록할 여백을 두어야 한다(김경희, 2016).

③ 사건표집법

사건표집법은 특정 행동이나 사건 발생 시에만 관찰하는 방법으로 관심을 갖고 있는 행동이 나타날 때 자세하게 행동의 순서를 기록한다. 영유아의 특정 행동이 나타날 때까지 기다렸다가 기록하기 때문에 시간의 제약이 없다. 사건표집법은 때리기, 던지기, 화내기, 싸우기, 다른 친구 돕기, 질문하기 등과 같은 행동을 관찰할 때 사용할 수 있다(Wardle, 2003; 조혜경, 2016, 재인용) 행동과 사건에 대한 양적인 정보는 제공할 수 있으나 영유아 개개인의 질적인 정보를 제공하는 데 어려움이 있다.

표 10-3 사건표집법 예시

<table>
<tr><th colspan="4">사건표집법</th></tr>
<tr><td colspan="4">• 관찰유아 : 황철진 • 생년월일 : 2013. 3. 10. • 성 별 : 남
• 관 찰 자 : 이현주 • 관찰일자 : 2016. 9. 26. • 관찰일 현재 유아연령 : 3년 8월
• 관찰행동 : 오후 자유놀이시간 자리다툼 중 양보하기</td></tr>
<tr><th>시간</th><th>사건 전(Antecedent Event : A)</th><th>사건 (Behavior : B)</th><th>사건 후 (Consequence : C)</th></tr>
<tr><td>오후 12:50 ~ 13:00</td><td>철진이가 블록영역에서 기찻길을 만드는데 기찻길이 이어지는 곳에 현덕이가 앉아 있어 기찻길을 연결할 수 없자 철진이가 "야! 옆으로 비켜." 한다.</td><td>현덕이가 자리를 양보하지 않자 철진이가 억지로 등을 밀며 "나와."라고 하자 현덕이도 "싫어." 하며 등을 뒤로 젖히며 싸운다.
철진이가 옆 공간을 탁탁 치며 "여기로 가도 되잖아!" 하자 현덕이가 "그럼 내 자리가 없잖아." 하며 말한다.
철진이가 "저리 가." 하며 등을 밀며 화를 낸다.</td><td>서로 등을 밀치다 철진이와 현덕이가 동시에 교사를 쳐다본다.
철진이가 "내 기차 여기로 가야겠다." 하며 찻길을 돌려 자리를 먼저 양보한다.
현덕이는 철진이와 교사를 번갈아가며 쳐다보더니 조용히 앞으로 나와 자리를 비켜준다.</td></tr>
<tr><td colspan="4">(해석)
• 철진이는 친구에게 빈자리를 가리키고 비켜달라고 언어로 요구한다.
• 철진이는 친구에게 먼저 자리를 양보하는 행동을 보인다.</td></tr>
</table>

출처: 전남련, 김재환, 이혜배(2007)

④ 행동목록법(체크리스트 법)

행동목록법은 평가할 항목을 미리 나열하여 행동특성과 출현 여부에 따라 '예, 아니오'의 형태로 체크하는 방식으로 체크리스트라고도 한다. 포괄적이고 대표적이며 관찰 가능한 구체적 행동을 나타내는 문항으로 구성되어야 한다. 행동목록법은 신체의 기능(소근육, 대근육), 자조기능, 사회적 기능, 정서적, 기질적 유형, 인지적 기능, 언어와 의사소통에 대한 관찰과 기록을 사용할 때 사용된다(Wardle, 2003; 조혜경, 2016, 재인용). 행동목록법은 단순한 행동 목록으로 중요하게 생각되는 행동 여부를 확인하기 위한 것으로, 특히 관찰자의 주관적인 평가를 가급적 배제할 수 있도록 제시하여 사용한다. 행동목록법은 보육현장에서 자유선택놀이 활동에 많이 사용되고 있다(김경희, 2016). 평가방법이 단순하고 짧은 시간 내에 영유아의 특성을 파악할 수 있으나 출현빈도나 질적 수준에 대한 정보를 파악하기 어렵다(김지은, 김진숙, 2007).

표 10-4 행동목록법의 예시

유아의 쓰기 준비도

이 름 : ______
성 별 : ______
생년월일 : ______
관 찰 자 : ______
관 찰 일 : ______

지 시 : 다음의 행동이 관찰되면 '예'에, 관찰되지 않으면 '아니오'에 'V'로 표기하시오.
단, '아니오'에 해당되는 행동이 추후에 관찰되면 관찰된 날짜를 기록하시오.

과 업	예	아니오	행동이 처음 나타난 날짜
1. 손목과 손가락을 자기가 원하는 대로 움직일 수 있다.			
2. 눈과 손의 협응이 가능하다.			
3. 필기도구를 바로 잡고 쓸 수 있다.			
4. 글자의 기본적인 획(직선, 곡선, 사선)을 그을 수 있다.			
5. 각 철자의 모양을 구별할 수 있다(글자의 지각 능력).			
6. 글씨를 왜 써야 하는지 그 이유를 이해한다.			

출처: 김지은, 김진숙(2006)

다음은 관찰자가 체크리스트를 활용할 때 유의해야 할 점이다(황해익, 2004; 김경희, 2016, 재인용).

첫째, 체크리스트는 관찰 전에 준비되어 있어야 한다.

둘째, 체크리스트에 포함된 문항은 가능한 한 구체적인 행동을 나타내는 것이어야 한다.

셋째, 체크리스트 문항은 포괄적이고 대표적인 목록으로 구성되어야 하며, 문항 간 중복 없이 일정한 체계 안에서 논리적으로 조직되어야 한다.

다섯째, 관찰행동의 출현 여부의 표기와 함께 처음 그 행동이 나타난 날짜를 기록하게 만드는 것이 좋다(김경희 외, 2016).

⑤ 평정척도법

평정척도법은 관찰된 특정 행동의 질적인 특성을 정해진 범주에 따라 평가하는 방법으로 성취한 행동에 대해 단계별로 알 수 있기 때문에 체크리스트보다 더 많은 정보를 얻을 수 있다. 일반적으로 각각 영유아의 특징에 대하여 비교하여 정도를 3단계, 5단계, 7단계로 평정하며, 척도의 표시는 숫자, 그림, 언어 등 여러 형태로 나타낸다(김경희, 2016).

평정척도는 다른 관찰법에 비해 수량화하기 편리하다는 장점을 가지고 있으나 행동의 원인이나 전후 사정에 대해서는 설명하지 못한다(김지은, 김진숙, 2006).

>> 표 10-5 평정척도의 예시

관찰기록표(만 3세용)					
이름 : (남, 여) 학급명 : 관찰자 : 생년월일 : 관찰일시 :					
*유아의 행동과 가장 일치하는 정도에 동그라미 하세요.					
항목	아주 못함	못함	보통	잘함	아주 잘함
1. 자기 물건을 스스로 정리한다.	1	2	3	4	5
2. 줄을 서서 기다릴 수 있다.	1	2	3	4	5
3. 친구에게 양보할 수 있다.	1	2	3	4	5
4. 바깥놀이에서 규칙을 지킬 수 있다.	1	2	3	4	5
5. 교실에서 작은 소리로 말할 수 있다.	1	2	3	4	5

출처: 김지은, 김진숙(2006)

평정척도법은 다음과 같은 사항을 유의해야 한다.

첫째, 평정 대상이 되는 행동특성은 가능한 한 명확하고 간결하게, 관찰 가능한 용어로 기술한다.

둘째, 가치판단 용어사용은 피하고, 극단적인 수준의 특성은 제시하지 않는 것이 좋다.

셋째, 여러 척도에서 의미가 중복되는 않는 단어를 사용하여야 하며, 사용되는 단어가 평정하고자 하는 특성과 일치하여야 한다(김경희, 2016)

(2) 표준화 검사

표준화 검사는 대상자와는 관계없이 검사, 채점, 결과 등이 해석이 동일하도록 절차와 방법을 일정하게 표준화한 검사이다(황해익, 2004). 표준화 검사는 개인의 특성을 측정하기 위해 고안되었으며 개별적, 집단적으로 시행한다. 표준화 검사의 목적은 능력, 성취도, 적성, 흥미, 태도, 가치, 성격 등을 측정하기 위한 것으로 결과는 개인과 집단 간의 차이를 알고, 상담과 지도에 활용된다(Wortham, 2005, 조혜경, 2016, 재인용).

표준화 검사에는 지능 검사, 성치도 검사, 창의성 검사, 인성 검사, 적성 검사 등이 있다. 표준화 검사는 신뢰도와 타당도가 검증된 안정된 결과를 제공해주는 장점이 있고, 단점으로는 영유아는 검사환경과 방법에 익숙하지 않고(조혜경, 2016), 다른 영유아와 비교하는 결과를 얻게 되는데, 영유아기의 비교는 항상 의미가 있지는 않다. 대부분의 표준화 검사는 검사비용이 많이 든다.

(3) 포트폴리오

포트폴리오(portfolio)는 일상생활에서 영유아의 활동을 관찰하여 자료를 수집하고 평가하는 것으로 영유아의 행동특성과 발달수준을 파악할 수 있으며 부모와의 면담자료로 활용할 수 있다. 영유아의 작품을 수집하여 시간 흐름에 따라 영유아의 변화 및 발달상황을 살펴볼 수 있으며 객관적 평가를 할 수 있고 다양한 영역에서의 영유아의 발달을 파악하는 데 도움이 된다. 포트폴리오는 학습과정 및 결과에 관한 근거자료를 체계적으로 수집하여 누적적으로 정리해 놓은 개인별 서류철, 또는 자료수집체계라 할 수 있다(배호순, 2000, 조혜경, 2016, 재인용). 교육활동 중 포트폴리오는 영유아의 노력과 진보, 성취력을 시기별로 설명하는 영유아 작품모음이다. 이 자료들은 영유아의 전체적인 발달 상황에 대한 정보를 제공하기 위한 것이다(Wardle, 2003; 조혜경, 재인용).

포트폴리오는 영유아의 개별화된 측정이 가능하고 부모에게 객관적 정보를 제공할 수 있으나 다른 관찰방법에 비해 오랜 시간이 걸리며 작품을 보관하기 위한 별도의 장소가 필요하고 교사의 주관적 견해가 개입될 수 있다.

포트폴리오에 포함될 수 있는 자료는 활동결과물, 녹음테이프, 비디오테이프, CD, 프로젝트 사진, 체험활동 사진, 부모와 교사의 관찰, 일화기록, 체크리스트, 자기평가, 흥미목록, 발달상황 기록표, 일지, 가정과 연락한 일일 연락장 등이 있다.

포트폴리오 평가할 때 고려해야 할 점은 다음과 같다.

첫째, 명백하고 구체적인 평가기준과 다양한 평가 정보원 및 정보수집 방법을 동원한다.

둘째, 일정기간 동안 목적을 가지고 체계적으로 수집한 영유아 작품이어야 한다.

셋째, 영유아 작품과 활동에 대한 교사의 의견이 제시되어야 한다.

넷째, 영유아 행동에 대한 관찰결과가 포함되어야 한다.

다섯째, 교사 자신이 포트폴리오의 목적과 그 활용에 대해 인식하고 있어야 한다(조혜경, 2016).

2) 교사평가

교사는 보육활동에서 보육의 질적 수준을 향상시키는 데 가장 중요한 요소로 전문적 향상을 위해 자신의 보육활동을 스스로 평가하는 것을 교사평가라 한다. 교사의 자질을 향상시키기 위한 방법으로 교육과 훈련도 있으나 자신이 수행하는 보육활동 평가를 통해 문제점을 파악하고 개선해서 발전의 기회로 삼을 수 있다. 교사 평가 방법은 자기평가방법, 동료교사 의한 평가방법, 상급자(주임교사, 원감, 원장)에 대한 평가, 부모와 외부관찰자에 의한 평가가 있다. 교사의 자기평가는 교사의 자발적이고 적극적인 참여로 이루어지며 자율장학의 성격을 띤다(양옥승, 2004; 조혜경, 2016, 재인용).

교사평가를 통해 자율성과 전문성을 확보할 수 있고 자신의 강점과 약점을 파악함으로써 다음의 보육계획에 반영하여 영유아에게 질 높은 교육을 제공할 수 있다.

교사 평가의 준거로는 일반적인 특성으로 신체적 특징, 인성, 교양과 지적 능력 등을 평가하고 전문적인 특성으로는 교직에 대한 태도, 보육기술, 전문적 지식과 자질 등으로 평가한다. 보육현장에서 가장 빈번하게 이루어지는 상급자, 동료 또는 외부 관찰자에 의한 평가가 공평하고 객관적으로 이루어지기 위해서는 다음과 같은 점을 유의해야 한다.

첫째, 1회의 평가보다는 여러 회의 관찰을 통해 교사 평가가 이루어져야 한다.

둘째, 평가 준거 및 양식에 대해 사전에 고지하고 교사와 협의함으로써 교사에게 어떠한 기준에 의하여 평가되는지를 알려주어야 한다.

셋째, 프로그램에 적합한 평가양식을 선정하고 필요하면 목적에 부합될 수 있도록 수정한다(김경희, 2016, 재인용).

표 10-6 교사 자기평가 척도

평가목록	전혀 그렇지 않다	대체로 그렇지 않다	보통 정도 이다	대체로 그렇다	아주 그렇다
1. 언제나 자발적으로 일을 하는가?					
2. 맡은 일을 끝까지 성실하게 해내며 부지런한가?					
3. 언행이 일치하며 솔선수범하는 사람인가?					
4. 긍정적이며 적극적인 인생관을 가지고 있는가?					
5. 예의 바르고 인사성이 좋은가?					
6. 언제나 바른 자세로 흐트러지지 않는 몸가짐으로 일하는가?					
7. 교육자다운 확신과 품위를 갖추고 있는가?					
8. 새로운 아이디어를 자주 만들어 내곤 하는가?					
9. 교육프로그램을 적절하고 다양하게 계획하는 능력이 있는가?					
10. 교육프로그램을 제대로 소화시켜 현장에 적용하는 기술이 있는가?					
11. 교재 · 교구를 자발적으로 활용하는 능력이 있는가?					
12. 영유아의 개인적 특성을 알아내어 그에 따라 가장 적절한 교육적인 배려를 할 수 있는 능력이 있는가?					
13. 영유아들에게 지적 흥미와 호기심을 길러 주고 있는가?					
14. 영유아의 생각과 느낌을 존중하며(주의 깊게 듣고, 공평하게 대함), 영유아의 요구에 항상 민감하게 반응하는가?					
15. 영유아와 개별적으로 대화하는 기회를 갖는가?					
16. 벌이나 창피를 주는 등의 부정적인 방법보다 격려와 긍정적인 강화방법을 사용하는가?					
17. 교사와 영유아는 상호 존중하며 신뢰하는가?					
18. 영유아가 스스로 탐색하고 조작해 볼 수 있도록 하는가?					
19. 동료교사, 행정가, 학부모나 지역사회 인사 등과 관계가 원활한가?					

출처: 황윤세, 임미혜, 이혜원(2011). 유아교육기관 및 보육시설 운영관리
공동출처: 황윤세 외(2009). 유아교육기관 및 어린이집 운영관리. p. 217

3) 보육프로그램 평가

보육프로그램 평가는 프로그램의 질, 운영과 결과에 대한 체계적으로 수집하기 위한 과정으로 보육프로그램이 영유아발달에 적합하며 효율적으로 운영되는가를 알아보기 위한 것이다(조혜경, 2016). 또한 보육목표, 보육내용, 교수-학습의 실행에 대한 적합성 평가로 정확한 정보를 제공하고 정기적이고 체계적으로 평가가 수행되어야 한다(김인자, 2007). 그리고 정기적으로 실시하여 결과를 다음 교육활동 계획수립에 활용하도록 하여 보육과정의 질을 개선하고 보육프로그램의 효율성을 높이는 데 목적을 둔다(김경희, 2016).

모든 보육평가가 영유아의 유익이 우선되어야 하듯 프로그램의 질을 평가할 때도 영유아의 요구를 반영한 보육프로그램을 구성했는지 중요하게 살펴야 한다(조혜경, 2016). 어린이집 보육과정의 평가를 위해 제3차 어린이집 표준보육과정 평가의 지침을 이해해야 한다.

① 어린이집 표준보육과정의 목표와 내용에 근거하여 보육내용이 적절하게 편성·운영되는지 평가한다.

② 어린이집 표준보육과정의 운영내용 및 행동이 영유아의 발달수준과 흥미, 요구에 적합한지 평가한다.

③ 영유아발달 수준, 흥미, 요구에 적합한 경험 및 학습을 촉진할 수 있는 다양한 활동과 교수학습방법이 계획되고 통합적으로 운영되는지 평가한다.

④ 일과운영 및 보육활동 구성 시 놀이 활동과 일상생활 활동의 양과 내용이 영아 및 유아 각 연령의 발달에 적합하게 계획되고 운영되는지 평가한다.

⑤ 만 0~1세아, 만 2세아는 집단 활동보다는 개별적인 상호작용과 교수법을 중심으로 상호작용이 진행되는지 평가한다.

⑥ 어린이집 표준보육과정 운영평가 결과를 수시로 반영하여 보육과정 운영계획을 수정·보완하거나 다음 연도의 계획수업 및 운영에 반영하는지 평

가한다.

4) 어린이집 평가

어린이집에 대한 평가에는 다음과 같은 목적을 위해 시행된다.

첫째, 포괄적인 보육서비스를 제공하기 위해 효율적인 질 관리 시스템을 마련한다.
둘째, 보육사업의 전문성 제고 및 자율성을 인정한다.
셋째, 어린이집을 보다 효율적으로 운영하게 된다.
넷째, 어린이집의 물리적 환경, 인적 자원, 프로그램의 질적 수준에 대한 정보를 제공함으로써 보육수요자인 부모들이 어린이집을 선정할 때 자료가 된다.
다섯째, 우수한 어린이집으로 질적 수준을 유지하며 보육서비스의 질적 수준을 향상시키는 국가 정책에 기여하고 제도적 기반을 형성한다.
여섯째, 어린이집 평가인증의 결과를 정부나 지방자치단체의 예산지원기준으로 활용하여 어린이집 질적 향상을 도모한다(이순형, 2004; 김경희 2016, 재인용).

최근 보육의 국가적 책임이 더욱 확대되어 보육서비스의 질적 수준의 향상을 위해 정부 주도하에 표준보육과정의 개발, 3~5세 누리과정, 보육시설의 평가인증제 도입, 체계적 보육자격증제도 등 질적 체계 구축을 위해 많은 노력을 해왔다. 특히 국가적 차원의 어린이집 평가로는 어린이집 평가인증제로 시작되었으며, 평가인증 결과를 통해 전반적으로 인증시설의 질 수준이 양호한 것으로 나타났고, 특히 보육환경과 보육과정영역에서 개선된 것으로 평가되고 있다. 그러므로 평가인증제도의 기본 목적인 질적 향상 결과를 보였다. 따라서 보육에서의 평가는 보육정책의 효율성 측면에서도 반드시 실시되어야 할 필수적인 활동이다(김경희, 2016).

3. 평가결과의 활용

보육평가는 보육의 질을 향상시키는 데 목적을 두며 영유아 전인적 성장과 발달을 지원하는 최종 목표에 부합하며 필수적인 과정이다.

영유아평가 활용방법으로는 다음과 같다.

첫째, 영유아의 발달 수준을 파악하고 개별적 요구와 학습을 지원할 수 있다.

둘째, 평가 중 발달에 문제가 발견된 영유아는 전문가 의뢰를 통해 문제를 파악하고 해결방안을 모색할 수 있다.

셋째, 가정과 어린이집과의 연계를 통해 면담지도 활용과 영유아발달에 협력할 수 있다. 교사평가의 활용은 자기평가와 타인평가에 의해 연수와 자기 장학을 통해 교사 역량개발의 기회가 된다.

프로그램 평가는 어린이집 보육과정의 계획과 실행, 평가를 거쳐 보완점을 찾아 다음 보육과정 계획 시에 피드백하여 수정·보완할 수 있다.

어린이집평가는 어린이집 자체평가와 외부 기관에서 주기적으로 평가하여 지속적인 질을 유지하며, 우수한 어린이집으로 평가되면 타어린이집에 모범이 되어 가정에서 어린이집을 선정할 때 주요 기준이 되며, 어린이집은 평가인증 후에도 지속적으로 향상될 수 있도록 노력하고 보육정책에 자료로 활용할 수 있다.

4. 어린이집 평가인증제도

1) 평가인증제도의 배경 및 목적

어린이집 평가인증제도는 2004년 1월에 「영유아보육법」 제30조에 근거하여 마련되었고, 2005년 어린이집 평가인증 시범운영이 실시되고 2006년 제1차 평가인증을 실시하였고, 2010년에 2차 평가인증을 시행하였다. 2013년 9월부터 어린이집 평가인증 결과가 공표되면서 어린이집 질적 수준에 대한 변별력 강화에 대한 방안 요구가 이어지고 있다. 보육의 공공성 강화 및 질적 수준 제고를 위한 국가 책무성 강화의 필요성이 제기됨에 따라 평가인증제도의 개선 보완을 위해 2014년 3차 지표를 개발, 시범적용하고 있다(한국보육진흥원, 2016).

2017년 어린이집 평가인증 통합지표는 '유치원, 어린이집 평가체계 통합방안'을 기초로 하여 어린이집 특성화 지표를 반영하여 4개 영역 21개 지표, 79개 평가항목으로 구성하였고 등급으로 평정한다. 통합지표는 2017년 11월 현장평가부터 시행되었고 2018년 3월부터 확인점검, 확인방문, 연차별 자체 점검보고서도 통합지표 및 운영체계를 적용하고 있다(보건복지부, 한국보육진흥원, 2017). 지금까지 평가인증은 자율적 신청으로 진행해왔으나 2019년 6월부터 의무적으로 참여해야 하는 '어린이집 평가제'를 시행하고 있다.

어린이집 평가인증제도는 보육의 질적 수준 향상을 목적으로 하며 평가인증 지표 및 지침에 근거하여 어린이집의 보육서비스를 점검하고 보다 높은 단계를 유지하고자 노력하는 과정이라 할 수 있다. 어린이집 평가인증의 목적을 정리하면 다음과 같다(육아정책개발센터, 2008).

첫째, 안전한 보육환경에서 영유아가 건강하게 양육될 권리를 보장할 수 있도록 보육서비스의 질적 수준을 향상시킨다.

둘째, 어린이집 보육서비스의 질적 수준을 높이고자 준비하고 노력하는 과정을 통해 원장과 보육교사의 전문성이 증진되도록 한다.

셋째, 부모들이 합리적으로 어린이집을 선택할 수 있도록 보육서비스의 질적 수준에 대한 정보를 제공한다.

넷째, 보육정책 수립의 주체인 정부가 보육현장을 효율적으로 지원하고 관리하는 체계를 확립한다.

2) 평가인증 지표 및 운영체계

평가지표, 평정방식, 평가절차, 평가결과, 결과공개에 대한 내용을 다음과 같다. 어린이집 평가인증 운영체계는 3단계로 참여확정 ⇨ 현장평가 ⇨ 종합평가 순으로 진행되며 약 4개월 소요된다.

≫ 표 10-7 어린이집 평가인증 운영체계

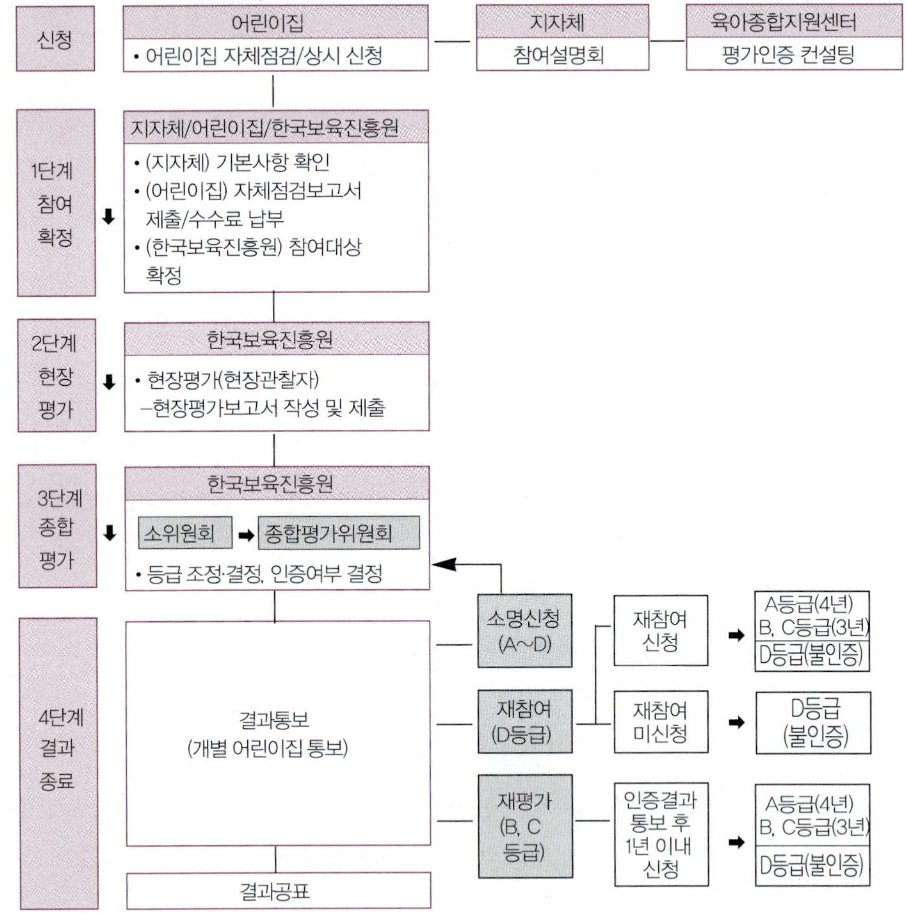

출처: 보건복지부, 한국보육진흥원(2017)

(1) 평가인증 대상 및 주기

평가제 도입 전까지 신청 어린이집 대상으로 신규 및 재인증하는 어린이집이 대상이 된다. 인증유효기간은 3년이고, A등급은 유효기간 1년을 연장하여 4년이다. 대상기간은 현장평가 직전 3개월간 운영 실적이 된다.

(2) 평가기준

평가지표는 4개 영역 21개 지표, 79개 평가항목으로 평정하고 세부사항은 어린이집 특성에 따라 평가매뉴얼을 보완·시행하도록 하였다. 유사성이 높은 영역과 지표를 통합 감축하여 현장의 부담을 완화시켰다.

지표내용은 보육 질적 향상과 연관이 높은 보육과정 및 상호작용, 교직원영역 항목비중을 높이고 안전과 건강(아동학대 예방 등) 내용이 강화되었다.

표 10-8 어린이집 평가인증 지표비교

현행		개선
2차 지표	**3차 시범지표**	**통합지표**
• 6개 영역 1. 보육환경, 2. 운영관리, 3. 보육과정, 4. 상호작용과 교수법, 5. 건강과 영양, 6. 안전 • 70개 지표, 218개 평가단위	• 6개 영역 1. 보육환경, 2. 건강, 3. 안전, 4. 보육과정운영, 5. 보육활동과 상호작용 6. 운영관리 • 50개 지표, 308개 평가단위	• 4개 영역 1. 보육과정 및 상호작용 2. 보육환경 및 운영관리, 3. 건강 · 안전, 4. 교직원 • 21개 지표, 79개 평가항목, 123개 평가단위
• 문서 검토(48.6%) 관찰 · 면담(51.4%)	• 문서 검토(32.1%) 관찰 · 면담(67.9%)	• 문서 검토(40.7%) 관찰 · 면담(59.3%)
• 점수 평정	• 점수 평정	• 등급 평정

출처: 보건복지부, 한국보육진흥원(2017)

(3) 평가방식

평정방식으로는 총점수 100점 중 75점 이상 평가인증을 부여하고 절대평가방식 등급제로 4등급(A, B, C, D)으로 D등급은 불인증이다. 4개의 평가영역의 등급의 종류는(우수, 적합, 개선필요) 수에 따라 어린이집 등급 중 1개를 부여한다.

>> 표 10-9 평가영역의 등급에 따른 기관등급

기관등급	등급 부여기준	예시
A	모든 영역에서 '우수' 등급인 기관	• '우수' 영역 4개
B	3개 영역 이상 '우수' 등급이고, '개선 필요' 등급이 없는 기관	• '우수' 3개, '적합' 1개 영역
C	'개선 필요' 등급인 영역이 없고, A 또는 B 등급기관이 아닌 기관	• '우수' 2개, '적합' 2개 영역 • '우수' 1개, '적합' 3개 영역 • '적합' 4개 영역
D	1개 영역 이상 '개선 필요' 등급인 기관	• '개선 필요' 영역 1개 이상

출처: 보건복지부, 한국보육진흥원(2017)

3) 평가인증 과정

평가의 절차는 신청, 자체평가 및 기본사항확인, 현장평가, 종합평가로 진행한다.

(1) 기본사항확인

인증평가 신뢰성을 제고하기 위해 지자체에서 어린이집 설치기준 필수항목, 행정처분 등에 대한 기본항목을 확인한 후 평가를 진행한다.

(2) 현장평가

통합지표는 등급평정지표로 절차별 배점방식에서 현장평가 100%로 변경되어 현장평가의 중요성이 강조되었다.

(3) 종합평가

현장평가와 인증 참여 확정 전 1년 이내 발생한 중대한 법위반 사항을 반영하여 종합평가위원회에서 등급을 결정한다.

(4) 평가결과 공개 및 활용

결과공개는 인증 어린이집만 공개하고 평가받은 모든 어린이집에 대해 평가결과를 인증, 불인증으로 평가인증 미참여, 변동(취소, 종료 등) 등을 공개한다.

결과의 활용은 'A등급' 어린이집은 인증유효기간을 1년 연장(4년), B, C, 등급은 3년, 'D등급'은 불인증이다.

(5) 재평가관리

재평가대상은 평가결과등급이 B, C인 어린이집 중 재평가 희망어린이집으로 1년 이내 1회에 한하여 재평가를 신청하고 평가한다. 재평가의 절차로는 재평가신청→기본사항확인/자체점검→현장평가→종합평가→결과 통보 순으로 진행된다. 재평가에 따른 결과 통보는 소명, 재참여, 결과통보, 인증유효기간은 평가인증 결과 공표의 내용에 적용한다.

4) 평가인증 통합지표의 구성 체계

(1) 구성 체계

통합지표는 평가영역, 평가지표, 평가항목, 평가요소로 구성되었고, 평가방법은 관찰, 면담, 기록 확인의 방법으로 이루어진다.

① 관찰: 보육환경, 보육과정, 상호작용 등에 대한 관찰을 진행하고 등원에서 하원까지 일과 동안 이루어진다.

② 면담: 원장과 교사 등을 대상으로 면담을 진행하고 평가인증 지표에 관한 실행 여부 및 관련내용을 확인한다.

③ 기록: 평가인증 지표(항목, 요소)에서 시행 여부 및 내용 확인을 위해 요구되는 기록으로 확인한다.

보육일지는 현장평가월 이전 1개월부터 확인하고 그 외 기록들은 현장평가월 이전 3개월부터이다. 단 1년 단위로 확인이 이루어지는 지표의 경우 전년도 기록을 확인할 수 있다.

(2) 평가인증지표의 내용

어린이집 평가인증지표는 어린이집에서 실시되는 보육의 질을 보장하기 위해 영유아가 어린이집에서 직접 경험하는 보호와 교육의 발달적 적합성, 영유아의 건강한 발달과 안전을 위한 환경의 제공, 이를 지원할 수 있는 보육교사의 전문성, 어린이집 전반에 걸친 합리적인 운영체계 등의 내용을 담고 있다

보육과정 및 상호작용(31), 보육환경 및 운영관리(19), 건강·안전(15), 교직원(14) 4가지 평가영역에서 평가지표, 평가항목 수가 평가된다(표 10-10).

표 10-10 평가영역 및 평가항목 수 구성

평가영역(항목 수)	평가지표	평가항목 수
1. 보육과정 및 상호작용(31)	1-1. 보육 계획 수립 및 실행	4
	1-2. 일과운영	5
	1-3. 교수-학습방법 및 놀이지원	6
	1-4. 교사-영유아 상호작용	6
	1-5. 영유아 간 상호작용 시 교사 역할	4
	1-6. 평가	4
	1-7. 일상생활	2
2. 보육환경 및 운영관리(19)	2-1. 실내공간 구성	5
	2-2. 실외공간 구성	3
	2-3. 기관 운영	4
	2-4. 가정 및 지역사회와의 연계	5
	2-5. 어린이집 이용 보장	2
3. 건강 · 안전(15)	3-1. 실내외 공간의 청결 및 안전	4
	3-2. 급 · 간식	3
	3-3. 건강증진을 위한 교육 및 관리	3
	3-4. 등 · 하원의 안전	2
	3-5. 안전교육 및 사고대책	3
4. 교직원(14)	4-1. 원장의 리더십	4
	4-2. 교직원의 근무환경	3
	4-3. 교직원의 처우와 복지	3
	4-4. 교직원의 전문성 제고	4

출처: 보건복지부, 한국보육진흥원(2017)(www.kcpi.or.kr)

제 11 장

보육정책의 전망

1. 보육전달체계

우리나라 보육전달 체계는 「영유아보육법」을 근간으로 하며, 국가 수준과 지역 수준으로 구분하고 있다. 국가 수준의 보육전달체계는 국가 차원의 보육지원 체계를 의미하여 주무 부처는 보건복지부이다. 지역 수준의 보육전달 체계는 각 시·도나 시·군·구 등 지역 단위의 보육지원 정책을 말한다.

1) 국가 수준의 보육전달체계

보건복지부의 보육분야를 살펴보면, 국가 수준의 보육정책을 담당하는 영역을 총 세 개로 구분한다. 각각 보육정책, 보육사업기획, 보육기반으로 운영하고 있다. 보건복지부 홈페이지는 각 과의 업무 내용을 소개하고 있다.

부서명	보육정책과
부서별 업무내용	1. 중앙부처 및 지방자치단체의 영유아 지원 정책 협의 · 조정 · 총괄 2. 영유아 정책에 대한 조사 · 연구 · 평가 및 제도개선 3. 영유아 정책에 관한 종합계획의 수립 및 연도별 시행계획의 총괄 4. 보육정책위원회의 운영 5. 보육관련 법령의 관리 · 운영 6. 보육재정의 중장기 투자계획 수립 7. 보육예산의 편성 · 집행관리 및 정산 · 결산 8. 보육서비스 이용권 제도(보육전자바우처)의 운영 및 관리 9. 보육행정 전산화 10. 지방자치단체 보육공무원 교육 11. 보육개발원의 설립 및 지도 · 감독 12. 영유아 및 영유아보육 지원 정책에 대한 홍보 및 국민인식 개선사업 13. 보육 관련 대외협력 및 교류활성화의 지원 14. 보육통계의 생산 및 관리 15. 어린이집연합회 등 법인 · 단체의 지도 · 감독 16. 보육교직원 처우 개선에 관한 사항

부서명	보육정책과
부서별 업무내용	17. 보육교직원의 양성 및 교육훈련의 지원 18. 보육교직원의 경력 및 자격관리 19. 「영유아보육법」에 따른 어린이집의 설치 · 인가 기준의 수립 및 관리 20. 국공립어린이집 등 어린이집의 확충 및 지원계획 수립 21. 직장보육서비스의 확충 22. 육아종합지원센터의 확충 및 운영 · 관리

부서명	보육사업기획과
부서별 업무내용	1. 영유아 보육료의 지원 2. 양육수당 지원에 관한 사항 3. 표준보육비용에 관한 사항 4. 영유아 및 부모 지원 보육서비스의 개발 5. 영아 · 장애아, 다문화가족 영유아 등 취약보육서비스 등 지원에 관한 사항 6. 보육료 · 양육수당 지원 대상자 선정 및 적정관리에 관한 사항 7. 보육료 · 양육수당 지원 대상자 소득기준액 결정에 관한 사항 8. 부모교육 및 관련 정보 제공에 관한 사항 9. 국공립어린이집 등의 인건비 지원 10. 맞춤형 보육 자격기준 및 관리에 관한 사항 11. 가정양육 지원에 관한 사항 12. 보육지원체계 기획 · 연구 및 시간제 보육 지원

부서명	보육기반과
부서별 업무내용	1. 어린이집의 설치 및 운영 지원 2. 어린이집의 기능 보강 등 환경개선 지원 3. 어린이집의 운영비 지원 4. 어린이집에 대한 지도 · 점검 5. 어린이집 운영위원회의 설치 및 운영 6. 보육아동의 건강 · 영양 · 안전 등의 관리 7. 어린이집 평가인증 계획 수립 및 평가인증 제도 운영[1] 8. 표준보육과정 및 보육프로그램의 개발 · 보급 9. 협동어린이집의 활성화 10. 시간연장형, 종일형, 방과 후 어린이집 등의 보육 서비스 지원에 관한 사항

출처: 보건복지부(www.mohw.go.kr)

1) 2019년부터 어린이집 평가인증제가 평가제로 실시된다.

2) 지역 수준의 보육전달체계

지역 수준의 보육전달체계는 17개 시·도와 각 시·도의 지자체별 보육과에 따라 다를 것이다. 예를 들어 충청남도 내의 보육관련 조직은 다음과 같다. 저출산 보건복지실에 출산보육 정책과가 있고, 그 안에 인구출산정책, 보육정책, 보육지원, 아동복지팀이 있다. 충청남도 담당 업무내용을 살펴보면 다음과 같다(www.chungnam.go.kr).

- 저출산 보건복지 업무, 저출산대응시책, 맞춤형 인구교육, 출산친화적 사회환경 조성을 위한 홍보, 아동정책 기본계획 수립(아동수당 아기수당 등)
- 모자보건사업, 일 · 가정 양립 지원업무, 다자녀 지원(충남 다사랑), 보육조례 제정 및 개정, 보육정책위원회 운영 어린이집 지원, 농어촌 보육교사 수당, 어린이집 평가인증 사업, 보육교사양성 및 보수교육, 부모모니터링단 사업, 도 보육특수시책 지원, 어린이집 기능보강 및 환경개선, 보육교직원 인건비, 취약보육, 시간제 보육지원, 육아종합지원센터 운영지원, 시간제 관리기관 운영 및 이동식 놀이교실, 안심육아환경 조성, 직장어린이집 지원사업, 차량운영비, 교재교구비, 농어촌 법인어린이집 지원

3) 영유아보육법에 근거한 보육정책위원회

(1) 보육정책 조정위원회

보육정책에 관하여 관계 부처 간의 의견을 조정하기 위해 국무총리 소속으로 보육정책 조정위원회를 두고 있다. 보육정책 조정위원회는 보육정책의 기본방향, 보육관련 제도 개선과 예산 지원, 보육에 관한 관계 부처 간 협의 등을 심의 조정한다. 위원장을 포함하여 12명 이내로 구성하며, 위원장은 국무조정실장이고 위원은 기획재정부 차관, 교육부 차관, 보건복지부 차관, 고용노동부 차관, 여성가족부 차관이 된다. 이들은 보육계, 유아교육계, 여성계, 사회복지계, 시민단체 및 보호자를 대표하는 자 각 1명을 추천하여 2년 임기로 활

동하게 된다.

(2) 보육정책위원회

보육에 관한 여러 정책과 사업, 보육지도 및 어린이집 평가 등을 심의하기 위해 보건복지부에는 중앙보육정책위원회를, 17개 시·도와 시·군·구에는 지방보육정책위원회를 두고 있다. 이 위원회의 구성원은 보육전문가, 어린이집 원장과 보육교사 대표, 보호자 대표 또는 공익을 대표하는 자, 관계 공무원 등으로 구성할 수 있다.

중앙보육정책위원회는 보건복지부 차관이 위원장이 되고, 보건복지부 장관이 위촉한 20명 이내의 위원 중 호선하여 1명이 부위원장 역할을 수행한다. 지방보육 정책위원회는 지방자치단체의 장이 위촉하거나 임명한 위원장 1명, 부위원장 1명과 15인 이내의 위원으로 구성한다.

4) 보육지원기관

보육을 지원하는 기관으로 크게 한국보육진흥원과 육아종합지원센터가 있다. 전국의 어린이집이 모여 한국어린이집 총연합회를 만들었고, 이 단체는 「영유아보육법」 제53조에 근거하여 운영되고 있다.

(1) 한국보육진흥원

한국보육진흥원은 보육정책을 집행하는 기관으로 효과적인 보육관련 사업을 수행하며 보육의 질 향상에 기여하고, 체계적인 보육정책을 지원하기 위해 설립하였다. 보육서비스의 질 제고를 통한 보육 선진화를 위해 아동의 건강한 성장 발달과 부모의 행복을 견인하는 보육전문기관의 위상을 갖는다. 구체적인 사업목표는 보육서비스 질 관리 선도, 보육교직원 역량 강화, 수요자 중심의 지원사업 내실화, 역동적 조직체계 구축을 위해 보육사업을 추진하고 있다. 구체적으로 어린이집 평가인증, 보육교직원 자격증 여부 심사 및 발급, 공공형 어린이집 선정 및 운영 등이 주요 업무이다.

(2) 육아종합지원센터

「영유아보육법」 제7조에 근거, 보육 및 양육에 관한 정보를 수집 및 제공하고, 보육교직원과 부모를 상담 및 지원하기 위해 보건복지부 장관이나 지방자치단체의 장이 설치 운영하는 육아지원기관이다. 2018년 현재 중앙육아종합지원센터 1개소, 시·도 및 시·군·구 육아종합지원센터 101개소가 설치·운영되고 있다. 중앙 육아종합지원센터는 지방육아종합지원센터의 업무 전반에 대해 관리, 지원, 평가를 수행하고 그 밖의 보육사업 수행을 지원한다. 지방육아종합지원센터는 관할 지역의 어린이집과 보육수요자에 대하여 지역의 특성을 반영한 서비스를 제공한다. 어린이집을 대상으로 보육컨설팅, 보육교직원 상담 및 교육, 아동학대 예방교육, 대체교사관리, 취약보육 지원 및 관리를 담당한다.

육아종합지원센터의 역할을 중앙과 지방으로 구분하여 제시하면 다음 표와 같다. 지방자치단체는 육아종합지원센터의 설치현황 등 지역상황을 고려하여 시·도 육아종합지원센터와 시·군·구 육아종합지원센터의 역할을 구분할 수 있다.

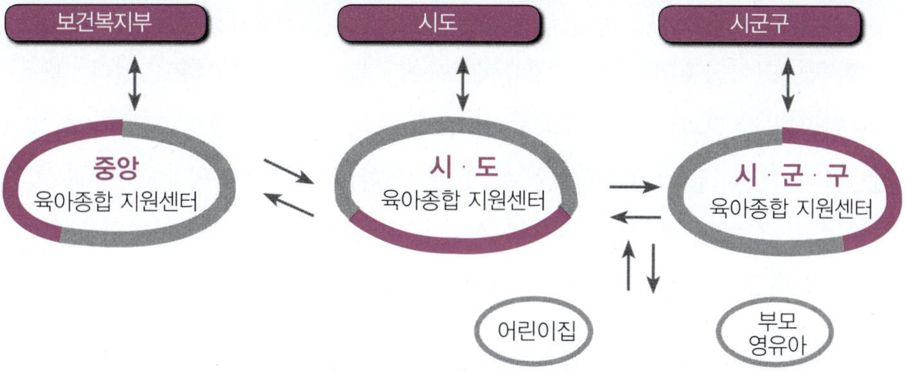

•중앙육아종합 지원센터는 지방육아종합 지원센터의 업무 전반에 대한 관리, 지원, 지방육아종합 지원센터에 대한 정기적인 평가를 수행하고 그 밖의 정부 보육사업 시행을 지원함.
•시·도 및 시·군·구 육아종합 지원센터는 관할 지역의 어린이집과 보육 수요자에 대하여 지역 특성에 기초한 서비스를 제공하고, 중앙육아종합 지원센터에서 실시하는 평가에 참여하여 질적인 개선을 도모해야 함.

[그림 11-1] 육아종합지원센터의 역할

출처: 중앙육아종합지원센터(central. childcar.go.kr)

구분	역할
중앙육아종합 지원센터	• 전국 단위 보육관련 정보의 수집 · DB 구축 및 제공 • 육아종합지원센터 보육전문요원 등에 대한 연수 및 전문강사 인력 풀 관리 • 전국공통사업 매뉴얼 · 자료 제작 등 지방육아종합지원센터 사업 지원 • 통합홈페이지의 운영, 원격교육 등 온라인 서비스 수행 및 지원 • 아동학대예방사업(교육 · 상담 · 관리)을 위한 정보 구축, 인력 확보, 프로그램 개발
지방육아종합 지원센터	• 지역의 보육관련 정보의 수집 및 제공 • 지역 특성을 고려한 보육 프로그램 및 콘텐츠의 개발 · 보급 • 어린이집 설치 · 운영 컨설팅, 보육교직원 교육 등 어린이집 지원 • 영유아 보호자에 대한 육아정보 제공 등 가정양육 지원 • 지역의 전문인력, 유관기관 연계 등 지역사회와의 네트워크 구축

출처: 중앙육아종합지원센터(central.childcare.go.kr)

(3) 한국어린이집총연합회

한국어린이집총연합회는 「영유아보육법」 제53조에 근거하고 있다. 보육사업의 원활한 추진과 어린이집의 균형 발전, 어린이집 간 정보 교류와 상호 협조를 위해 어린이집 연합회를 둘 수 있다. 연합회는 영유아의 건전한 육성, 보육서비스의 질적 수준 향상, 어린이집의 안정적 운영기반 조성, 회원시설의 정보소통, 보육교직원의 권익 신장을 위해 운영한다.

구분	주요 내용
기본방침	• 영유아 인권, 인성, 안전교육 확대 • 어린이집 누리과정 예산편성 관련 제도 개선 • 어린이집 보육료 현실화 추진 • 보육의 질 향상을 위한 정책개발 및 제도 개선 • 보육현장의 권익을 보장하는 유보통합 추진 • 우수 보육프로그램 발굴 및 보급 • 보육교직원 처우개선 및 복지대책 • 법인 운영 체계화 및 내실화 추진
보육사업 (보육발전 의제 개발 보육발전 교류협력홍보 외 기타)	• 보육정책 개발 및 제도화 추진활동 • 보육정책 토론회 개최 • 보육관련 입법 활동 추진 • 보육발전 정책포럼 워크숍 • 전국 우수보육프로그램 공모전 개최 • 전국보육인 대회 개최 • 해외 선진어린이집 견학 • 홈페이지 리뉴얼, 앱 개발 • 보육뉴스레터 발행 및 대외 홍보 • 전국 보육프로그램책자 발간 • 맞춤형 보육사업의 개선 • 안정적인 누리과정 제도 개선 • 보육료 현실화를 위한 예산수립 홍보 • 어린이 안전사고 예방사업 협의체 참여

출처: 한국어린이집총연합회(www.koreaeducare.or.kr)

2. 보육정책의 성과와 과제

1) 보육정책의 변화

우리나라는 1921년, 태화기독교사회관을 시초로 저소득층 자녀를 위한 탁아 사업으로 시작한 초기 보육정책은 구빈의 성격이 강했다. 1962년 「아동복리법」이 제정되어 보건복지부가 관리하였으며, 「아동복리법」은 1981년까지 지속되었다. 1982년 「유아교육진흥법」이 되면서 어린이집, 새마을 협동유아원, 농번기 탁아소를 새마을 유아원 하나로 통합하였다.

1991년 제정된 「영유아보육법」은 탁아를 보육의 개념으로 확장 발전하는 데 기여하였다. 보육사업의 주무부처를 보건복지부에 일임하여 어린이집의 수를 늘리고 아동을 건전하게 보호 및 교육하고자 하였다. 이때의 보육이 저소득층과 맞벌이 가정의 자녀를 대상으로 한 선별적 보육이었다면, 2004년 영유아보육법의 개정과 더불어 지금과 같은 보편적 보육의 성격을 갖게 되었다. .

2004년 이후 현재까지 보육정책의 흐름을 정리하면 다음과 같다.

시기	정책 내용
정부의 보육정책 (04년 6월 ~ 08년 2월)	[제1차 육아지원정책('04. 6)] • 고령화 및 미래사회위원회에서 '보육 및 육아교육 지원의 공공성 확대(공약사항)'에 대한 대책 발표 • 육아 부담을 부모의 소득 수준에 따라 50% 경감 • 1년간 육아휴직 포함 • 보육시설 평가인증제 도입 • 보육교사 국가자격제도 시행
정부의 보육정책 (04년 6월 ~ 08년 2월)	[제2차 육아지원정책('05. 5)] • 고령화 및 미래사회위원회에서 '출산율 제고 및 여성경제활동 참가'에 대한 대책을 발표 • 보육시설 표준보육료 산정 • 보육시설 영아 기본보조금 제도 도입

시기	정책 내용
정부의 보육정책 (04년 6월 ~ 08년 2월)	[새싹플랜('06. 7)] • 여성가족부에서 공보육 강화를 위한 제1차 중장기보육계획인 새싹플랜('06~'10)을 발표 • 국공립 보육시설을 2010년까지 보육시설 이용아동의 30% 수준까지 확충 • 보육시설 영아 기본보조금 확대 지원 • 보육시설 차등보육료를 이용자의 평균소득 130% 이하까지 확대('09)
보육업무 이관 (08년 3월)	• 여성가족부의 보육정책국이 보건복지부의 보육정책관으로 이관 • 보육정책의 질적 수준 향상, 수요자 중심의 보육정책으로 전환
아이사랑 플랜 수립과 시행 (09~12년)	• 제1차 중장기 보육계획(새싹플랜 '06~'10)을 보완 · 수정 • 보육에 대한 국가책임을 강화 • 수요자 중심의 보육정책으로 개편하는 보완계획 수립 · 시행 • 어린이집 이용자에 대한 보육료 지원 확대 • 시설 미이용 가구에 대한 양육수당 도입 • 어린이집 평가인증 활성화 • 보육전자바우처(아이사랑카드) 도입 • 보육서비스 품질 제고(보육프로그램, 아동의 건강 · 영양 · 안전 등) • 5세 누리과정 도입 • 공공형 어린이집사업 도입
보육료와 양육수당 전계층 지원 (13년 3월)	• 만 0~5세 전계층 영유아에게 보육료 · 양육수당 지원 • 어린이집 이용 영유아에 대한 보육료지원(연령별 정부지원단가의 전액) • 3~5세 누리과정 실시(3~4세 누리과정 확대 실시) • 어린이집 · 유치원 미이용 영유아에 대한 양육수당 지원
제2차 중장기 보육 기본계획 수립 및 시행 (13년 12월)	• 부모의 보육 · 양육 부담 경감 • 수요자 맞춤형 보육 · 양육 지원 • 공공성 확대와 품질관리 강화 • 양질의 안심 보육 여건 조성 • 신뢰가 있고 투명한 보육 생태계 구축 • 보육서비스 재정 및 전달체계 개선
입소대기시스템 전산화 및 전국확대 시행(14년 4월)	• 전산 활용 입소 신청 및 실시간 대기 순번 확인으로 부모 편의 증진 • 정보의 투명성 증가
모든 어린이집에 CCTV 설치 의무화(15년 12월)	• 아동학대근절을 위한 설치대상 어린이집 전체에 대한 CCTV 설치 완료
맞춤형 보육 시행 (16년 7월)	• 부모의 보육 필요에 맞는 종일반(12H), 맞춤반(6H), 시간제 보육반 운영

시기	정책 내용
아동수당지급 (18년 9월)	• 0~5세 아동에게(소득 · 재산 기준 하위 90%) 월 10만 원 아동수당 지급 • 만 6세 미만의 모든 아동 지급(2019. 1. 1) • 만 7세 미만의 모든 아동(2019. 9. 1)
제3차 중장기 보육 기본계획 (2018~2022년)	• 보육의 공공성 강화 • 효과적인 보육서비스 제공을 위한 보육체계 개편 • 보육서비스의 품질 향상 • 부모 양육 지원 확대

출처: 보건복지부(www.mohw.go.kr)

2) 보육정책의 성과

우리나라는 무상보육을 확대해가며 보육예산을 지속적으로 확대해왔다. 2017년은 10.5조 원으로 2009년 대비 3배 증가하였으며, 전체 복지예산인 129.5조의 8.1%에 해당한다. 저출산 고령화사회의 진입에 따라 앞으로 영유아 인구 수는 점점 감소할 전망이다. 영유아의 수가 감소하는 상황에 따라 어린이집 시설 수도 감소 추세이다. 다음의 그림을 살펴보며 감소 추세를 확인할 수 있다.

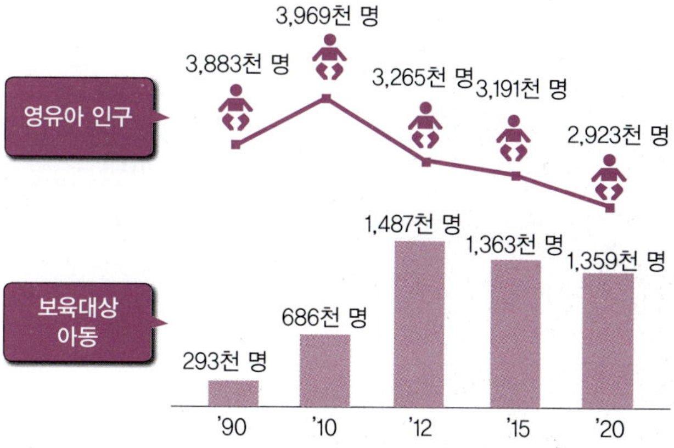

[그림 11-2] 영유아 인구 수와 보육대상 아동 수(2016)

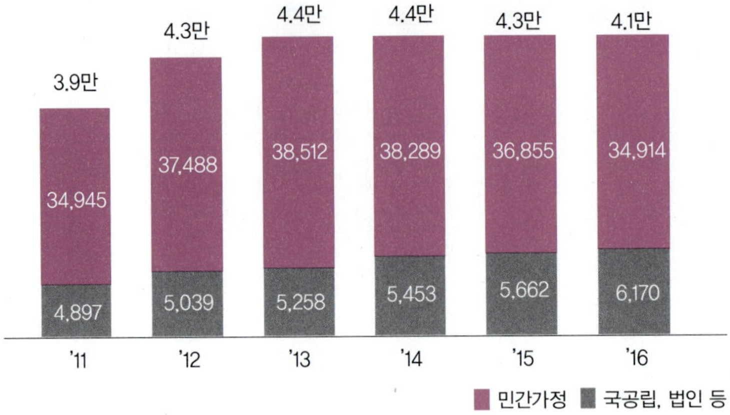

[그림 11-3] 어린이집 시설 수(2016)

출처: 보건복지부(www.mohw.go.kr)

표 11-1 보육정책 현황

연도별 어린이집 현황				
연도	2014	2015	2016	2017
개소 수(개)	43,742	42,517	41,084	40,238

출처: 보육통합정보 서비스

연도별 어린이집 이용아동 현황				
연도	2014	2015	2016	2017
인원(명)	1,496,671	1,452,813	1,451,215	1,450,243

출처: 보육통합정보 서비스

연도별 가정양육 수당 지원아동 현황				
연도	2014	2015	2016	2017
인원(명)	1,012,336	1,009,346	933,153	836,290

출처: 사회보장정보시스템(행복e음) 연도별 가정양육수당 지원아동 현황표

저출산에 따른 영유아의 감소 현상과 어린이집 시설 수가 줄어드는 만큼 학부모들이 보육의 질에 대한 관심은 더욱 커지고 있다. 안심하게 맡길 수 있는 어린이집에 대한 요구가 증가해왔고, 부모들이 어린이집 운영에 참여하는 기회를 더 많이 갖고 싶어 한다. 최근에 도입된 열린 어린이집, 학부모에게 어린이집 참관 개방 등 가정과 어린이집의 소통이 점점 증가하고 있다.

아울러 보육교사의 처우도 보육정책의 성과를 보여주는 지표가 된다. 보육수혜자의 입장에서만 보육정책을 평가하지 말고, 보육서비스의 공급자로서 보육교직원의 처우를 개선하고, 보조교사와 대체교사의 지원이 확대된다면 보육정책을 성공적으로 실행하였다고 볼 수 있다.

영유아 보육료와 관련하여, 만 0~2세 보육료는 연령에 따라 달라지며, 만 3~5세 보육료는 연령에 상관없이 동일 금액이다. 다문화 가정의 만 0~5세 영유아와 만 12세 이하의 장애아동 보육료는 재산, 소득 수준과 상관 없이 보육료를 지원해준다.

표 11-2 연령에 따른 보육료 지원(2019)

자격구분	지원대상	지원비율	연령	지원단가			
				종일반	맞춤반	야간	24시
영유아	어린이집 이용 만 0~5세	100%	만 0세반	454,000원	354,000원	454,000원	681,000원
			만 1세반	400,000원	311,000원	400,000원	600,000원
			만 2세반	331,000원	258,000원	331,000원	496,500원
			만 3세반	220,000원	–	220,000원	330,000원
			만 4세반	220,000원	–	220,000원	330,000원
			만 5세반	220,000원	–	220,000원	330,000원

※ 맞춤반 아동은 긴급한 사유로 맞춤반 보육시간외 어린이집을 이용할 수 있도록 '긴급보육바우처' 월 15시간 지원

가정양육수당과 관련하여 우리나라는 만 84개월 미만의 아동이 가정양육을 원할 경우 양육수당을 지원하고 있다. 양육수당제도는 부모가 느끼는 양육 부담을 줄여주고, 어린이집에 다녀 보육료를 지원받는 아동과 공평한 기회를 갖게 하고자 도입하였다. 이 또한 소득이나 재산의 수준과 무관하게 지원받을 수 있으며, 가정에 머무는 장애아동의 양육수당은 동일하고, 농어촌 지역에 거주하는 농업과 어업인 가족의 가정양육 아동도 해당한다.

3) 보육정책의 과제

앞으로 보육정책은 어떻게 발전해야 할 것인가를 고민해야 할 때이다. 행정안전부는 2017년 8월 기준 우리나라는 만 65세 이상의 노인인구가 14%를 웃돌아 고령사회에 접어들었다고 발표하였다. 앞으로 노인인구는 점점 많아질 것이며, 저출산 고령사회에서 국가는 영유아를 어떻게 키워야 할지, 어떻게 출산을 장려해야 할지, 우리나라의 영유아 지원 보육정책은 어떻게 발전해야 할지를 고민해야 한다.

육아정책연구소가 수행한 「2018~2022 보육 중장기 발전방안 연구」 보고서(이정원, 이윤진, 김희수, 2017)를 바탕으로 2015년에 수행한 유해미, 김아름, 김진미의 「국내 육아지원 정책동향 및 향후과제」와 2012년의 이미화, 여종일, 엄지원의 「2013~2017 보육 중장기 발전방향」 연구 결과를 참고하여 보육정책의 과제를 제시하고자 한다.

(1) 영유아기 연령별 보육의 정체성 확립과 보육목표 수립

보육은 영유아가 최우선의 대상이므로 안전하고 쾌적한 환경에서 최적의 발달을 이루도록 도와준다는 관점에서 출발해야 한다. 보육은 크게 대상에 따라 영아보육과 유아보육으로 구분할 수 있다. 영아보육은 건강, 영양, 안전이 매우 중요하고 맞벌이 가족의 일과 가정의 양립을 지원해주는 성격이 강하다. 영아의 경우 가정에서 편안하게 양육하거나 종일제 돌봄서비스를 받거나 기관보육을 받는 등 부모는 영아보육의 선택권을 보장받아야 한다. 반면 유아보육은 아동의 발달과 성장을 주 목표로 하여 연령에 적합한 교육활동을 제공하며, 또래 아이들과의 상호작용과 다양한 일과경험을 통해 인지, 언어, 사회정서, 신체가 균형적으로 발달할 수 있도록 한다. 앞으로 연령별 보육의 목표를 수립하여 차별화된 보육의 정체성을 확립할 필요가 있다.

(2) 국가의 보육 책임 강화 및 국공립 어린이집 확충

영유아보육에 국가의 책임은 시간이 흐를수록 더욱 커진다. 국가는 어린이집 설립에 더욱 개입하여 학부모들의 보육료 부담을 줄여주어야 할 것이다. 그동안 민간과 가정어린이집에 국가의 지원이 약했지만 공공형이나 국공립으로 지정하여 운영비나 인건비 지원을 늘리고, 저소득 밀집 지역이나 취약지역에는 국공립 어린이집을 확충해야 한다. 우수한 민간, 가정 어린이집을 공공형 어린이집으로 보다 많이 선정하여 운영비를 지원하고 지속적인 품질관리를 실시하고 질 높은 보육서비스를 제공하는지 관리 감독해야 한다.

(3) 보육의 질 관리 보장 및 안심보육 강화

앞으로 보육정책은 어린이집 평가제를 통해 보육의 질을 관리하는 부분과 학부모가 언제든지 믿고 맡길 수 있는 안전한 보육환경 마련에 집중할 것이다. 특히 시설 안전과 건강 및 위생 관리를 철저히 하고, 안전사고에 대비할 수 있는 인프라 구축이 안심보육의 제일 중요한 과제이다. 안심보육에는 안전사고 예방뿐 아니라 등·하원 관리, 영양 및 급식관리, 아동학대 예방 및 권리 보장 등이 있다. 가정–어린이집–지역사회가 연계하여 영유아를 보육하는 포괄적인 성격을 갖는다.

(4) 보육운영 및 보육프로그램의 다양성

부모의 요구와 어린이집의 필요에 따라 보육 운영시간을 다양화하고, 교사 대 아동비율을 조정해야 할 것이다. 한 명의 교사가 많은 수의 영유아를 하루 종일 보육한다면 그에 대한 소진이 크고, 직업소명감도 약해진다. 이에 따라 어린이집을 탄력적으로 운영하고, 교사의 근무형태를 유연하게 할 수 있는 방법을 영유아의 발달을 저해하지 않는 범위에서 도입할 것을 제안해본다. 또한 보육프로그램도 영아보육과정과 누리과정의 세분화된 지침을 그대로 적용하여 지나치게 구조화된 보육활동보다는 기관이나 보육교직원의 보육철학과 신념에 따라 비구조화된, 열린 보육과정을 인정하는 사회적 분위기를 조성하는 것도 필요해 보인다. 창의적인 미래 인재를 키우기 위해 무엇보다도 교사의 자율성을 보장할 수 있도록 한다.

(5) 보육교직원의 전문성 향상 및 자격 강화

질 높은 보육활동을 제공하는 데 보육교직원의 전문성은 더욱 요구되며, 그에 따라 처우를 더욱 개선해야 한다. 보육교직원의 자격은 점점 강화되고 있다. 6주의 보육실습과 보육교사 자격 취득을 위한 기초과목 등을 보면, 어린이집 교사의 전문성을 강화하는 방향으로 나가고 있다. 영유아의 돌봄과 교육을 책임지는 영유아 교사는 3년마다 직무교육을 받아야 하며, 일정 기간의 보육경험을 바탕으로 1급 승급교육, 원장사전 직무교육 등을 이수하면 원장 자격을 취득할 수 있다. 여러 경로로 보육교사 자격을 보장받지만 자질과 역할면에서 전문성을 갖춘 어린이집 교사로서 성장하기는 쉽지 않다. 기본 인성을 갖추고 자신의 전문성을 키우기 위해 꾸준히 노력하는 보육교사를 양성해야 한다.

「제3차 중장기보육 기본계획」 수립 시 반영될 필요성이 높은 추진과제 및 세부과제를 정리하면 다음과 같다(이정원, 이윤진, 김희수, 2017).

표 11-3 「제3차 중장기보육 기본계획」 추진과제 및 세부과제

추진과제명	2차 중장기 보육 계획 내 존속 세부과제 및 추가 제안 세부과제	전문가 및 부모 요구에 근거한 세부과제
1. 보육의 공공성 제고	• 국공립 어린이집 확충 • 어린이집의 실질적 질 관리 기능 강화	• 지역 육아지원 공공 인프라 확대(육아종합 지원센터 확충 및 주요 서비스 제공 분소 설치 확대) • 공공 보육 서비스 품질관리 강화 • 공공성 제고를 위한 비용 지원 내실화(보육료 지원, 인건비 지원 내실화)
2. 교사 근무환경 및 처우개선	• 근로환경 및 급여개선 • 우수인력 보육현장 유인 기반 강화(보육인력의 일-가정 양립 환경 조성)	• 보육교사 근로복지 환경 개선(근무시간, 휴가, 유연근무, 시간 외 근무수당 보장, 최저임금 이상 급여 인상)
3. 교사 전문성 제고	• 보육인력 자격 관리 체계 개편(비대면 온라인 교육 양성 과정 축소, 자격갱신제 등) • 보육인력 역량 지원 강화 • 부적격 교사 조기발견 · 관리 체계 구축	• 양성 · 자격체계 강화 보육교사 · 보조교사 양성체계 구분) • 현직 교사 역량 강화(보수교육 지원, 현장 컨설팅 강화, 역량 강화에 대한 인센티브 강화, 교사 스트레스 관리) • 지속적 전문성 지원 · 관리 강화(교사 교육, 이력 관리, 스트레스 관리 프로그램 제공)
4. 격차해소를 위한 보육환경 조성		• 보육현장의 격차 해소 기반 조성(공통보육과정 실행 기반 확보, 유 · 보 간 우수 실행 사례 공유, 정보 공유, 유보 공통의 장학 및 컨설팅 시스템 구축, 유 · 보 간 시설 환경 등 격차 해소) • 가정의 양육환경 격차 해소(발달환경 평가 수행, 양육환경 취약가구 자녀를 위한 프로그램 개발 · 제공)
5. 아동발달에 적합한 양육 지원		• 아동발달을 고려한 지원체계 설계 • 장애아 · 다문화 가정 아동 보육 지원 강화
6. 부모 양육 역량 강화 여건 조성		• 부모교육 의무화(보육 서비스 이용, 양육수당 수령 전 등) • 부모양육 역량 지원체계 조성(부모교육, 정보 제공 육아종합 지원센터 분소 설치 확대 등)
7. 일하는 부모가 만족하는 보육 여건 조성		• 안심할 수 있는 영아보육 여건 조성 • 맞춤형 보육 모형 개선
8. 체계의 보육 서비스 설계 체계 구축		• 보육수요 변동 요인의 정기적 점검 및 수요 예측 • 정책의 아동 행복(권리) 영향 평가 실시

참고문헌

고정곤, 이영희, 김재현, 이시진, 장지현(2015). 보육과정. 경기: 양서원.
곽노의(1999). 21세기 유아교육 모델로서 자유 발도르프 유아교육. 서울: 밝은누리.
교육부, 보건복지부(2016). 유치원, 어린이집 아동학대 조기발견 및 관리 대응 매뉴얼.
구재옥, 박혜련, 성미영(2015), 아동영양학. 한국방송통신대학 출판원.
권미경(2017). 저출산 극복, 지원정책을 넘어선 양육친화적 사회분위기 조성이 필요하다. 육아정책, Brief, 제57호.
권미경, 박원순, 엄지원(2016). 가정 내 양육 내실화 방안. 육아정책연구소 연구보고서.
기순신, 김효인(2012). 보육학개론. 서울: 공동체.
김경회, 문혁준, 김선영, 김신영, 김지은, 김혜금, 서소정, 안선희, 안효진, 이희경, 정선아, 황혜원(2016). 제4판 보육학개론. 서울: 창지사.
김미영(2017). 영유아 발달. 서울: 정민사.
김연진, 한성심, 서지영, 김현자(2014). 보육학개론. 서울: 태영출판사.
김인자(2007). 시설장과 보육교사의 인식을 통한 어린이집 평가인증 제도의 개선방안 연구. 공주대학교 대학원 석사학위논문.
김일옥, 최경순, 이장실, 권세경, 이소영(2013). 아동영양학-영유아 교사를 위한-. 경기: 양서원.
김지은, 김진숙(2006). 유아관찰 및 평가. 경기: 양서원.
김희진, 김언아, 홍희란(2004). 영아를 위한 프로그램의 이론과 실제. 서울: 창지사.
나종혜, 김상림, 김송이, 신나리, 권연희(2014). 보육학개론. 경기: 양서원.
네이버국어사전 http://krdic.naver.com
두피디아 https://www.doopedia.co.kr
마리엘레자이츠. 우르슐라할바흐 지음, 이명환, 곽노의 옮김(2003). 몬테소리 교육학과 발도르프 교육학. 서울: 밝은누리.
문미옥, 이혜상(2008). 유아교육개론. 경기: 교육아카데미.
문혁준, 김혜경, 박복매(2014). 아동영양학. 서울: 창지사.
박신경(1991). Piaget의 인지발달이론에 관한 새로운 논의들-취학 전 아동의 이해를 중심으로. 신학과목회게 5집, 1191. 4. 143-164.

박찬옥, 김낙홍, 구수연, 이옥임, 노희연, 이선영, 이예숙(2014). 보육과정. 서울: 정민사.
박찬옥, 전경화, 구수연, 곽현주, 정연희, 서의정, 백영숙, 이옥임, 이예숙(2012). 보육학개론. 서울: 정민사.
박희숙, 김란옥, 김정실, 우정순(2017). 보육학 개론. 서울: 창지사.
보건복지부 홈페이지 http://www.mohw.go.kr
보건복지부(2009). 영유아기 식사지침.
보건복지부(2011). 영유아보육법. 영유아보육법 시행규칙.
보건복지부(2012a). 제2차 표준보육과정의 구체적 보육내용 및 교사지침.
보건복지부(2012b). 3~5세 연령별 누리과정.
보건복지부(2012). 보육사업 안내.
보건복지부(2014). 육아지원기관의 급식 실태조사.
보건복지부(2016). 보육사업안내.
보건복지부(2016). 어린이집 평가인증지표와 평가기준.
보건복지부(2016). 평가인증지침.
보건복지부(2016). 전국아동학대현황보고서.
보건복지부(2017). 어린이집 보육교사 안전교육.
보건복지부, 식품의약품안전처(2016). 어린이 급식관리 지침서.
보건복지부, 한국보육진흥원(2017). 제3차 어린이집 평가인증 설명회-통합지표 및 운영체계.
보건복지부, 한국생활 안전연합(2014). 보육시설 안전관리매뉴얼.
보건복지부, 한국영양학회(2015). 한국인의 영양섭취기준.
서영숙, 서혜전, 김영명, 채혜선, 김진숙(2013). 보육학개론. 경기: 양서원.
서울대학교 교육연구소(1995). 교육학용어사전. 서울: 하우동설.
식품의약품안전청 나트륨을 줄인 건강메뉴 23(http://nutrition.kfda.go.kr)
식품의약품안전청 식품 홈페이지http://nutrition.kfda.go.kr
식품의약품안전청(2014). 영유아단체급식, 이유식지침.
신이희, 문종철(2017). 보육학개론. 경기: 정민사.
신화식, 김헌수(1992). 몬테소리 교육모형. 서울: 양서원.
심성경, 백영애, 이희자, 이영희, 변길희(2017). 보육학개론. 경기: 공동체.
심은주(2011). 우리나라 아동보육정책의 문제점과 개선방안에 관한 연구. 동아 대학교 사회복 지대학원 석사학위논문.
안선희, 문혁준, 김연하, 김정희, 임연진, 한세영(2017). 영유아발달. 서울: 창지사.
양옥승(1999). 영유아보육개론. 서울: 학지사.
양옥승, 최경애, 이혜원(2011). 영유아교육과정. 서울: 학지사.

양정옥(2015). 유아교육·보육 통합에 대한 보육교사와 어린이집 원장의 인식차이. 한국방송통신대학교 대학원 석사학위논문.

어린이집안전공제회(2017). 2017 어린이집 보육교직원 안전교육–어린이집 내 사고와 안전관리. 아동학대 예방교육.

연합뉴스(2016). 한국은 영유아도 수면부족…서구보다 하루 1시간 덜자 2016. 02. 19.

영유아보육법 http://www.lawnb.com

오문자, 김희진, 박은혜 역(2002). 어린이들의 수많은 언어. 서울: 다음세대.

유구종, 조희정(2012). 최신 영유아보육개론. 경기: 공동체.

유해미, 김아름, 김진미(2015). 국내 육아지원정책 동향 및 향후 과제. 육아정책연 구소 보고 2015–16.

육아정책연구소. http://www.kicce.re.kr

윤선영(2002). 발도르프 유아교육의 첫걸음. 서울: 도서출판 문음사.

윤혜경(2017). 보육학개론. 서울: 동문사.

이경선(2000). 보육의 질에 영향을 주는 관련 변인 연구. 성균관대학교 대학원 박사학위논문.

이기숙(2002). 유아교육기관 인정제의 개발배경, 한국, 일본, 영국, 호주. 이화여자 대학교 BK 핵심사업 제10회 국제학술대회 자료집. 39–55.

이미화, 여종일, 엄지원(2012). 2013~2017 보육 중장기 발전 방향. 육아정책연구소 보고 2012–11.

이미화, 유해미, 최효미, 조아라(2015). 무상보육 이후 보육정책 방향 연구. 2015 보육정책 포럼. 보건복지부 육아정책연구소.

이영한, 김연주, 김현지, 양연숙, 이수재(2014). 영유아건강, 영양과 안전. 서울: 창지사.

이은해, 이미리, 박소현(2006). 아동연구방법의 이해. 서울: 학지사.

이정원, 이윤진, 김희수(2017). 2018~2022 중장기 보육발전 방안연구. 육아정책 연구보고서, 연구보고 2017–2018.

이현섭(1999). 아동발달심리. 서울: 학지사.

임재택(2004). 몸짓으로 자라는 아이들. 경기: 양서원.

임재택, 김은주, 하정연, 권미량, 조채영(2006). 생태유아교육프로그램. 경기: 공동체.

전남련, 김재환, 이혜배(2007). 아동행동 연구 및 관찰평가. 서울: 창지사.

정옥분(2004). 영유아발달의 이해. 서울: 학지사.

조미환(2017), 영유아 건강교육, 서울: 정민사.

조성연, 이정희, 황혜정, 나종혜, 양성은(2008). 아동관찰 및 행동연구. 서울: 도서출판 신정

조안 핸드릭, 이연섭 역(2003). 레지오 접근법의 첫걸음. 서울: 정민사.

조유나, 최윤이(2010). 유아의 식습관이 자기 조절력에 미치는 영향. 생태유아교육 연구, 9(1).

조유나, 최윤이(2011) 홀리스틱 교육관점으로 본 유아의 수면과 신체발달 및 자기 조절력과의 관계. 홀리스틱교육연구, 15(3).

조유나, 홍지은(2010). 영아의 수용언어 및 표현언어 발달에 대한 영아의 기질과 어머니 양육행동의 영향. 한국영유아보육학, 64(1).

조혜경, 곽혜경, 구경선(2016). 보육학개론. 서울: 창지사.

중앙육아종합지원센터 http://www.central.childcare.go.kr

최윤경(2017). 영유아교육·보육 질 모니터링의 국제 동향 및 시사점. 육아정책 Brief, 제60호, 육아정책연구소.

최윤경(2017). 유아교육·보육의 공공성 강화를 위한 인프라 구축 방안. 출발점 교육평등 실현을 위한 유아교육·보육 공공성 제고 방안. 한국교육개발원, 육아정책연구소 미래교육 정책포럼 자료집.

최혜순, 이미현, 김계중(2016). 영유아 뇌발달과 인성교육. 경기: 도서출판 어가.

충청남도청 http://www.chungnam.go.kr

케롤린에드워즈, 렐라 간디니, 조지 포먼 편저, 김희진 오문자 옮김(1999). 레지오 에밀리아의 유아교육. 서울: 정민사.

한경닷컴. 65세 이상 14% 넘어 '고령사회' 초고속 진입. 2017. 9. 3.

한국교육심리학회(2000). 교육심리학용어사전. 서울: 학지사.

한국보육진흥원(2017). http://www.kcpi.or.kr

한국생활안전연합(2014). 보육시설 안전관리 매뉴얼.

한국어린이집총연합회 http://www.koreaeducare.or.kr

홍지연(2002). 영유아교육프로그램. 서울: 창지사.

황성원(2013). 프랑스의 크레쉬(crèche) 중심 육아지원체제. 프랑스문화연구, 27, 433–469.

황성원, 최은희(2014). 충남의 보육정책에 대한 인식과 요구, 한국유아교육 보육복지연구, 18(4), 487–515.

황성원, 성경주(2017). 보육교사의 직업소명의식이 직무만족도에 미치는 영향. 한국보육학회지, 17(4), 71–90.

황윤세, 임미혜, 이혜원(2011). 유아교육기관 및 보육시설 운영관리. 경기: 공동체.

Arthur J. Cropley(2004). 이경화, 최병연, 박숙희 공역. 창의성 계발과 교육. 서울: 학지사.

Bredekamp, Sue & Copple, Carol.(Eds).(1997). *Developmentally appropriate practice in early childhood programs*(rev.ed.). Washington, DC: National Association for the Education of Young Children.

Chard, C. S.(1992. 1994). 프로젝트 접근법: 교사를 위한 실행 지침서. 지옥정 역(1995). 서울: 창지사.

Curtis, A(1998). *Curriculum for the Pre-school Child*, second edition, London and New York: Rou−tledge.

DfEE(2000). *Curriculum Guidance for the Foundation Stage*. London: QCA.

Katz, L. G.(1994). 레지오 에밀리아에서 우리는 무엇을 배울 수 있나. In C. Edwards, L. Gandini & G. Forman(eds). 김희진, 오문자 역(1994). 레지오 에밀리아의 유아교육: 어린이들의 수많은 언어. 서울: 정민사.

Katz, Lilian G., & Cesarone, B. (1994). *Reflections on the Reggio Emilia approach*. Perspectives from ERIC / EECE: A monograph series No. 6. RR 93002007.

Katz. L.G. & Chard, C. S.(1989). 유아들의 마음 사로잡기. 이윤경, 석춘희 역 (1996). 서울: 이화여자대학교 출판부.

National Association for the Education of Young Children(1991). 'Guidelines for appropriate curriculum content and assessment in programmes serving children ages 3 through 8 years', *Young Children, 46*(3) 21−38.

Nimo, J.(1994). *Emergent Curriculum; Conference Proceedings*. Realizing the potential. Melborune, Australia.

Roopnarine, J. L., Johnson, J. E.(2000). *Approaches to Early Childhood Education*(3rd ed.). Merrill.

Spodek. B., & Brown. P. C.(1993). *Handbook of research on the education of young children*. New York: Macmillan.

저 자 소 개

조유나

덕성여자대학교 대학원 유아교육학 박사
김포대학교 아동복지과 교수
[저서]
『영아발달과 보육』, 『유아교육개론』, 『보육실습』, 『행복한 부모, 행복한 아이』

박금희

강릉영동대학교 사회복지과 교수
[저서]
『보육학개론』, 『아동안전관리』

정정란

대구대학교 대학원 교육학 박사
진주보건대학교 사회복지계열 교수
[저서]
『보육학개론』 외 다수

황성원

이화여자대학교 졸업
프랑스 국립 루앙(Rouen) 대학교 교육학 박사
건양대학교 아동보육학과 교수
[저서]
『표현 소통 협력의 교육, 프레네 교육학』, 「루소, 교육을 말하다」, 「아동심리와 상담」, 「교육사회」, 「보육학개론」, 「보육과정」

홍은숙

경기대학교 대학원 교육학 박사
신안산대학교 아동보육과 교수
[저서]
『아동안전관리』, 『보육실습』, 『아동음악』, 『아동미술』

보육학개론

초판 1쇄 인쇄 2019년 3월 1일
초판 1쇄 발행 2019년 3월 5일

지 은 이 | 조유나 박금희 정정란 황성원 홍은숙
펴 낸 이 | 김기섭
책임편집 | 이윤미
펴 낸 곳 | 창지사 www.changjisa.com
08589 서울시 금천구 가산디지털 1로 83 파트너스타워1차 9층
전화 (02) 719-2211~3
팩스 (02) 701-9386
등 록 | 1977년 4월 28일·제1-421호

ISBN 978-89-426-1199-7 (93370)

값 20,000원

「이 도서의 국립중앙도서관 출판예정도서목록(CIP)은 서지정보유통지원시스템 홈페이지 (http://seoji.nl.go.kr)와 국가자료공동목록시스템(http://www.nl.go.kr/kolisnet)에서 이용하실 수 있습니다.(CIP제어번호: CIP2019007933)